尼雷尔文选
第三卷

自由与发展
1968~1973

〔坦桑〕朱利叶斯·尼雷尔 著

王丽娟 聂莹 王磊 译

舒运国 译校

华东师范大学出版社

"东非历史文化丛书"编委会

主　任：童世骏
副主任：任友群　沐　涛

委　员（按姓氏笔画为序）：
丁树哲　艾周昌　任友群　李安山　刘鸿武
沐　涛　张宏明　俞　斌　洪永红　舒运国
童世骏

《尼雷尔文选》（四卷）

总策划：任友群　沐　涛
统稿人：沐　涛　王　磊

目 录

前言
1. 一个和平的新年————1
2. 农村社会主义的实现————4
3. 统一必须包容差异————9
4. 统一势在必行————12
5. 知识分子离不开社会————18
6. 政党必须代表人民————23
7. 人民至上————27
8. 主权关系的平等————30
9. 粮食意味着社会主义————34
10. 工作目标————36
11. 坦赞输油管道————40
12. 自由和发展————45
13. 我们必须改正的事情————55
14. 计划就是抉择————61
15. 向友邦加拿大致敬————79
16. 非洲的稳定和变革————81
17. 社会主义和富裕社会————95
18. 合作运动————98
19. 苏联之行————100
20. 成人教育年————103
21. 基巴哈北欧中心————107
22. 南斯拉夫的经验————111

23. 社会主义发展的调查————113

24. 不结盟国家的发展任务————121

25. 《阿鲁沙宣言》议会————131

26. 向匈牙利学习————143

27. 关联性和达累斯萨拉姆大学————144

28. 联合国大会————152

29. 教会和社会————159

30. 代表的选举————171

31. 坦桑尼亚——赞比亚铁路————174

32. 朝气蓬勃的东非合作————181

33. 南非与英联邦————183

34. 印度洋——坦印的纽带————193

35. 社会主义和法律————195

36. 独立后的十年————197

37. 欢迎奥洛夫·帕尔梅————248

38. 一个长期乐观主义者————250

39. 东非工业合作————251

40. 罗马尼亚独立————254

41. 权力分化————255

42. 皮尔斯委员会抵达罗得西亚之后————260

43. 国际团结————273

44. 人人生而平等————274

45. 对欧洲社会主义者们的呼吁————277

46. 理智的选择————281

前　言

自牛津大学出版社陆续出版我的演讲和文集以来,这是我第三次为自己的书作序,此次无外乎是对前两次序言内容的赘述。出版这本书的初衷是希望认可我的理念的人可以轻松地读到我的作品,也希望能对那些想进一步检验我的说法是否正确的人有所帮助。应当注意的是,本书除特别声明的文字外,并非对坦桑尼亚抑或非洲的描述。可以这么说,它阐释的是坦桑尼亚的目标而非现状——坦桑尼亚正致力于建设社会主义社会,但显然目前它并不是;非洲的目标是实现统一,但现在也还没有统一。当然,如果书中的一些观点,或者这本书本身对促成这些目标做出了些许贡献,那么这本书就实现了它的初衷了。

再次感谢为本书的出版做了大量工作的人,没有他们的努力,本书的问世将遥遥无期。埃丝特·姆温茵瓦女士接替贝蒂·卡斯特德女士做了我的私人秘书以后,负责了本书大部分的打字工作。还有我的私人助理琼·威肯,她承担了其他所有繁重的工作,包括书中作品的选编和书的出版。

最后还要感谢坦桑尼亚信息部、《坦桑尼亚日报》以及其他机构的记者们。正是你们拍摄的照片帮助减少了本书繁重的文字工作。在此表示诚挚的谢意。

朱利叶斯·尼雷尔
1973 年 7 月

1 一个和平的新年

> 每年年初，尼雷尔总统都会在总统府为驻坦桑尼亚联合共和国的外交官们举办招待会。1968年1月1日，他的发言要比往年在这个场合上的发言更严肃，篇幅也更长。

……令人沮丧的是，近几十年来，人们常用于对他人新年祝福的表达由"新年快乐"变成了现在的"祝愿大家拥有一个幸福和平的新年"。历史学家告诉我们，这种现象仅仅是由于通信变得更发达了，因为世界上总有些地方在发生着冲突，只是我们不知道而已。我怀疑历史学家这种说法的真实性。不幸的是，世界其他地方的和平不再与我们无关——即使是从我们自身安全的角度来考虑。"世界和平"不再只是关乎学术和人道主义者的事情；我们相互联系，因此不能漠视我们其中任何一个国家的瓦解，即使是距离我们几千英里的国家。世界处处充满和平，这对我们所有国家都很重要；人民幸福、经济发展以及社会进步都与此息息相关。

对于人类精神来说，如果和平仅意味着没有暴力冲突，这显然是不够的，它只可能变成剥夺人性以及社会停滞不前的借口。这个世界在社会关系方面并不完美，任何一个国家都愿意不惜一切代价来获取和平。甚至有时候我们呼吁采取国际行动来反对某一国家的残暴行为——尽管我们知道这种想法的危险性，在行动之前需要慎重思考。然而，如果国际联盟干涉了20世纪30年代中期的纳粹种族主义（他们杀害了600万犹太人），世界是否会变得更美好？那个时代的和平是否是人们应该支持的？

希望各位贵宾相信我，我不提倡用暴力解决社会问题，也不支持任何一个国家侵犯另一个国家，因为我相信不管是对内还是对外，这种政策都是残酷且不人道的。我确实认为任何一个国家都不应该侵犯另一个国家。我想说的是，人类的和平与正义是相互联系的,并且应该互相联系。在为世界和平而努力的同时,我们必须为了世界正义而努力。

整个世界都需要持续不断地推崇人权事业,这是毫无疑问的。我们不能因为我们当中有一部分人已经过上舒适满意的生活就停滞不前。那些有自由实现自我提升、帮助国家发展的人,没有权利要求那些受到压迫、歧视以及忍饥挨饿的人对他们的现状保持沉默。如果我们真的这样做了,那么我们也就变成了迫害者、压迫者。在人民的生存状况如此恶劣的情况下,当下所谓的和平既不牢靠也不公正。我们没有权利对他人遭受的不公正待遇无动于衷。

和平对我们来说非常重要;社会的变革以及人类生存条件的改善必须通过其他的途径来实现——这些途径不能包括杀戮和破坏。如果和平的手段对他们来说可行的话,我们有权利要求我们人类同胞们用和平的手段实现变革。我们也有权利要求那些寻求变革的人利用任何可能的机会来实现和平变革,即使这看起来会使变革的过程慢了下来,但也胜过抛头颅,洒热血,前赴后继,推翻这个社会。我们必须坚持不懈。如果通往和平变革的道路被封锁,人们在自己的家园被放逐,被剥夺了参与任何变革的可能性——我们还有权利以人民遭受奴役为代价来换取和平吗?你确定在这种情况下,人们既不期望和平,也不认可和平吗?

这种人权至上的认知既不是国家干预主义者堂而皇之的借口,也不是要呼吁一些民族去解放其他的民族。任何国家都没有权利替别的国家做决定;任何民族也没有权利替别的民族做决定。我们中有些国家,如坦桑尼亚,虔诚地相信我们应当实行社会主义制度,因为它在道德上是正确的,在经济上是可行的。而另一些国家可能既相信资本主义又信仰共产主义。我们不能也不应该认为,我们所做的决定既适合我们,同时也一定会适合其他的国家。事实上,一个民族在特定时期所需要的,才是适合它自己的;由任何人强加的生存方式都是不合理的。

同样,一个民族不可能具备解放另一个民族,甚或是捍卫另一个民族自由的能力。不管外来者的目的有多么善良,他们多么想去解放受压迫者。只要一个民族是通过外来的力量而获得自由的,就相当于他们再一次失去了自由。这是自由的本质:想要获得自由就得自己去争取和捍卫它。

当然,外来力量可以帮助一个为争取自由而奋斗的民族;他们可以提供避难所和武器装备,他们也可以给受压迫者以人道主义援助和外交支持。但是任何一个集团或国家——即使很强大——也不可能解放另一个集团或国家。渴望获得自由的人必须努力争取。如果受压迫和受迫害的人们不能享有人权,并且确实无法用和平的方式来获得进步,那么他们就有权利要求我们支持他们的奋斗——但不能以维护和平为由成为他们新的压迫者。但是我们不能反客为主替代他们自己的努力。如果我们这样做了,我们不是去解放他们;而只是成为另一个压迫者。压迫的形式可能不同了,也可能没有那么严苛;但是对于缺乏自由的人来说,这并不意味着自由。

亲爱的贵宾们,我已经说了很长时间了,我尝试着尽力去表达一些复杂难懂的理念——哲学家们写了许多关于这些理念的书。但总体来说,它是非常简单的。即,只有当我们人类发扬公平正义的时候,我们才能促进和平事业的发展;除非和平促进人与人之间以及国家与国家之间的公平正义,否则和平将只是暂时的。

1968年,我们坦桑尼亚人民将继续努力实践我们的信仰,并期待与你们以及你们所代表的人民开展合作。

2 农村社会主义的实现

1968年1月1日,尼雷尔总统召开了坦噶尼喀非洲民族联盟青年团(大学支部)座谈会,研讨政策文件《社会主义和农村发展》。他在讲话中强调了乌贾马村自治的重要性,并讨论了相关领导人的作用。

我非常高兴看到坦噶尼喀非洲民族联盟青年团大学支部选取了政策文件《社会主义和农村发展》进行认真研究。在某些方面,这项政策是个难题,因为很难组织实施。《为了自立的教育》列出的新教育政策可以——也正在——由教育部落实。教育部将组织新政策的介绍,并监督具体措施的执行。当然,很多工作仍然要依靠全国的教师和校长们——依靠他们来带头和理解。在这个领域,教育部是一个受到认可的组织,所有成员都是公职人员,他们能够理解新政策,准确地传达指令,提供帮助。你可以随时监督事情的进展。

但是我们今天讨论的政策文件与以往的不同。它针对的是坦桑尼亚的全体人民——至少是所有生活在农村的人民。它是建立农村公社的政策纲领。农村公社之间相互联系,自我管理,由人民当家作主,因此它不可能被凭空创造出来,也不可能强加给人民。所以,该文件呼吁的是领导能力,而不是下达指令;它指导人民走社会主义道路,但是绝不会强迫人民走这条路——换句话说,我们不能强迫人民过社会主义生活。

这就不可避免地产生难题,因为这给政府怎样积极发展健康的乌贾马村带来了问题。相反,在一开始就存在两种对立的危险。一种危险是热情过度的坦盟成员和其他组织会横加干涉,威胁人民,导致公社只是流于形式,经受不住考验。另一种危险就是什么变化都没有发生。

……前面我已经提到过了,摆在我们面前的第一个问题就是:我们如何开始?政策就在那儿,目标也定得很清楚。文件提议任何坦桑尼亚人都可以带头。很好！但是我们怎样实现从理论可能性到实际行动的转变？

在考虑这个问题时，要从根本上入手，关键之处在于，不要忘了我们要建立的是乌贾马公社。公社必须自主管理它的事务。它必须是民主的、社会主义的公社，社员们共同为他们的工作、生活负责。这就意味着只能由社员们自行开展工作，不能借助外力的带动或参与吗？考虑这个问题时，我们必须记住，我们广大人民群众的文化水平仍然很低，即使政策文件摆在他们面前，他们也读不懂，学不会……

那么，我们究竟该怎样开始？没错，政府和坦盟的领导人能鼓励、解释和教授这些想法，但是这样就够了吗？如果在座的每一位只是假期回到家乡讨论这个政策，回到城里依然如故，这样能起到多大作用呢？如果受教育程度更高的人加入建设乌贾马村中来，成为一名建设者，又会怎么样呢？但是当这些有机会——比如说去阿鲁沙的人，意识到相比之下农村工作是多么的艰苦、物质回报多么低的时候，他们还有可能留下来吗？

这些问题我说得很坦白，因为我认为它们必须得到解决。我提出这些问题，并不表示我认为没有解决办法，或者是只有消极的办法！在我看来，我们农村地区的人民始终为他们共同的利益而团结一致；在很多地方他们从来没有中断过这种传统美德，而且会将它发扬光大。问题不在于原则，而在于让人们守旧的同时依然能够纳新。因为我们不仅仅是要回到传统的过去。我们努力保持人类平等和尊严的传统价值观的同时，还要善于利用现代知识，利用大型先进设备的优势。但是不可避免地，这需要对传统的社会组织结构做出调整；既要自觉地为了共同的利益团结一致，也要自觉地运用团结的力量造福于整个社会。过去我们团结，因为这是传统；现在我们团结，是出于自觉，出于运用现代知识谋取共同的利益。

有一个道理人尽皆知：成功孕育成功！如果我们能在每个地区都成功建设几个这样的农村公社，其他的公社也会随之而起。万事开头难。正因如此，文件提议每个人都可以带头，而且少数人——10户为一个小组，甚至更少的人——就可以开始。当然，这么少的人不会取得多大成绩，但是积少成多。现在鲁伍马发展协会的12个乌贾马村就是从一开始的10个人发展起来的，而且，第一年庄稼歉收之后，其中有3个人打算第二年从头再来。

事实上，开始的时候人少是有好处的，因为社员们相互了解，能够团结一致,克服难以避免的困难,而不是相互推诿指责。因为能聚在一起讨论问题,做出决定并承担责任的人毕竟是少数。但是这个少数也要有个限度,来维持一个乌贾马村的建成。那理想的规模是多大呢?在不同条件下会有所不同吗?你怎样确定最佳数字是多少?怎样达到目标呢?

在讨论这些方面时,我们必须认清事实的核心,那就是乌贾马村必须由社员平等管理。这点我已经陈述过了,但是我毫不客气地再说一遍:这是农村社会主义的本质。社员们必须对村里重大事情集体做出决策——在哪儿种、种什么,怎样分工,怎样分享收益,未来发展、投资什么等等。当然公社和社员们必须遵守土地法规;他们不能免除税收或者其他国家规定的义务。至于他们经营农场和村子的方式——比如私有农场的数量、归谁所有等等——必须由他们自己,而不是别人决定。

事实上,少不了有人会来到新生的公社,对公社的事务指手画脚。我也确实希望农田劳动者和其他技术人员以及受过培训的人能畅所欲言,提出建议,尽最大可能鼓励乌贾马村在一开始就采用现代化的方式。但是做决定者必须是社员,不能是其他人——哪怕地区行政长官或者总统也不行。

我们很清楚今天讲了什么,因为我们会进退两难。比如在公社视察的政府官员也许明知道人们犯了严重的错误,这些错误对社员组织、选举、方法等可能都是致命的。在这种情况下,官员们会有强烈的冲动介入这些事务的管理,这也是他们的本职工作,即帮助这些公社。通常他们会解释他们的观点,引用其他地方的经验来证明,然后跟社员们讨论整个问题。但是假如社员们仍然坚持己见呢?这时,我们必须回归到公社的本质上来:人们必须自己做决定,哪怕是错误的决定。只有当我们接受了这一点,我们才真正接受了社会主义和农村发展的理论。如果我们不允许人们犯错误,我们就阻碍了乌贾马村的建设;我们可以忠告,可以警告,但是如果我们想管理他们,那我们就毁了他们。我们会失败、失望,会为此付出代价,但这是不可避免的。无论什么情况下,有些顽固的当地人偏要证明所有以往的经验、所有技术性的建议都是错的!即使是政府的公职人员、坦盟的工作人员——甚至大学生——在他们眼里都不可靠!

在某种意义上,以上我讲的这些是为了呼吁领导力。我们需要能引导其他人理解乌贾马村理念,能领导社员,能推广好的耕种方法和实用的组织方式的人;我们需要能在众人灰心丧气时鼓舞士气、领导他们走出困境的人。社会主义农村发展进步在各个层面几乎都依赖领导能力组建小组,支持小组,帮助小组成长。

我强调一下,这里我说的领导力指的不是控制人民,也不是欺负或恐吓人民。好的领导人要讲道理,懂得如何教育和激励。在乌贾马村他要做得更多。他要身体力行。他要走在人民前面,教给他们做什么,引导他们,鼓励他们。但是他跟人民是在一起的。你不能领先人民太远,太理论化,人民看不懂也听不清。你不能紧跟在人民后面,就像狗驱赶牛群。你能做的,只有成为他们中的一员,只有变得更加积极,更加深思熟虑,更乐意教,也更乐意学——向人民学习。

我再强调一遍——乌贾马村的社员们必须自主管理村里的事务!但是领导人的作用也是至关重要的。好的领导人对社会主义胜利和公社的物质成功关系重大。

我举一个例子来说明我们需要哪种领导力。假如几户家庭决定建立一个合作农场和农村,正讨论在哪儿建房子。问题是建在山上呢,还是建在山谷里。争论的焦点在于,是顾及取水的便利,还是考虑洪灾的危险。如果这个小组有一个好的领导人,他会主张最好建在山上。一开始运水固然辛苦,等到他们买得起水泵和管子,问题就迎刃而解了。假如他尽全力争取,多数人的看法还是建在水边,他该怎么办?答案很明显:把村子建在山谷,而且在此过程中他要全力参与。除此之外,如果他的担心有据可循,他还要想出对策。他会劝说社员们在山上建一些商店,以防不测;他也会劝他们储存一些盖房屋的杆子和茅草在山上,以备不时之需。他更要想出一个往高地上逃生和避难的计划,万一出现紧急状况,至少他知道该怎么做。

但是这种领导力只是我们所需要的众多能力中的一种。管理能力同样重要。对于雇佣很多人手的乌贾马农场和资本主义农场,管理方面存在同样的问题——尽管程度不同。工作需要组织,庄稼需要收割、出售,等等。这就需要由社员们选出一个代表,行使权力——你总不能每天召开一次社员大会商量收割豆子还是烟草吧!选出适当的人选作为"农场经理"或"农场财务主管"至关重要。那么,怎样帮助社员从他们当中选出一个最佳人选呢?如果他们犯了错误,怎样保证他们改正错误,而不是流于形式上"民主"管理农场,以至于每日空谈,事情却毫无进展?

这些都是很现实的问题。目前我们在坦桑尼亚仅有的经验证实了农村领导人的重要性。很明显，领导人必须作风硬朗，还要态度谦逊。他们必须保证每个人的工作量相同——包括他们自己——同时他们要乐于在基本问题上采纳小组决定。例如，他们必须能使社员们信服地接受八小时工作制，来完成所有的工作；能够采纳小组的决定，规定八小时是从早上六点到下午两点；还能够对社员公平分工，实行岗位轮换——并且落实这些安排。

这就引出了我今天想要谈的最后一个问题——激励的问题。我们可以说社员们"为了共同的利益团结一致"，我们可以说领导人的工作是落实每个人的工作公平分工。但我们都不是天使，在一个公社里，三个和尚没水喝的情况不是没有，这点我们都清楚！何种组织或者何种规定下的利益分配制度，能够适用于一起建立起来的小组，能够保证其产生最高的效益呢？因为，如果回报不分高低，很有可能有的社员只做最少的工作，而做事最好最快的工人付出最多，因此积极性大受打击。在理想化的世界里，他可能会耸耸肩，继续干活；而在这个现实的世界里，他也许会决定自己也偷懒！

那么，依赖每一位社员明白所有人都全心全意付出才有好处，就足够了吗？依赖社会制裁来惩罚那些偷懒的人，用驱逐作为唯一和最终的手段，就足够了吗？还是这些小组应该根据工作量，或者工时来制定某种分配制度呢？如果你这么做了，是否就违背了社会主义公平原则呢——这会不会导致社员之间的收入差距呢？如果你不这么做，是否放任社员中技术差的，或者干活偷懒的剥削他人呢？但是回过头来，如果你赞成按劳分配，那些全力以赴地工作，却身患疾病、身体虚弱，或者残疾的人，该怎么办呢？

主席先生，这些只是我提出的一部分问题——有些问题也许其他发言者会提到……

……《社会主义和农村发展》中列出的政策，指导的不是一个月、一年的工作，而是未来10年到20年的工作。我们现在要做的就是开始行动；理解目标的人越多，乐意加入的人越多，我们就越能早日取得伟大的胜利。

3 统一必须包容差异

1968 年 2 月 26 日，在对西非进行国事访问时，尼雷尔总统在象牙海岸①的宴会上做了一次演讲。演讲中他强调非洲统一必须包容非洲的多样性，主张统一问题要优先于意识形态上的分歧。

……我们都是独立自主的国家。没有一个非洲国家有权利干涉别国内部事务。每个国家都有权利、有责任决定它自己的发展道路。但是我们能够，也必须团结一致。

比如说，在坦桑尼亚，我们将社会主义作为我们的信仰。我们正致力于在传统地方自治主义的基础上建立一个社会主义国家。对目前我们取得的进步我们感到很自豪，同时我们也很清楚，我们只迈出了一小步。象牙海岸的政治哲学"在自由中进步"，是由总统先生您提出的。但是我们道路选择上的差异，并不意味着我们两国之间势必会有敌意或者怀疑；我们不同的抉择也不会妨碍两国因地理位置上的距离而开展的建设性合作。我们不同的理念也许会影响互惠互利的制度设定，但是这不会影响我们非洲兄弟的友谊，更不会让我们无视非洲团结的需要。坦桑尼亚和象牙海岸两国的关系，正如我们每个国家同其他非洲邻国的关系。

自由后的非洲由 38 个独立的国家组成，每个国家的国情不同。倾向于社会主义制度的国家之间在政治和经济组织上也有所不同，倾向资本主义制度的国家——和那些反对这种制度划分的其他国家——之间也各有不同。我们现在建设的制度还会发展，这种差异还会扩大。差异是客观存在的。摆在我们前面的唯一道路就是接受它。非洲要团结起来，因为非洲地区的大部分国家尽管

---

① 今科特迪瓦。——译校注

有着不同的理念和组织,却有着共同的文化遗产和普遍的殖民经历。一味等待道路上或政治理念上的差异消失毫无用处,我们整个非洲首先要团结起来。差异是不会消失的。如果我们想要团结起来,就必须在统一进程中包容这些差异,允许它们存在,以这种方式,我们统一的进程才能完成。

显然,这不是那么容易的。我们还不能团结有序地凝聚在一起——至少起初是这样的。环顾世界我们会发现,国际合作是有困难的,即使是两个拥有相同政治体制的国家之间的合作也没那么容易。但是我们的任务也不是没有完成的可能。我们要想通过合作来实现统一,或者是通过统一来达成合作,只需要接受三件最基本的事情。第一件事就是,每一个民族、每一个国家必须拥有自主选择他们的政治经济体系和制度的权利,因为所选择的政治经济体系和制度与人民息息相关。第二件事就是,我们制定安排非洲各民族间合作计划时必须认识到,我们当中谁也不可以只顾一己之私,罔顾他人利益,每一个人都必须考虑别人的需求和愿望。第三,我们都必须接受非洲的最高权威,各民族的手足情义和合作关系,要高于所有外部关系。

当然,这些促进统一的基本要求说起来很容易,然而在实施过程中却很容易引起争议和一些难题。但是只要我们能坚持,非洲就会进步,并且这一进步将会使我们每一个人受益。

关于非洲统一运动,我还要强调一件事:我们对世界上其他国家不必采取敌对的态度。作为一个部落的一员并不自动意味着要敌视他所在的民族;作为非洲一个主权国家的公民并不妨碍他对非洲的忠诚,也不妨碍非洲统一的进程。同理,非洲统一运动并不是要敌视欧洲、亚洲或者美洲。任何个人都是众多团体中的一员:既是他所属宗族的一员,也是他所属部落的一员。现在,他是国家的公民,也通过非洲统一组织与其他非洲国家息息相关。他还是整个世界的一员。不管我们是否意识到我们与这些团体的关系,这种关系都是客观存在的。并且,所有这些团体都是相互联系、相互作用的。

一个人对非洲的忠诚必然超越他与任何一个非非洲组织的关系,然而这并不意味着他敌视外部组织。就好像兄弟之间的忠诚超越了农村公社成员之间的关系,并不意味着敌视公社成员一样。同为一家人的兄弟们团结一致,为了他们共同的利益而努力;当他们要在外人和手足间做决断时,他们总是优先选择自己兄弟。一旦社会成员发生冲突时,兄弟们总会团结一致。而当发生家庭纠纷时，他们定会内部解决，强烈反对外人的干扰。让我们非洲同胞组织起来，组成一个大家庭（事实上我们本来就是一家人），结成一个团体，我们才能更轻松地开展工作，与世界人民建立平等的关系。

  我们已经开始了这项工作。所有国家都是非洲统一组织的成员，尽管这很困难，也会伴随着痛苦，但我相信我们的组织将会对我们有极大的帮助。的确，由于我们对自己还没有树立起信心，在建立非洲统一组织时操之过急，对它期望过高。但是我相信非洲人民已经从中吸取教训。我们已经知道非洲统一组织代表着第一座跨越"不团结"这条鸿沟的"独木桥"；我们务必要保护它，但又必须在给它施加压力之前不断给它加固。我们可以通过开展多种地区间技术合作来巩固它。但是必须牢记最终目标，决不让局部安排损害或妨碍非洲大陆的统一……

4 统一势在必行

1968年1月28日，尼雷尔总统向利比里亚议会做了以"非洲统一"为主题的演讲。这一主题是他这次西非之行所有演讲的共同主题。

利比里亚和坦桑尼亚对彼此都充满了浓厚的兴趣，因为我们的发展都离不开对方。我们关系密切，是因为我们都对非洲大陆的繁荣和发展至关重要。无论我们是否愿意承认这一点，外部世界对整个非洲的兴趣，要远远大于对利比里亚、坦桑尼亚或其他某个非洲主权国家的兴趣。欧洲、亚洲和非洲的大国会将我们化整为零，利用我们，但是它们的目标并不是控制这个或那个国家，而是控制整个非洲。当我们摆脱外国殖民者的统治争取独立的时候，我们也在作为非洲人为非洲大陆争取独立。

这些我们都知道，也都认同。这是因为我们认识到我们彼此相互依存，也就是我们长时间以来不断谈到的非洲统一的问题；因为我们认识到一个国家的动荡、贫穷、疾病乃至发展，都会影响到非洲其他国家；我们已经采取了一些措施，走向非洲统一。

事实上，我相信在非洲大陆上，"非洲统一是件好事"，这种笼统的想法虽然得到了认可，但是却在危险的边缘徘徊。说它危险，是因为我们都声称支持统一，这种一致性使我们错误地认为既然已经达成一致，就不需要做别的事情了。

如果想要实现非洲统一，非洲每一个国家都要将采取相应的行动作为政策制定中最为重要的方面，这也是难度最大的一方面。过去几年的经验已经毋庸置疑地证明了这一事实。如果我们非洲各国认真考虑统一的进程，那么我们之间的争论一定会非常激烈。在任何重要的问题上，人们都会强烈地感受到这种激烈程度。当然，我们不必争吵，但是在很多方面存在分歧是难免的。（未经争吵就出现的分歧，才真正表明了我们实现统一的决心！）议长先生，真正的危险不是这些分歧,而是因为害怕出现这些分歧而做出支持统一的模糊表态,却不去解决真正的问题。

正是出于这个原因,今天我想利用您邀请我来做演讲的机会,探讨非洲统一的问题所在,我们在这方面取得的进步,以及我们为实现目标必须采取的行动。

议长先生,非洲统一势必意味着非洲国家的联合——将我们每个国家的独立主权合并成一个新的统一的主权。这意味着要出现某种形式的联邦政府,而每个国家要把它的一部分主权交给联邦政府。

如果要实现非洲统一,那么必须要有一个政府代表非洲对外发言,除此之外别无选择;必须要有一个机构负责非洲的防务,保护它不受外部势力侵犯或者颠覆;必须要有一个代表性的机构协调和促进非洲整体的经济发展,确保非洲大陆上每个国家的繁荣;这意味着只能有一种货币、一种关税制度,其他制度也要随之建立起来以促进经济发展。

列举这些,只是为了说明统一的重要性,以及我们距离实现统一的差距。但是只有当我们到达了这个高度,非洲才能开始取得与世界其他各国平等的地位,发挥应有的作用。现在情况是怎么样呢?非洲在联合国大会中有38个代表席位;然而在表决的大部分时间,我们意见不一、各执一词。只有少数时间我们才会达成一致,共同决定一项决议是通过还是否决。但是通过后我们太弱小、太分散,无法看到它的执行情况。当世界上有大事发生,需要一个统一的非洲站出来的时候,我们却没有这样一个机构。在这种情形下,国家元首不可能每次都能第一时间聚在一起开会,非洲部长级会议也不可能随时召开。即使能够召开会议,并达成了共同决定,我们是主权国家的事实也意味着,如果任何一个国家无力执行这些决定,这些决定也无法强制执行。

在经济上,非洲因为目前四分五裂的状况而一直贫困落后。我们为了争取大国的援助,不断地你争我抢——为了能使它们提供更多的投资、援助,为了出口我们的产品。我并不是在就这一点批评任何人;目前出现这种情况是必然的,因为每个非洲政府要照顾到本国人民的利益。结果就是,我们在国际市场上与大国议价时,处于非常不利的地位;无论是个别国家,还是整个非洲,我们不得不接受不利于我们的贸易条款,包括高昂的外部资金等等。只有建立起一个统一的组织,我们才有望摆脱这一被动局面。无论我们为了合作如何努力,现状是每个国家都在经受巨大的诱惑——或者迫于经济状况不得已而为之——从外国购买援助,甚至以牺牲非洲其他国家为代价。

议长先生,事实远远不止如此。无论做出多么大的努力和牺牲,还没有一个非洲国家能强大到经济上更高层次地自给自足、完全独立。美国和苏联成为当今世界上最强大的国家,并不是巧合,也不是因为它们的民族有什么超乎寻常的特质;欧洲的国家结成联盟,并且英国也急于加入进去,并不是因为欧洲的国家之间没有猜忌嫌隙、没有历史宿怨,而是因为高标准的生活需要一个大的市场、自由流动的资金和人口等等。欧洲共同体固然还没有建立一个共同的政府,为欧洲全体人民服务,但是议长先生,会有人质疑这就是"欧共体"下一步的发展目标吗?只要非洲不成为经济共同体,它就摆脱不了世界大国玩物的低下地位;而一个国家控制另一个经济体的唯一方法,就是选出一个政治势力的代表来控制整个地区。

议长先生,在我们看来,这就是我们应该得到的启示:这就是非洲的必由之路。但是即使建立了非洲合众国、非洲联邦或者邦联也无法解决我们的问题——通过列举美国这些不同的叫法,我想指出一个有待我们解决的很重要的问题。无论我们实现统一是在一周以后,还是一百年以后,统一后的非洲的稳定和管理仍然是个棘手的问题。统一并不能解决非洲的问题,但是它能促使整个非洲一起解决问题。通过结成联盟,我们要弱化某些非洲问题——比如说,边境冲突的问题——但是其他问题,比如大型工厂的选址,我们应该更紧迫地解决。新的问题,即随着统一而凸显出来的问题,是建设的问题。其他更多的问题是避免破坏。

不同主权国家之间的联合,甚至不同行政地区之间的联合,难度很大。不同地区之间会有利益冲突;统一后的非洲的巨大规模也会随之出现问题;有些问题出于我们对彼此不够了解,有些问题出于个别人的野心——比如出现职权调整的问题,出现谁负责哪个领域的混乱状况等等,不一而足。但是这些问题在美国已经存在过,而且仍旧存在着,在苏联也是如此,甚至在我们某些国家内部这些问题也存在着。会有人因为美国联邦经历过的这些难题而质疑它的合理性吗?会有人因为美国有的州反对某些改革,有的州赞成改革,从而认为美国最好回到四分五裂的状态吗?非洲同样必须面对它的命运。非洲同样必须面对发展的真正问题。

陈述了目标,说明了它的重要性,并不能解决我们现在的问题。我们怎样才能实现统一?

有三件事情我们都清楚。上帝不会从天降临,不能指望像他曾经说"要有光"那样,说"要统一"。非洲国家也不会同意通过强行占领,或者在一个非洲强国的武力威胁下实现统一——更不用说通过外国势力的武力威胁了。统一只能由我们非洲人在自由的意志感召下,通过坚定不移地努力来实现。统一只能由自由的非洲人民一致同意共同接受挑战来实现。

但是独立后的非洲有38个主权国家。我们习惯了拥有自己的主权;我们已经培养了——在有些地区正在培养——一种民族自豪感。事实上,过去的每一天都让我们在民族主义的道路上走得更远,恰恰是民族主义导致我们忽视了非洲性。我们向国旗敬礼,教给孩子国家和国家机构的知识,并塑造了忠于国家的新形象。因此如果我们要实现统一,就必须建立代表我们忠于非洲的形象。

我们每个国家都在忙于处理国内难题,有的是关于国内团结的,有的是关于管理的,有的是关于经济的——有时候这些问题会同时出现。然而政府和立法部门在统一的问题上会花多少时间呢?当我们只对非洲某个地区的选民负责时,我们能够给他们多少优先权呢?

在实现统一的进程中摆明这些问题,只是为了认识到它们是切切实实存在着的。但是我们没有理由放弃目标,也没有必要失望沮丧。相反,再次认识到统一的必要性和实现统一的难度,是取得成功的必要前提条件。

有两种方法可以保证我们不断向前发展,而且这两种方法必须同时使用。

首先,我们必须牢记整个非洲统一的目标,规避任何可能增加统一难度的行为。

我们要始终在人民面前重申非洲是一个整体的概念。在学校里,我们要教育孩子们,让他们知道自己既是利比里亚人或者坦桑尼亚人,也是非洲人。通过报纸和收音机,我们要不断普及非洲大陆上其他国家的知识,确保人民了解非洲各国人民之间的共同之处。我们要传播我们的歌曲、舞蹈、文学和音乐。简而言之,我们必须帮助人民增进彼此之间的理解,了解彼此的历史和发展历程。

在政治方面,我们必须努力加强——至少不能削弱——非洲统一组织。这是我们的组织;我们一手创建了它。我们依靠它来实现非洲的发展。过去我们非洲国家破坏了——甚至曾经几乎毁灭了——非洲统一组织;有的国家要么缺乏耐心,要么喋喋不休,其他国家甚至不愿意出一份力。我们只是用它来吹牛皮,仿佛自由非洲的敌人会被我们的夸夸其谈吓倒。但是我们吹过牛之后,连最起码的行动都没有。我们就这样毁了我们一手建立的东西。但是非洲统一组织还存在着,现在我们学会了实事求是地面对它,然后就可以开始正确地运用它,开展为了促进理解和协作而进行的漫长、细致的工作。然后,等到它日渐发展壮大起来后,我们就可以让它承担更多的责任,成为真正的统一组织。

只要有可能,我们就必须不断地将非洲从政治、经济或技术上团结起来。非洲各国之间日益发达的通讯、交通和贸易有助于我们更加紧密地团结在一起。在联合国贸易和发展会议之前,我们在阿尔及利亚进行的讨论现在转移到了新德里;我们在联合国的代表定期开展讨论。所有这些帮助我们在外界营造了一派团结的景象,避免别有居心的人利用非洲国家之间有可能出现的猜测怀疑制造分裂。我们必须多进行非洲全民大讨论,看看我们能在什么领域达成一致,采取共同的行动。我们越是能统一步调,我们越是容易最终成为一个整体。

尤其重要的是,非洲领导人要避免在公开场合表露我们的分歧。我们的争吵——如果有的话——要私下进行!但是我认为这方面我们已经吸取了教训;现在我们认识到公开地相互攻击——甚至更多是有组织地颠覆对方政权——对我们的国家、对整个非洲都毫无益处。我们已经明白了《非洲统一组织宪章》第三条原则的现实重要性。

无论我们怎样努力,有一点是始终不变的,即整个非洲通往统一的进程势必是缓慢的、艰难的。众口难调,人越多,越难达成一致——当每个国家都取得独立之后,必然会制定一致同意的规则。

第二,议长先生,在致力于推进全非洲进步的同时,我们要努力实现更大范围内的区域统一。只要这是在非洲统一组织的领导下进行的,并且不会出现任何阻碍非洲统一的规定,那么区域合作只会使我们受益。它可以在任何领域、以任何形式开展起来。

有时候,两个或两个以上的独立国家形成一个联盟或者联邦是有可能的。这样一来,非洲主权国家的数量就减少了,也在一定程度上弱化了最终会出现的问题。同时,这也提高了非洲某个地区的地位,使得那里的人民可以放下后顾之忧开展合作。

更多情况下,区域合作采取减少国家之间经济或管理壁垒的方式,或者通过增加合作功能活动的方式。过去一年间已经在这个领域取得了进步。大量关税联盟或海关协定已经建立起来,减少了两国或多国之间的关税,有的海关还在协商。另一个例子是东非合作共同体的成功建立,它提供同样的公共服务,分享同一个市场。如果要为非洲的繁荣发展打下基础,这种工作需要无尽的耐心和细致,需要漫长艰苦的谈判。根据我的经验,谈判是件苦差事。它需要谈判各方愿意妥协;理解什么是根本的,并且必须接受这一事实,即:没有一个国家能够得到它所想要的所有东西。

但是无论这些谈判多么艰苦,多么乏味,它们关系到非洲的统一——在政治上做出统一的决策前后所进行的谈判都是如此。让我再举一个东非的例子。当坦噶尼喀和桑给巴尔决定组建现在的坦桑尼亚联合共和国时,两国政府之间只解决了最基本的原则问题。至于关税统一、税收分配等等其他方面的具体谈判,是后来进行的——某些方面的工作仍然没有完成。但是在东非共同体,所有这些细节的讨论却先于政治上的统一决定;我们还没有形成一个联邦,因为我们都还没有做好合并的准备。我认为,无论通过哪种道路实现统一,都要做同样的工作,没有捷径可走。有时候是这条路又好又快,而有时候是另一条路。

只有一个条件,是统一过程中非洲所有国家无法同时实现的。统一是建立在地域基础上,而不是意识形态上。非洲有38个主权国家,38种不同的国内政策。有些我们叫做社会主义国家,有些不是;有些国家对别国采取的政策表示认同,有些国家则不以为然。但是如果我们跌入了建立"社会主义阵营"和"非社会主义阵营"的圈套里,这将会对我们的统一大业造成难以估计的损失。

一般说来,认同对方国家政策或做法的国家之间往往关系友好;他们会派遣代表团去对方国家党的大会学习经验。但是这永远不可能发展成为意识形态的集团,或者党同伐异的组织。合作的基础是地区,不是意识形态。当两方面不谋而合时,合作就会顺利得多;如果事实不幸并非如此,我们就要时刻牢记,远亲不如近邻,邻国会产生冲突,但也必须开展真正的合作……

1963年,在非洲统一组织建立之后,我们产生了骄傲自满的情绪,仿佛已经修成正果。到1966年我们又心灰意冷,好像这些挫折预示着我们将一蹶不振。现在非洲从打击中恢复了过来,而且实事求是、坚定不移地走统一的道路。也许前方还会有挫折,也许我们进步得很慢。但是,如果将实现非洲统一作为我们的导航之星,我们将永远不会迷失方向……

5 知识分子离不开社会

1968年2月29日,尼雷尔总统在利比里亚大学做了一次演讲,演讲阐述了知识分子对社会的责任,以及社会对于知识分子的重要性。

……只有一种原因能够解释,为什么像我们这样欠发达的社会需要创办大学,并将大学维系下去。我们是在为未来投资。我们投入了大量资金培养少数人,为的是将来他们能更好地回报社会。我们对人才的投资,正如对拖拉机这种农业设备的投资;我们期望拖拉机能够为我们干数倍于手锄的活儿,同样我们也希望大学培养的学生能够作出数倍于未能接受高等教育的人对社会的贡献。当学生读大学时,我们为他们付出;后期我们就可以从他们那里得到更高的回报。教育不是做慈善;穷国也没有做慈善的本钱;我们有权利向大学毕业生和其他受过教育的人要求回报;这不仅仅是一种希望,更是一种期望。

校长先生,这并不是对我们非洲学生的特殊要求,其他地方也是如此。你们也知道,两千年前,耶稣说:"因为多给谁,就向谁多取;多托谁,就向谁多要。"

我们对社会上受过教育的人提出的要求是什么呢?我们要求他们为社会服务——相对于他们当初接受的服务,他们的回报应当呈几何倍数增长。

毫无疑问,在学校和高等教育机构里学到的知识完全可以为个人所用,对社会的作用仅仅是副产品。有时候我们也是这么做的,高薪工作往往是那些对社会没有多大用处的职业。即使受过高等教育、在最紧缺的岗位上工作的技术人员,也不乏滥用社会对他们的信任,借机要求涨薪、提高待遇,或者利用他们掌握的专业技能危害社会。他们不知感恩图报,反而借口他们是"技术骨干"——比如,修桥离不开工程师等等——试图拉大与普通工人的薪资差距。

有人说,从理论上来讲,工程师就应当比技师收入高,技师就应该比劳动工人收入高——更有甚者,总统就应该比他所代表的人民收入高——这些说法是否正确,不在我今天的讨论范围之列。

那么,受过教育的人在我们现有的社会薪酬体系内,提出什么样的要求才算合理呢?建桥固然离不开工程师,但是同样也离不开工人。我们要不要和欧美那些发达国家的高收入人群相比呢?我们要不要再跟那些工作同样辛苦,收入却低一大截的人比一比呢?换句话说,利用我们学到的技能,反过头来对培养我们的社会坐地起价,这种做法是否正确呢?

如果静下心来想一想我们在社会中的地位,我想我们就不应当这么做。事实上,我们除了因为社会对我们的投入而负有特殊的使命之外,我们也面临着特殊的机遇——这一点越来越多的人认识到了。今天的非洲是一个充满机遇和挑战的地方:非洲的发展是一项挑战,面对这项挑战,主动权和控制权在我们手里,这就是我们的机遇。还是拿建桥来举例子,搬运水泥包,搅拌水泥等,却不知建桥的全貌,这是劳动工人分内的事情也不会觉得很无趣。但是如果能参与到桥梁的设计,根据你的设计规划参与到它的建造中来,这是多么富有乐趣的一件事情啊!

发达国家的毕业生没有我们非洲学生这样的机遇,也达不到我们的社会满意度。那儿的年轻人固然可以为提高国家的生活标准而努力工作,但是他会发现他能做的只不过是把黑白电视机变成彩色电视机而已——这对一个人的精神或感情没有任何激励可言!但是在这儿,我们可以通过掌握的技能,帮助人民摆脱贫困——不再饥一餐饱一餐,没完没了地干活——过上基本体面舒适的生活。我们可以让妇女不再承受头顶水罐跋涉数里地取水的辛苦;我们可以把光明和希望带给被营养不良和疾病折磨的儿童;我们可以改善住房条件——让人民群众住上宽敞舒适的房屋,让他们活得更有尊严。

但是我们要想做好这些工作的话,就必须满足一个基本条件。我们要建设这个社会,首先就要成为它的一分子,我们要投身于社会工作,而不是像古代的神一样从天而降,实现你的一个心愿,就消失不见了。一个国家、村庄或村社不是被谁发展起来的,它只能自我发展,而真正的发展意味着人民的发展。在非洲的每一个国家都不难发现政府为人们提供了现代的设施,而这些设施现在已经锈迹斑斑,废弃不用了。我们建起了学校、灌溉设施、高级市场等等——有人带来了这些东西,要"把发展带给人民"。如果要真正实现发展的话,人民必须参与进来。受过教育的人可以,也应该率先垂范。他们可以教给人们做什么、怎样做。只有当他们融入这个社会，他们才能改变这个社会。换句话说，受过教育的人只有成为社会真正的一员，与它荣辱与共，不离不弃，才能真正改造这个社会，发挥他们应有的作用。

为此，非洲的知识分子要与没有受过教育的人们保持一致，全心全意毫无保留，否则付出再多也会付诸东流。在坦桑尼亚，我们就经历过类似的教训。我们发现，如果你想尽快为村庄带来巨大的变化，你不必去找教育程度最高的人——甚至也不需要去找党或政府的官员。你只需要去找那个当地人民最尊敬最信赖的人。如果这个"未加选举的领导人"碰巧也是文化程度最高的那个人，事情就容易多了，他们会把他看作是"他们中的一员"。退而求其次，如果文化水平最高的那个人与当地最受尊敬的那个人关系很好，他就可以间接地推动发展。但是如果那位知识分子刚愎自用、自以为是；或者脱离群众，生活优越，那么人民就会惧怕他，或者鄙视他——这样的话，他就不适合那里，因为他做不了发展的助推器，只会成为发展的绊脚石。

当然，这并不是说为了更好地为国家发展服务，大学毕业生或者教师就不能利用他们丰富的知识提高生活水平，而只能生活在传统的生活方式里；也不是说他必须在所有的事情上与大多数人保持一致。但是他的与众不同只能从人们已经理解接受的事情上做些调整，不能表现出对人民群众或者他们的生活方式不屑一顾；必须表现出对社会的忠诚。如果一个受过教育的人有充分的理由过与众不同的生活，他要乐于向与他一起工作生活的人们——也就是和他平等的人们——解释原因。比如别人喝生水他喝开水，人们发现他的孩子身体更健康，如果别人问起来，或者在这样的场合，他必须耐心解释两者之间的关系。他要做好人们一开始会不相信的心理准备，不能流露出"他们太愚蠢，连自己的孩子都照顾不好"的想法。

无论教育程度如何，认同人人平等的理念至关重要。如果我们认为只有现代技术、现代知识才有价值，或者它们赋予了我们别人所没有的优越感，我们的无知就会出卖我们。非洲尊重长者的传统古已有之。这是从他们不断积累的生活经验中总结出来的。如果认为没有受过教育的当地长者一无所知，这会造成毁灭性的损失。比如在坦噶尼喀，殖民统治者曾经花了3600万美元建立了"花生项目"——现在我们却在进口花生酱！付出如此惨重代价的一个主要原因，就是"专家们"——也就是那些知识分子——在相关地区统计了十年期间的降雨平均值,根据他们自己统计的数据做出的规划。他们以为,当地农民文化水平低,不可能提供关于每年每月降雨规律的信息。他们还以为,当地人仅仅出于无知不愿意在开垦田地的时候砍光所有的树木。结果大片地区成了不毛之地——花生没种出来,却造成了水土流失!

我并没有借此批评那些外派专家。我们还可以举出当地受过教育的人们的例子。我举这个例子,是因为坦桑尼亚为此付出了最为昂贵的代价——或者说有可能是最昂贵的;它让我们认识到虚心向每个人学习多么重要。知识不仅仅来自书本,或者来自讲师,或者来自前来参观访问的总统!我们拥有前人智慧的结晶,还有那些会将部落里代代相传的智慧传承下去的智者。我们尤其不能忘记,尽管传统的非洲在技术上落后,但我们却无法抹煞它在人与自然和谐共处上取得的成就。如果我们放任经济的发展,毁灭非洲几个世纪以来建立起来的人类社会价值体系,我们才是愚蠢到了极点。我们要保护这些宝贵的东西,因为我们将无法承受在先进技术的诱惑下由于无知所付出的代价。

校长先生,我想说的是,我们所有人,无论有没有受到过教育,都是社会的成员,都是平等的个体。我们可以因为受到过的教育而变得与众不同;我们可以为自己在社会财富中多分一杯羹。但是这对我们和我们人民的代价会非常高,因为不仅人们对社会的满意度会降低,我们生活的安全系数和幸福程度也会受到影响。

但是这意味着,只有当大学学习以及大学本身时刻准备着满足社会的需求,满足大多数没有受过教育的民众的需求时,才真正有意义。大学的目标必须是促使学生毕业时成为能立即投身于社会服务的公仆。他们要把自己定位为人民的公仆。公仆不会优于主人享有优先权。他们拥有的是责任,而不是特权。我们知识分子的主人必须是人民群众。

在东非,因为说了上述话,并且对知识分子作了这样的要求,我被控诉成同类相煎——压迫跟我一样的知识分子!有人说,我受过的教育和我的性格使我本身就是一个知识分子,但是现在我成了反知识分子。如果是这样的话,我只能说我并不是在孤军奋战,现在有很多人——很多"知识分子"——和我站在同样的立场上!

我相信控诉我的人误解了我的观点。我也希望今天我不会给各位留下这种不好的印象。诚然,我反对把知识分子看成是一群特殊的人种,他们应当拥有别人不配拥有的特权和优待这一论调。但是我认同知识分子对我们国家、对非洲做出了特殊贡献。我不断要求，他们丰富的知识和超乎常人的理解能力应当为我们所在的社会谋取最大的福利。

我们生活在同一片蓝天下。受过教育和没有受过教育的人，都是一个国家、一块大陆、一个世界的公民。我们的未来紧密相连，其中知识分子尤其离不开这个哺育他们的社会。农民可以自给自足，他们自己种粮食、做衣服、盖房子。而知识分子能做到这些已属不易——甚至现在连这些也做不到。脱离了社会，他的聪明才学将无用武之地！知识分子必须竭尽所能，推动社会的健康发展、繁荣昌盛，这是为他人谋福利，更是为他们自己。

最后一点。我一直在呼吁非洲大学和大学生们——还有其他正在接受高等教育的人——要对社会无私奉献，全心全意为人民服务。我相信这并不违背大学"寻求真理"的传统。我相信真理要为社会服务。我相信我们需要大学及大学教育出来的学子们能够挺身而出捍卫真理，无论这将对他们个人造成什么样的后果。没有哪位领导或群众是绝对正确的；我们犯错也许是因为无知，也许是因为抱有思想情绪。帮助我们、帮助人民最大限度地发挥他们的能力，是那些不必日复一日肩负重担的人的责任。有时候这意味着要讲真话、讲实话，讲你认为正确但是别人不一定了解的事情。

也许各位会注意到，我刚才说到真理应该是不计个人后果勇敢说出口的。但是如果不计社会后果，坚持你所谓的真理，这将是狂妄自大的表现。如果一个满是学生的教室失了火，发现的人大喊一声"着火了"，就会引起慌乱造成更多伤亡，反而是好心办了坏事，不如冷静下来有序地疏离人群。没有人能掌握全部真理；我们会发现新的真理，但是我们不能妄自揣摩、无中生有。

非洲需要大学客观的精神。我们不断处理新出现的问题；我们要把所有光线聚焦在问题上。大学必须同时是一个富有责任感的机构，它承担着我们社会发展壮大的重任，要为社会全心全意服务——诚实、真挚、无私地服务。

谢谢，校长先生。

6 政党必须代表人民

1968年6月7日,尼雷尔总统作为坦噶尼喀非洲民族联盟的主席,在乌干达人民大会党的会议上传达了友好的问候——正如1967年奥博特总统在姆万扎坦盟大会上所作的讲演,尼雷尔总统利用这个机会讨论了独立后的非洲政党的作用。

坦桑尼亚和乌干达、肯尼亚曾经有一个梦想——或者说幻想,即我们都属于一个更大的联邦。我们不少人仍然坚持那个梦想,坚信梦想一定能够成真,只是在实现时间上我们有所调整,采取了一种更为缓和的方式,因为我们知道,只有当所有人满腔热情地支持它时,联邦才能成立起来。

因此,现在坦、乌两国仍然是两个独立自主的国家。坦盟和乌干达人民大会党是两个不同的政党。但同时,我们两国也是三方经济共同体中的合作伙伴;两国政府在关乎共同利益的事务上相互学习,开展合作,关系密切。我们的政党也是兄弟组织。事实上,我们的独立不是,也不可能是完全彻底的。我们都是非洲运动的一分子。我们共同为了非洲人民真正的自由、统一和进步而不懈斗争。

怀着这份情谊,我带来了坦盟和非洲设拉子党对乌干达人民代表大会的问候。我们怀着极大的兴趣关注着贵党;我们为你们取得胜利欢欣鼓舞,为你们遭遇困难深表同情。我们的关系、我们的友谊,并不是刚刚建立起来的。事实上,它可以追溯到贵党建党之初——甚至更早!我们两党都是东非和中非泛非自由运动组织的成员。在殖民的情形下,我们为独立奋起斗争,结下了深厚的革命友谊,出于不同的需要,我们成立了各自的政党。现在我们奋斗,是为了维持我们赢得的政治独立,获得我们迫切需要的经济独立和繁荣,这也是非洲共同的奋斗目标。

现在,不同的国家采取了不同的策略,这是因为,我们的策略,在达到第一个目标之前,就有所不同。我们要考虑到各国不同的国情。但是我认为我们政党的目标并无不同。我们都旨在建立一个人民掌控自己命运、为自己的福祉而奋斗的社会。我们都致力于排除外部势力对本国事务的干扰,稳定国家对经济的调控。我们的政党都接受人类平等的基本原则。所有人都知道平等和尊严关乎法律、政治和经济。

这些我们都清楚。但是有时候我们表现出的却是另一番情形,好像我们的政府一成立——一旦我们赢得独立——政党的使命就完成了。事实远非如此。无论我们是一党制,还是多党制,国家运动的目标只能在一种条件下完成。人民的政府必须由强大的政党执政,扎根于人民之中,为人民和政府搭建桥梁,全心全意为人民服务。

……总统先生,女士们,先生们:当今世界上,政府管理起来很复杂。以前,政府的职责很简单:保证所有公民在和平时期能和睦相处,而当外敌入侵时,能同仇敌忾,共抗外辱。但是今天,这仅仅是政府工作的开始,也是政府的问题所在。1968年的非洲政府,如果要顺应人民的愿望,必须积极推动国家经济建设;它必须组建贸易、商业和制造业机构。一个现代政府,必须帮助人民实现农业现代化,让人民喝上干净的水,组织和提供教育和医疗卫生服务,等等。

在所有这些责任中,政府也许会迷失方向——它会忘了这些活动的初衷是什么!当它追求最高效的农业系统时,很容易忘记这种高效要为人民服务;当它寻求发展时,也许会忘了有一些东西是人们不愿意为了物质利益而牺牲掉的。即使选举出来的政府和它的行政部门没有忘记"一切为了人民"的宗旨,它们也会陷在怎样提供更好的服务而产生的问题里,失去了和人民的联系。如果是这样,人民会对政府的工作产生误解,不能理解需要他们怎样合作,为什么合作,从而妨碍了工作的开展。

让我来举个例子吧。我们的人民想要他们和孩子的生活水平得到提高。他们希望政府能解决这个问题。但是在一个农业国家,生活水平提高意味着必须要增加农业产量——这就需要加倍努力的工作和更现代化的生产方式。假如,政府要靠增加税收来培训农业推广人员,提供化肥补贴,从而使人民生活将变得富裕起来——如果他们接受这些服务的话!但是如果人们不向专家学习,不使用化肥,那么他们只能比以前更加贫穷。他们变穷是因为他们要交更多税,却无法从那些税收提供的服务里获益。结果,政府想要努力为人民服务,但人民妨碍了他们自己的发展。更糟糕的是,他们也许会因为误解从而对政府产生敌意;如被以权谋私的人利用,就会转而反对自己的政府。

强大政党的职责就是为人民选举的政府和政府服务的人民搭起沟通的桥梁。政党要帮助人民理解政府在做什么,为什么那么做;它要帮助人民和政府合作,共同克服贫穷这个发展的桎梏。但是政党也要保证政府与人民紧密联系,了解人民的感受、困难和渴望。它要代表人民,教育人民,帮助人民明白政府举措的用意,这事关他们自己未来的安全和机遇。

总统先生,今天我们政党的职责比我们争取独立时要艰巨得多:那时我们高呼"民族独立";我们咒骂殖民者——我必须插一句,他们罪有应得!但是现在,我们在建设国家。如果我们召开群众大会,我们不能再骂政府——因为我们就是政府,人民就是政府。我们的职责是教育,是普及,是建设。我们要领导人民从事建设发展的工作,我们要聆听他们的心声,与他们并肩合作。我们要代表他们跟我们管理国家的机器——政府对话。

事实上,政党并非政府的机器,而是通过政府这个机器,实现人民的愿望,为人民的利益服务。政党因此要决定政府工作的基本原则,决定政府要遵守的政策。当然,政党不能取代政府;它不可能具体到做政府分内的立法和行政性的工作。但是只有扎根于人民心中的政党,只有在全国农村和城镇都拥有无私奉献的劳动者的政党——只有这样一个政党能告诉政府,人民想要的是什么,它是否得到了有效的贯彻。只有这种政党的存在能够保证政府和人民共同为了人民的心愿而奋斗。

正因如此,政党代表大会成了一个国家政治日程上最重要的事情。议会很重要——因为议员很重要。议员能够代表人民,前提是他们得到了一个强大政党的支持,得到了一个由千千万万锐意进取、有智慧有头脑、无私忘我的人民组成的政党的支持。总统、首相、议员们的名字会出现在报纸上,他们会出现在电视上。如果他们优秀,那也是因为有一个强大的政党在支持他们,这个政党能了解人民的需求,洞察人民的感受。如果这些领导人滥用职权,脱离人民群众,那么在很大程度上是因为这个政党没能代表人民,没有做人民忠实的仆人。

总统先生,也许在贵党大会上谈论政党的重要性有些欠妥。今天在座的每一位代表来到这里,就是因为他们知道政党的重要性!但是我们党的工作者有时候确实会有一种低人一等的感觉。我们知道,政府有行政权力,而政党没有。

政府和议会制定法律，但是政党大会不能。我们中有人会开始认为，这些机构的成员更加重要，从而逐渐丧失对党内工作的热情。从坦桑尼亚的经验来看，我们中有的党员虽然没有犯那种错误，但是却试图通过耀武扬威、恐吓人民来彰显自己的重要！而事实是，作风正派的政党才是民主政府的基础。党员是我们城镇和农村工作的中流砥柱，如果他作风正派的话——也就是说，他与人民并肩工作，建立人民的信心，赢得人民的信任；人民也把他看作是他们中的一员，有困难、有想法、有疑惑时，都会去找他。如果你质疑这番话的真实性，看看整个非洲吧——事实上，应该看看整个世界——看看在那些政党不能代表人民，不再代表人民，不做人民的发言人的国家，会发生什么事情……

7 人民至上

1968年6月18日,尼雷尔总统第二次对中国进行国事访问期间,在北京举办的国宴上发表了演讲。这篇演讲用的是斯瓦希里语。以下是演讲全文。

三年前,我刚刚造访了中国这个伟大的国家;三年间,中国和坦桑尼亚都取得了重大发展,中国还进行了文化大革命。我希望能在接下来的几天里更多地了解这项运动。在坦桑尼亚,我们实行了新的一党制国家宪法,明确了我国社会主义的意义和实现途径。

中坦两国最近取得的发展表现在不同方面。两国在国土面积和国家历史上差别很大,在宪法和经济制度上也不尽相同。我们开展了不同的运动,但是我认为我们的目的并无不同。坦桑尼亚的所有重大变革都是为了巩固和提高人民至高无上的地位。……

总理先生,人民的主权是我们最高的愿望,也是从很多方面来说最难实现的。说它是我们最高的愿望,是因为人民的利益是所有国家活动最正当的目的,只有人民才能决定什么对他们有利。英语有句谚语:"鞋合不合脚,只有穿的人知道。"人民的主权意味着人民掌控经济活动,决定实行什么法律,遵循什么风俗习惯,通过什么政治制度实现自我管理。人民的这些权利,只有当他们不受外界控制、不受剥削压迫、摆脱暴政统治、摆脱饥饿的威胁、不再体弱多病时才能实现。

不幸的是,这些说起来容易做起来难!为了实现我们期盼已久的生活温饱、教育进步和身体健康,男女同胞要团结起来——有时候要共同投入到大规模的运动中去。如果人们小组合作,运用现代化的耕种方式和更加先进的设备,农业的产量一定会大幅度提高。学校需要受过训练的教师,这就需要研究所和大学的大力支持。良好的身体状况需要保健知识以及医院和医生的服务。

所有这些都需要周密的组织和复杂的通信系统等等。换句话说，如果人民要享有真正的自由，他们必须协同合作，制定合作制度，执行合作任务。因为要想维护主权，人民必须能够自行决定可以接受的制度；努力在他们的经济、社会和政治满意度上取得平衡。接下来的问题，就是掌控好这些创造出来为他们服务的工具。

社会主义保证优先政策不会由压迫人民的剥削阶级来制定。它还保证由人民代表来管理合作运动必不可少的组织机构，防止个别人假公济私，损害人民利益。但是当今社会和经济组织的复杂性，不可避免地会产生新的危险——即人民的公仆会染上官僚作风，脱离人民群众，养成懒散、低效或者贪图享乐的不良习气。

另一方面，还有一种危险：为了避免形成官僚作风，技术工作者不具备必要的知识或准备，以免这些技术工人会因为做决定的权利受到限制而感到失望。在这些情况下，人民不会从他们作出的努力中受到任何益处，他们的主权实际上还是无效的。

要在这两种危险之间取得平衡，找到一个理想位置，让人民既能掌握自己的命运，又能实现给自己设定的共同目标，并不是件容易的事。我敢说世界上还没有哪个国家找到了这个问题的解决方法。毛主席多次呼吁要有"红色专家"——技术精湛同时又忠于中国政治信仰的专家。坦桑尼亚也在寻找"忠诚的专家"。我们两国都在寻找这样一种专家：他们精于科学研究或者管理，抑或是其他我们迫切需要的技能。他们一心想要运用知识和能力为人民服务，满足人民的需求。这样的人才确实存在，但是权力的诱惑对每个人来说都是巨大的。尽管我们都不想受人剥削，不少人还是很高兴能或多或少剥削别人。

当然，我们可以运用组织形式的很多技巧，让权力掌握在人民手中。自治村社、地方政府、行政权力的转移——所有这些，还有很多其他形式的出发点都是将管理权保留在人民手里，满足人民的需求和愿望。我们的政党也起着既领导人民，同时又代表人民的关键作用。

我不确定世界上是不是真的有这么一个国家，那里的人民据说从来不会被政府的代理人欺凌，不会受到不公的待遇。我可以肯定地说，坦桑尼亚无法保证。事实上，我相信我们所有国家都要为捍卫人民的主权进行持久的斗争。我们要时刻保持警惕，保证人民不为他们所信任的人蒙蔽利用，不受官僚作风和办事低效的折磨,不被他们知识的盲区所误导。

中国革命以来的历史已经表现出中国领导人在这件事情上的决心。斗争的号角再次吹响,批判那些滥用职权或者脱离群众的领导人,同时存在着这样一种认识:领导人不一定总是能够得到人民的大力支持和一致拥护。因为制度是为了服务人民而制定的。如果一个管理者不能让他的每一个工人都能恪尽职守,他就没能为人民服务——虽然在他履行职责时,一些懒散的工人会咒骂他。

总理先生,以下为了证明我的观点而举的这个例子,用在这个场合也许并不恰当。1965 年我在中国时,让我印象最深刻的——也是在我国工作的中国工人让坦桑尼亚人民印象最深刻的——是他们的辛勤劳动。我想中国也有懒人,就像在其他国家一样。但中国的工人确实看起来格外勤劳!

这充分证明了我的观点。走社会主义道路才能摆脱资本主义的剥削。但这只是第一步。一旦我们建立了防止资本家剥削的社会制度,接下来就要为人民打造实现进步发展的工具。同时我们要防止因为不诚实守信、效率低下、作风懒散或滥用职权而出现新的形式的剥削。

中坦两国都致力于建设社会主义。我们采取了不同的方法——也可以说,我们打造了不同的地基、使用了不同的材料来建设人民的社会主义家园。在我们的人民看来,我们采取的方式符合了他们的需求。我相信通过这些不同的方法,中坦两国在为共同的目标而奋斗——为了人民的主权,为了人民不再忍受剥削和压迫。

我衷心希望,在中国逗留的短短几天里,我和我的同事们能够有机会学习你们处理这些问题的经验。尽管理念和制度不可能简简单单从一个国家原封不动地移植到另一个国家,但是我们相信人类不同的经验蕴藏着一些相同的发展规律。当然,我们尤其对那些像我们一样积贫积弱,正在努力为消除贫困、鼓舞人民士气而奋斗的国家充满兴趣。

在上述所有事情上,中华人民共和国近年来取得了非凡的成就。它已向世界表明,一个自强不息的民族,无论面临什么样的艰难险阻,都蕴含着巨大的能量。坦桑尼亚向毛泽东主席领导下的中国人民做出的不懈努力表示崇高的敬意,希望你们在通往社会主义和人民主权的道路上能够不断前进。

总理先生,女士们,先生们,请跟我一起,为中华人民共和国和毛泽东主席的英明领导干杯!

8 主权关系的平等

1968年6月21日，在为中国的周恩来总理举办的答谢宴会上，尼雷尔总统就坦桑尼亚对《防止核扩散条约》的态度进行讲话，同时回答了"不平等的平等"之间的友谊问题。这次演讲他用的仍然是斯瓦希里语。

坦桑尼亚和中华人民共和国之间的友谊，是一种最不平等的平等之间的友谊。这其中的原因，也许世界上很多其他国家难以理解：他们一直想要暗示，坦桑尼亚是中国的卫星国，否则我们的友好关系就会破裂。这是一种一厢情愿的说法，或者是一种对友谊本质的误解，认为友谊是排他的——你不可能跟一些本身不是朋友的国家同时保持友谊。

我承认，在当今世界上，大国和小国之间真正的友谊是很稀有的。因为这种情形下的友谊，意味着双方互相认可，无论版图大小、国力强弱、地位高低，两个主权国家依然平等。这意味着双方都知道它们之间存在着差距，但是这些差距，只有出于友谊的需要，或者双方能从中受益时，才会被接受。

总理先生，中坦两国的友谊，是建立在尊重平等的原则之上的。它并不排外，我们也不会干涉对方国家的事务。当我们觉得能够合作时，我们就开展合作；如果双方觉得勉强，那么我们就转移到其他问题上去。我可以非常直截了当地说，坦桑尼亚在我们两国的友谊中受益匪浅，我们非常珍视它。任何国家都不能影响它，只有我们自己，我们自己的行动，能摧毁它。因此，我没有理由不相信，坦中两国的友谊会无限期地延续下去，并随着时间的推移变得更加牢固。

总理先生，说完这些，我想进一步说明，我和我的同事们来中国，不是让中国为坦桑尼亚撑起核保护伞的。殖民主义在非洲被消灭了，但是遗留下很多问题。我们有的国家叫做殖民地，有的叫保护国，有的叫省，还有的叫联合国托管地。事实上，它们以前都是殖民地，而它们一直都在反抗殖民地的地位。因此，如果我来请求中国将坦桑尼亚纳入它的核保护国，坦桑尼亚的人民绝对有权利谴责我是核武器新殖民主义马屁虫。

我们寻求的与世界其他国家的关系，是一种平等的关系。正因如此，坦桑尼亚反对防止核武器扩散条约。我们认为它是一个极为不平等的条约。它要求无核国家，包括潜在的有核国家，谴责研制或拥有核武器的权利，但是它却不要求有核国家自己停止研制核武器，也不要求有核国家摧毁它们已经拥有的核武器。而且，最糟糕的是，它甚至不要求有核国家保证将不使用，或不威胁使用核武器针对那些同意签订条约的国家。相反，有核国家只是自己声明它们将保护无核签署国抵抗核武器的袭击。在该条约下，如果一个国家对《圣经》，或《古兰经》发誓，说它想要研发原子弹，纯粹是为了和平，它也不会得到允许这么做。它只能从有核国家那里购买原子弹。一项如此重大、影响深远的人类发明只能为少数国家所垄断，这在人类历史上还是第一次。

我们反对这项条约，不是因为我们想要保留我们研制或接受核武器的权利。我们既没有这种能力，也没有这种愿望。我们反对它，是因为它是一个不平等条约，对和平事业毫无益处。武器的垄断不可能产生真正的和平。它只能产生所谓的和平，像罗马统治下的和平，或者英国强权下的和平。

总理先生，贵国是有核国家，我们国家不是。从目前来看，我们在这个问题上持有相似的观点。当然，这并不意味着中国和坦桑尼亚将永远采取相同的政策，永远实施相同的重要行动。中国是一个亚洲大国，而我们是非洲的一部分。我们两国都关心国际和平、人类的公平，但是我们的直接关注点是不同的，我们的难题也会是另外一种形式的难题。

比如说，传统意义上的殖民主义在亚洲已经被打败了，到处都实现了政治独立。现阶段的斗争是要将独立变得更加彻底——使人民取得独立。仅仅是旗帜飘扬、总统当政、礼仪得体远远不够，因为如果人民群众还要继续忍受旧主人或新主人的剥削，那就毫无意义。

在非洲，我们在与新殖民主义作斗争。但是我们仍然要与外国占领、种族主义少数派的压迫作斗争。我们不得不面对这样一个现实：坦桑尼亚的南部邻国仍然被葡萄牙统治，6万葡萄牙军队维持着欧洲殖民者的统治，无视莫桑比克人民的意愿。

无独有偶，安哥拉、葡属几内亚和西南非洲仍然在殖民者的奴役之下，这些殖民者还要继续盘剥非洲人民。而且，在南非、罗得西亚，种族主义少数派政府有系统地企图维护它们的政治权力和经济特权，否认那些非白人者的人权。

总理先生，女士们，先生们，我的国家取得了自由。正因如此，我才能代表我国人民来到贵国，巩固两国人民间的友谊。但同时，我的国家感到它仍然不够自由，因为非洲不自由。我国人民知道，他们被侮辱是因为在非洲，我们的兄弟因肤色被侮辱。我的国家，和非洲其他取得独立的国家一起，下定决心改变这种情形。只有非洲能够解放非洲。我们今后要进行长期不懈的斗争；新殖民主义的阴谋有时会使我们在解放的进程中走弯路。但是，非洲统一组织一定会领导非洲胜利走向自由和尊严，走向统一。

自由非洲的统一是我们的终极目标。我期待那一天，我不再以坦桑尼亚联合共和国总统的身份来中国，因为那时候在世界眼里已经没有坦桑尼亚——只有非洲。我的理想是，届时将由非洲联邦总统进行国事访问——到中国和其他国家。（我快速补充一句，这并不意味着我本人不愿再次来到中国！而是我希望能以非洲联邦公民的身份前来中国，重叙我们的友谊！）

我们的理想很远大，我们也知道它不可能很快实现。但是我们不能因为它还很遥远就放弃这个目标，就像贵党没有因为在延安的窑洞里看不到今天的中国而放弃你们的目标。最重要的是，我们让非洲摆脱帝国主义的决心永远不会妥协。非洲人民，在莫桑比克，在安哥拉，在葡属几内亚，在罗得西亚，已经拿起武器。胜利终将属于奋勇抗争者；这意味着，非洲将会胜利，因此，坦桑尼亚也会胜利。我们胜利，因为我们为自由而战，为家园而战，为孩子们的未来而战。我们不会向任何人放弃我们与生俱来的权利。非洲将由非洲人民管理，无论肤色、种族、语言，总有一天，非洲人民将在自己的祖国实现人人平等。

我相信，中国人民能够理解我们的决心——这是坦桑尼亚的决心，是非洲的决心。我相信，你们会同情我们的斗争，正如我们同情中国人民立志保卫自己的家园，按照自己的意愿来建设它一样。我们不要别的。因为我们知道，没有人能帮助一个民族实现自由；自由必须由渴望它的人民来赢得，来维护。

最后，总理先生，我想要重复一遍，我到中国是来学习的。尤其是我想看看贵国文化大革命之后发生了什么。过去的三天再次印证了我的信念，那就是我们会从中国学到很多东西。首先，我们反对孤立中国世界才能和平的说法。这是非常愚蠢的。你无法孤立7亿人口,除非他们都睡着了。第二,非洲存在这样一种危险,我们有些人相信取得独立就足够了。如果我们真的想要实现从国家独立到非洲人民真正独立的转变,如果我们真的想要保证非洲革命向前发展,而不是倒退,甚至形成新殖民主义,那么我要说,我们要向你们学习。从1965年我在中国看到的情形看来,我不得不说,如果你们觉得有必要开展一次文化大革命运动,来确保下一代继续高举革命的大旗,那么我们也需要一次这样的运动。我们看到在坦桑尼亚,口头上强调社会主义和人民多么重要非常容易做到,而事实上,我们所表现的却像资本家,像卑鄙的独裁者!

我提到过,我第一次到上海,就看到了贵国人民的革命热情,我真希望全国人民能够来中国,亲眼目睹一个意志坚定的民族的力量。今天,在经历过文化大革命之后,中国人民的革命热情更胜从前。基督教里有句教义:信念能移动大山。中国人民拥有强大的信念;它不是盲目的信念。你们相信人民的创造力;你们信任你们伟大的领袖毛泽东主席;你们相信自力更生和自我批评的精神;你们还相信世界上受到压迫的人民是一体的。但是你们做到的远远不止是相信。你们让我们看到,单凭相信是不够的,必须付诸行动。

这种强大的精神力量,经过文化大革命的洗礼,焕然一新,更加强烈。在这种精神的指引下,在伟大领袖毛泽东主席的领导下,我相信,你们一定能从胜利走向胜利,衷心祝福你们。再次造访中华人民共和国令我和我的同事们感到非常荣幸。你们以极大的热情友好地接待了我们。我们此行轻松愉快,受益匪浅。

9 粮食意味着社会主义

尼雷尔总统从中国出发,去了朝鲜。1968年6月24日,他在答谢宴会上讲述了坦桑尼亚优先发展的政策,以及关乎人民福祉的社会主义真正意义。

……尽管战争使朝鲜遭受了巨大损失,朝鲜的工农业生产总产值仍有了很大的提高。在我们国家,工业体系刚刚开始筹建,人民的生活水平还很低,因此我们对你们的成就抱有极大的兴趣。在追求自力更生时——这对朝鲜同样重要——我们必须首先通过农业的发展来建立我们的经济体系。这是我们已有的工业基础,并且我们可以通过现有的资本和人力资源进行发展。农业生产的盈余可用于工业的发展。当然,这并不意味着我们不关心工业的发展,农业的发展不仅仅需要加工厂,还需要生产一些简单的农具、化肥等。这是一个需要重点考虑、优先发展的问题。我想说的是,在我们现有的情形下,农业和农村的发展是第一位的。

因此,我们最感兴趣的是你们在这个领域取得的巨大进步。来朝鲜之前,我们就已经被金日成先生简短精悍的讲话所折服。您的讲话是这样说的:"肥料意味着粮食,粮食意味着社会主义。"这句话富有哲理、意义深刻,我深受触动。现在,我看到了朝鲜用实际行动阐述了它的含义,相比坦桑尼亚,朝鲜是个很小的国家——至少在国土面积上很小。然而,我了解到你们国家每年生产120万吨肥料——更不用说已经解决了全国98%农村和86%农户的安全用电。了解以上情况后,我们对朝鲜在过去的二十年里,农业生产总值翻番,从而使每个公民以及整个经济受益,就不足为奇了。

但是,总理先生[①],你所强调的不仅仅是肥料有助于农业产量的增长。反

[①] 此时,金日成实为朝鲜劳动党中央委员会总书记和国家元首。——译校注

过来，农业产量的增长意味着社会主义的实现。当然，你并不是指社会主义是因为采用了科学的方法，正确使用化肥，增加了农业产量才实现的。但是人们手中财富的增长，都用于了他们自身的发展和进步，以及平等合作精神的贯彻——这几乎就是社会主义本身的含义。社会主义并不是什么抽象的理想主义。社会主义好是因为它是由整个社会的人民，为了他们的共同利益组成的。社会主义好，换句话说，因为它以人为本。为人民服务是社会主义组织的主旨；社会主义工作者的动力就是充分认同他们的同胞的需求，为他们的利益服务。为人民服务意味着，人民至少吃得饱，穿得暖，有房可住，尤其是不能出现有的人已经满足温饱，而其他人仍然食不果腹的情况。

总理先生，刚才我似乎只是在阐释你总结的那句朴实的真理。这并不是我的目的。我的目的只是歌颂朝鲜人民，他们在您英明领导下将真理付诸行动。朝鲜，就像其他正在进行社会主义建设的国家一样，还有很长的一段路要走。但是你们巨大的成就让世界瞩目，同时使我们坦桑尼亚人民受益匪浅。

在此，我和同事都非常感谢朝鲜人民的热情。我们也祝愿你们不断进步，不断向你们设定的社会主义目标迈进……

10 工作目标

1968年7月6日,尼雷尔总统为友谊纺织厂举行了开业典礼,并借此机会重申援助有助于实现自力更生。随后,他又指出,生产目标在该工厂和其他工厂都要圆满完成。

开业典礼使用的是斯瓦希里语,典礼现场人山人海。

……友谊纺织厂的建立表明,我们为实现自力更生而奋勇向前并不意味着对他国人民的敌视。我们也不会拒绝他国主动提供的帮助,只要从长远看来,他们提供的帮助有助于我们实现自力更生。的确,"合理的援助"指的就是"那些长远看来能帮助我们实现自力更生的援助"。

友谊纺织厂属于坦桑尼亚人民。它是我们的财产,我们必须对它全权负责。但是,它的建立得益于中华人民共和国的帮助。中国人民为我们提供了大额度的信用贷款,中国的技术专家为我们提供了技术援助,他们的工人帮助我们建立了纺织厂,并且积极地对坦桑尼亚人员进行培训,教给我们如何接管该纺织厂。我补充一下,他们不辞辛苦、无私奉献的精神给我们树立了榜样。

……纺织厂的建立带来了什么机遇呢?由中国出资出技术建立的纺织厂对我们实现自力更生有什么益处呢?

……友谊纺织厂好比是一种新式工具;它能帮助我们提高产出水平,增加坦桑尼亚人民的财富,就如同农民通过犁来种地要比简单地依靠锄头速度更快。但是,要想用犁来耕种就必须对它进行维护。同样的道理,坦桑尼亚要想通过纺织厂获利,就必须充分利用它,并对它进行维护。中国人民已经帮助我们创建了一个有利的工具;我们现在要做的就是合理利用它。

过去,农民们纷纷种植棉花,却只能出口棉绒和少量的棉籽油。那些进口我们棉绒的国家将棉绒制成棉布——我们又从他们手中买入棉布。我们这样的做法实际上就等同于付给别国棉绒加工工资，让他们赚取收益。新建的纺织厂以及其他即将开始生产的纺织厂将意味着我们不必再为他人做嫁衣。今年年底，我们就可以大量进行纺纱、织布、染色和印花，尽可能多地将我们的原棉加工，满足坦桑尼亚人民的需求——生产加工坎嘎布①、维藤盖布②以及其他种类的布料。

换句话说，坦桑尼亚棉布不再依赖进口，新建纺织厂的产能完全能满足本国需求。我们也不再把工资支付给欧洲的纺织工人，而是支付给坦桑尼亚的纺织工人。外国公司再也不能通过从我们国家进口的棉绒、加工后转卖给我们来赚取利润，这一部分利润将由我们自己通过生产加工来实现。对于友谊纺织厂来说，它属于国有企业，它所产生的全部利润属于全体人民。

……纺织厂的运营效率至关重要。新工厂的产品必须品质优良、设计新颖，且价格定位必须在人们购买能力所能承受的范围之内。只有实现高效运营，纺织厂才能更好地为坦桑尼亚人民服务。这就意味着我们必须进行有效管理，工作人员必须谨慎认真、勤劳刻苦、严于律己。无论是车间里的工人、开发市场的销售人员，还是运送货物的司机，都对坦桑尼亚负有责任。

车间工人们在当值期间必须勤勤恳恳；上班必须准时，不能迟到早退。小心照看工厂器械——它们属于公共财产，一旦因为一时疏忽而蒙受损失，坦桑尼亚人民难以承担由更换机器或维修而产生的费用。工作人员必须认真负责，杜绝任何残次品的产生——没人愿意购买有瑕疵的衣物。他们必须以作为纺织厂员工而感到自豪；别的暂且不说，友谊纺织厂是目前东非第一家掌握棉布印花技术的纺织厂。相应地，纺织厂的工人们也会受到尊重，且待遇丰厚，环境舒适。

然而，我要强调的是，员工们受到尊重并不等于他们不必遵守纪律。无论什么时候，要保证团队协作，纪律是关键。员工们应该严于律己——如果工厂最大产能的目标尚未实现，员工们应该合力找出问题所在。但是如果目标仍未能实现，那么工厂必须加强管理。有些人可能认为，《阿鲁沙宣言》强调人权，这意味着人们对待工作可以松懈懒惰，且监管人员也会对此视而不见。事实胜于

---

① 用于制作坦桑尼亚妇女民族服装"坎嘎"裙，布料绚丽多彩，图案明快。——译校注
② 单数称"基藤盖"，东非许多国家妇女用此布当作头巾，或围在腰间成裙。——译校注

雄辩。《阿鲁沙宣言》对纪律的要求是非常严明的。它强调工人们不应当受到剥削;所有劳动人民都应当享受劳动成果。这也就意味着我们必须承担相应的责任。当十个人共同抬起一根沉重的圆木时,每个人都应该在同一时刻拼尽全力。如果十人之中任何一个人未能同时用力,或者没有真正用力,那么结果只有两个:要么另外九个人必须多出一份力气——在这种情况下,回报应该由这九个人而不是十个人共享;要么就是无法举起圆木——这种情况下,这九个人的力气就白费了,从而没人能获利。工作中严明的纪律至关重要,再重申一次,中国技术人员给我们树立了榜样。

然而,仅仅靠一线工作人员勤奋守纪是不够的。工厂要实现高效运营还得依靠各个部门高水平管理的支持。必须抓好工厂的管理工作,确保工厂能平稳运营,棉花能充足供应;保证棉服制造工序能平稳衔接,各个部门协调一致,及时完成各自的职责。管理部门还要同时监管好原料的采购和产品的销售;确保及时发放工人们的工资,工厂账目收支平衡,按时进行器械维护,以及其他所有的事情。高效地完成这些任务是纺织厂取得成功的关键,只有这样,工厂才能有效防止残次品的产生。

管理部门还要负责纺织厂产出的计划——事实如此,只有首先计划好纺织厂的产能,纺织厂才能开始运营。我还想就这一方面说两点。

第一,从今年年底开始,坦桑尼亚每年将拥有 900 万平方码[①]布的产能——甚至更多。如果样式合适、价格合理、质量合格,那么仅仅坦桑尼亚国内就有足够的市场销售这些服装。但是各个服装厂生产的服装式样不能重复;举个例子,我们不能仅仅生产 900 万平方码的坎嘎布而没有维坦奇布或者居家棉服。必须合理规划总产量;根据需求来计划生产。如果各个厂商能协调合作,生产中的浪费就能降到最低。国家发展公司(两个最大纺织厂的股东)必须积极主动地做好带头工作。各个工厂的管理部门、领导层应该就各工厂生产产品的种类相互协商,并将当下的采购模式牢记于心,为我们未来经济发展提供参考。这一点非常重要。要想充分利用新工厂,就必须从整体上去计划,不能仅仅单独考虑各个部门,这样的安排对工厂来说是不明智的。

但是,一旦所有计划都顺利实施,我们就应该公之于众。因此,我的第二个

[①] 约合 752 万平方米。——译校注

观点就是每一个新工厂——当然也包括旧工厂——都应该制定一个目标,并且要让每一个工人都了解这个目标。

我们要求人们努力工作,但是现代工厂里的每一位男女员工,他们每个人的工作对于整个生产过程来说,都只不过是其中的一小部分。怎样才能让员工常年对工作保持高度热情呢?富有想象力、创造力的人能做到这一点,但是大多数员工甚至很难将自己的工作与整个工厂的目标联系在一起的。工人们甚至常常弄不清楚他们的工作属于工厂目标的哪一个环节;也不知道工厂的目标是什么;更不了解工作取得了哪些进展。在工人们对工作目标毫不知情的情况下要求他们积极对待自己的工作,这是不理智的。

因此,每个工厂都要制定一个目标,最基本的目标是销售什么、在哪销售。要让每一个工人了解工厂目标;并将工厂目标制作成大字报,贴于墙上。仅仅这样做仍然是不够的;我们应该为每一个车间、每一个工段、每一个小组制定年度、月度甚至每日目标。完成这一步之后——清楚目标是什么了——我们还必须将上一年、上个月或者前一天所实现的目标公之于众。

我相信,当人们充分了解各自目标之后,他们能根据距离目标的远近而做出相应的调整,就如同过去人们应对各种挑战一样。他们会拼尽全力完成目标甚至超额完成;也会因为高效高质地超额完成目标而感到自豪,同时还会认识到他们的工作积极地促进了坦桑尼亚目标的实现——而坦桑尼亚的整体目标,是由各个工厂、农场以及办事处各自不同的目标有机组成的……

11 坦赞输油管道

自从在罗得西亚被施行石油禁运之后,赞比亚不得不向北寻求石油供应。从达累斯萨拉姆港驶出的重型卡车满载石油运往赞比亚,沿途公路原本并非为运输石油而建,因此逐渐不堪重负。经过一番紧急部署,赞比亚和坦桑尼亚一致决定铺设一条输油管道,不到一年时间,管道就开工了。为此两国举行了两次庆祝仪式:第一次由赞比亚的卡翁达总统在达累斯萨拉姆打开了管道开关;接下来1968年9月2日,尼雷尔总统在石油输送的目的地——赞比亚恩多拉进行了一次演讲。

对我们所有人来说,这是一个欢欣鼓舞的时刻。坦桑尼亚和赞比亚普天同庆这一难忘的时刻。对于那些支持反抗殖民主义和种族主义的人来说,这同样是个值得高兴的日子。我们热烈庆祝非洲两个独立国家之间结成"公约"——或者说条约——之后结出的胜利果实。我们热烈庆祝一项惠及两国人民的跨国合作项目的顺利完工,这一项目提升了我们真正的独立和自力更生的战斗力。

今天从输油管道中流淌出来的石油,是在7月29日被输入达累斯萨拉姆直径八英寸的管道里的,时速约1.5英里。它翻过山脉,越过河流,穿过人口稠密的繁华地区,流过未开垦的原始林地,缓慢而又义无反顾地顺着管道一路奔向前方,直到抵达恩多拉。现在,赞比亚的石油供应得到了保障,总统先生,您也不必再为石油问题而感到焦虑紧张、寝食难安了……

坦桑尼亚和赞比亚是两个独立的主权国家。我们互不干涉内政。我们也不接受某些奇怪的论调,认为国际友邦有权利对另一国家对内对外的政策指手画脚。事实上,我们两个国家是通过很多共同的目标团结在一起的。

坦赞两国的政府和人民都已下定决心发展经济,为全体人民谋福利。两国有共同的思想主张,即以人民为中心。我们已经认识到,在很多领域开展合作,我们将共同受益。

坦赞两国坚决拥护人人平等的信仰，无论种族、部落、宗教信仰或者其他。两国全盘接受这一信仰，既为了我们自己，也为了整个非洲。

坦赞两国都信奉并拥护非洲的统一和自由。我们知道，我们的发展和自由紧密相连。

两国的第一要务是谋求发展巩固自由。如果仅仅取得了法律意义上的独立，却没有决定本国政策的自由，那么这样的国家也不可能真正生存下去。虽然在这种情况下，独立的协议继续有效：国旗飘扬，总统所到之处受到尊敬，等等。满足于这种地位的国家甚至有时候会取得短期的经济利益，它们到处卑躬屈膝，获得了大笔外部援助和国外投资，从而有能力建设高效益的项目。这种政府也许还会被当作现实主义的模范，为当地人民创造了工作岗位，等等。

我们非洲不应当如此没有骨气。回顾历史我们知道，一个贫困潦倒的人如果卖身为奴，有时也能吃得好、穿得好、住得好。但是他要受到主人的控制，所以这些好处不一定能一直持续下去。一旦他成为奴隶，他就只能得到这些主人为了自己的利益而给他的东西，其他一无所获。

国家同样如此。一旦一个国家为了经济利益出卖自由，或者任由外国势力操纵，这个国家就丧失了国格。只要符合统治者的利益，人民就要被剥削、被压迫。发展只能伴随着主人的需求和愿望。人民的进步会被看成是无关紧要的，而且人民会被一直灌输这样的观点：他们的国家并没有真正取得独立，因此他们并不是真正自由的民族，在没有外部力量的指导下，无法决定自己的命运。

我相信非洲已经清醒地认识到这一点。这就是我们现在的问题所在。国家取得独立固然是伟大的胜利，但是从某种程度上来说，独立只是表面上的独立而已。我们的人民仍然贫穷，我们的国家经济落后，几乎没有技术熟练或受过教育的人才。目前我们所拥有的一些先进的经济资源和机构几乎都归外国人所有，由外国人管理。我们取得了政治独立，可以声称拥有了主权；但是我们真正的权利并没有达到主权独立应有的高度。

我们的任务长期以来都是追求真正独立。真正的独立意味着要拥有真正的权利，将我们在目前拥有的理论上的自由变成现实。这绝非易事，也没有捷径可走。这意味着要"打败敌人"，但这并不是军事斗争，也不是摧毁他国的势力。这意味着要建设，要教育；两者都需要付出艰苦的努力、非凡的毅力和宝贵的时间。

我们目前所需要的是认识现状的勇气,并鼓起勇气实现我们渴望的变化。这种勇气最难能可贵,因为这意味着既要认识到我们的局限性并接受它,还要排除万难发展壮大来克服它。这是人民都应当拥有的勇气和毅力。埋头工作耐心等待需要勇气(因为勇气只为能够坚持下来耐心等待的人服务),等到时机来临,就毫不犹豫采取行动。

周密地计划未来的独立需要出色的领导能力。成功与否,取决于这种领导能力之下的人们能否团结一心,尽管有各种势力企图将这个国家按照部落、地区、宗教信仰或者其他方面分裂开来。这需要一种极大的耐心,在出于需要不得不妥协让步的时候,也不能忘了或者无视最终的目标。最重要的是,这需要全国人民自愿牺牲现在舒适和满意的生活,以获得真正的自由,而真正的自由只会伴随着自力更生的实现而到来。

坦桑尼亚——我相信赞比亚也是如此——现在肩负着实现不需要担心外部势力干涉的真正独立的任务。我们肩负着建设经济、培训技术人员、教育人民和设计梦想中的蓝图的重任。但是当我们为此而努力奋斗时,却遭到了外部的威胁。世界大国们远在我们千里之外,不可能派遣殖民武装力量来侵略我们。但是坦赞的边境上却存在这样的国家,它们认为我们建立在人类平等之上的自由目标与它们水火不容。

南非白人种族主义政府和罗得西亚的种族主义执政党,不认为我们有能力和权利按照自己的方式和自由来发展。葡萄牙殖民当局如果能继续生存,也只是因为这些殖民地自由的理念还没有深入人心。对于我们的邻国来说,我们争取独立自由的胜利对它们构成了威胁。最重要的是,我们的胜利会证明他们的思想是错误的,而且会激励那些国家中同样信仰人类平等的自由斗士。而且,实力变得强大才能真正投身于非洲人民的自由事业和人类平等事业。这些已经尽人皆知;我们的对手也不是傻瓜。这些种族主义者和殖民者会想方设法阻挠我们的胜利,破坏我们为发展作出的努力。他们会用尽一切办法试图分裂和削弱我们——从散播谣言,到进行各种破坏活动,再到动用经济力量打击我们,甚至也许会直接对我们发动袭击。

我们不能以军事打击的方式来回应他们。即使这种军事打击过去与我们的理念相一致——但现在已经不是了,我们也没有这种能力。我们和他们都清楚，那种认为我们会对南方国家开战的想法是荒唐可笑的。他们这样说，只不过是替他们威胁我们的行为找借口。

只有一种方法我们能够对他们造成威胁——而且我们已经威胁到他们了，就是在人类平等、自由和自力更生的基础上成功地建设我们的国家。即便如此，他们威胁我们并不是因为我们做了什么，而仅仅是因为我们的成功会动摇他们的压迫统治。暴政统治永远不会牢不可破，压迫者永远惧怕自由的精神。赞比亚和坦桑尼亚真正的自由——也就是说，自力更生带来的经济实力——将成燎原之势，点燃受压迫人民的斗争烈焰，扫除种族主义和殖民主义的统治势力。

知道了这些，知道了南部非洲的种族主义分子将会想尽一切办法破坏我们所做的努力，我们应该怎么办？他们有数不尽的优良武器装备，这些都是我们所不具备的。他们发动正面进攻，我们就不得不撤退，无论我们的士兵和空军有多么英勇无畏。如果他们真的前来进犯，我们最近就可以借鉴一种与众不同的抗争方式——一个团结一心的民族，拒绝被侵略者统治，从而发起了坚决的非军事抵抗运动。捷克斯洛伐克人民已经为我们树立了榜样，他们能够做到的，赞比亚和坦桑尼亚的人民也能做到。

然而事实上，武力进犯并不是针对我们的自由和进步最有可能发动的攻击形式。我们更有可能面临有人企图钳制我们的经济，破坏我们新的制度，而且，最有可能的是，妄图从内部分裂我们。为了对抗这些企图，就要鼓起勇气，抛却个人利益得失，不为非洲的敌人所利用，这样我们才能成功地保卫我们的国家。无论面临什么样的困难和分歧，针对那些妄图毁灭我们、拿走我们自由的人，人民最有效的防卫就是保持警惕、团结一致、顽强斗争。这些也是我们摆脱现阶段压迫我们的贫困、无知和疾病的根本做法。赞比亚和坦桑尼亚没有一个人能够置身事外，远离这场没有硝烟的战斗。一个工作中总是粗心大意、效率低下的工人，将会毁掉成千上万人的劳动成果，从而在反抗南部非洲种族主义分子的斗争中削弱我们的实力。一个一心想要利用人民的困境来达到分裂我们国家的目的的政客，在他伪善的面具之下真正的企图是将人民置于他的奴役之下。任何不参与到为全人类争取平等的斗争中、无视人种差异、无视自己长期利益的人，都是在为法西斯主义者和殖民主义者的利益服务——这些刽子手会一边将非洲人民的脸踩在非洲的泥土里碾磨，一边肆无忌惮地放声大笑。

总统先生，上述我所讲的事情与输油管道的成功建成并非毫无关系。因为这条输油管道只是我们开展正式合作的一个很小的例子，我们所做的这些艰苦而富有回报的工作，将帮助我们的国家在自由和自力更生的基础上发展。我们今天感到非常高兴，因为有了石油，赞比亚就不会再处境危险了。在过去的两年半的时间里，通往坦桑尼亚港口的北部大公路不得不优先用于石油产品运输。现在只有少量的特殊燃料会走这条崎岖不平的路线。而且，北部路线一旦能派上用场，坦赞两国人民将不必再使用南部路线来运输其他产品——南部路线往往是由非洲的敌人控制的。

赞比亚的自由因为这条输油管道而得以壮大，坦桑尼亚同样如此。我们两个独立平等的主权国家之间的友谊和合作将会被这条连接达累斯萨拉姆和恩多拉的长长的管道进一步增强。

因此，对坦赞两国全体人民，我想说的是：保护这条管道，并且要把它保护好。

如果你在为这条输油管道工作，那么就认真高效地做好你的工作。如果你是管道工作人员、管道附近的居民，或者仅仅是我们国家的公民或友人，那么请帮助我们保护好这条令我们的敌人咬牙切齿的管道，不要让它受到任何破坏。这条管道是争取非洲自由和统一的武器；它保护我们所取得的进步不受威胁。希望它成为第一个由坦赞两国或赞比亚和东非为了我们全体人民的福祉开展的项目。

总统先生，作为我们两国团结的象征，让我们一同走上前去，一起打开开关，让来自达累斯萨拉姆的赞比亚石油，从此一路畅通无阻。

12 自由和发展

这篇文章是尼雷尔总统于1968年10月16日发表,并于10月底在坦盟国家执行委员会会议上作为政策文件印发下去的。但是,它的影响力远远比不上之前的政策文件。这在一定程度上要归结于在本次会议上讨论了一些高度争议的问题,产生了直接的政治影响。

自由和发展的关系,如同鸡与蛋的关系一样密不可分!没有鸡就不会有蛋;没有蛋便很快没有了鸡。同样,没有自由就没有发展,没有发展很快就失去了自由。

自由依靠发展

当我们谈到自由的时候,我们指的是什么呢?第一,国家自由;也就是坦桑尼亚的公民决定自己国家的未来,管理自己国家的事务,不受外部势力的干涉。第二,免受饥饿、疾病和贫困的自由。第三,个人自由;即与他人平等尊严地共处的权利;言论自由的权利,参与到影响他生活的所有重大决定的自由,不会因为无意冒犯到某位领导人而遭受逮捕的自由,等等。所有这些都是自由的构成方面,如果坦桑尼亚的公民无法得到上述保障,就不能说他们有真正的自由。

但是很明显,这些都要依赖经济和社会发展。如果我们的国家依旧贫穷,我们的人民仍旧教育水平低,理解能力差,工作效率低,那么我们国家的自由将受到装备先进的国外势力的威胁。这并不仅仅是军备的问题——当然如果有必要的话,社会的财政也会拨款来装配军备。这是全国人民的思想意识问题,意识到他们是自由人,有他们要保卫的东西,无论适当的保卫方式是通过武力还是通过更加温和的方式。

同样明显的是,要使人民免遭饥饿、疾病和贫穷,必须依赖于社会财富的积累和人民知识水平的提高。因为人民只能消费和支配他们已经生产出来的财富。个人自由也只有在得到发展的支撑时，才是真正的自由。一个人只有在了解了他在做什么、知道怎样利用宪法这一武器来保护自己，才能更有效地捍卫自己的权利——知道了这些，也是一种发展。

发展意味着人民的发展。公路、建筑、粮食产量的增加等等这类东西，都不是发展；他们只是发展的工具。一条新公路，只有当人走在上面时，才能延伸人的自由；一批新建起来的校舍，只有被用于开发人的头脑和理解能力时，才能称得上是发展；小麦、玉米、大豆增产，只有当为人民增加营养时，才能称得上是发展；棉花、咖啡、剑麻等种植面积的扩大，只有当这些东西被出售，得到的钱被用于提高人民的健康水平、生活舒适程度和理解能力时，才能称得上是发展。那种人民得不到发展的发展，要等到公元 3000 年才会成为历史学家研究的兴趣；发展与那种被创造出来的未来无关。比如，埃及金字塔和罗马人在欧洲建的马路属于物质发展，至今仍让我们叹为观止。但它们仅仅是建筑，那个时代的人民没有因此得到发展，它们属于那个时期的帝国，属于那个时期的文化，而这些早就已经消亡了。那个时期的埃及文化——尽管充满知识和智慧——迅速地被外来侵略者消灭了，因为他们带来了新的文化；人民只能沦为这种物质发展所需要的奴隶，而不能从这种发展中受益。同样，当罗马帝国被入侵时，它的军队撤回到罗马境内，宽阔的马路、精美的建筑留在那里，逐渐破败，因为它们与占领区的人民没有直接关系。而且，究竟埃及金字塔或罗马人建造的马路是否对它们国家的历史、对人民的生活产生了任何影响，也值得怀疑和深思。

发展带来自由，前提是它是人民的发展。但是人民不能被动发展，他们只能自我发展。一个人也许可以在别人的帮助下建起房屋，但是他无法在别人的帮助下建立作为人的骄傲和自信。这些要靠他自身的行动来创造。通过做事情，通过自己做决定，通过提高他的理解能力——理解他在做什么，为什么那么做；通过积累知识、提高能力，通过全身心参与——作为平等的一分子——他所在社区的生活，他实现了自我发展。比如，一个人在他成长和用双手劳动的过程中，不断得到发展，发展到足以给他和他的家人提供体面的生活；如果是别人给了他这一切，那么他就不能得到发展。一个人发展自己，要靠提高他的教育水平——无论他学什么知识；不是靠简简单单地执行某个比他教育程度更高的人的指令，却根本不懂为什么别人会下达那些指令；一个人发展自己，要靠参与一个新的事业,畅所欲言,并参与接下来的决定过程;不是靠像牲畜一样被驱赶着行动。事实上,一个人的发展只能靠自己来影响;而人民的发展也只能靠人民来影响。

最后,如果发展是为了让人民更加自由,它必须是人民的发展。它必须为人民服务,为人民的利益服务。每一项提议都应以它是否为发展的目的服务为评判标准——发展的目的就是人民。如果一项提议对人民的发展有益,通过人民的意愿得以实施,它自然而然地就是为人民的利益服务,而且它要满足三个条件。第一,人民知道他们需要什么;第二,他们知道这些需要如何满足;第三,他们能自由地做决定,并贯彻决定。

发展依靠自由

如果发展的目的是人民更加自由、更加富裕,那么绝不可能靠武力实现。有句谚语说得好:强按牛头不喝水。靠发号施令,甚至靠奴役人民,你能建成金字塔和壮观的马路,你能坐拥良田万顷,你能在工厂里货物堆积如山。所有这些可以通过武力实现,但是没有一样实现了人民的发展。武力和蒙骗只能达到短期的物质目标,不能使一个国家或社会富强,不能为人民建立自由的基础,也不能为任何个人或集体提供安全保障。

只有一种方法可以帮助人民完成他们个人的发展,那就是通过教育和领导。通过这些方法——不是其他方法——人民能够得到帮助,从而既能了解到他们自身的需求,又能知道他们要怎样做来满足这些需求。这是坦盟和政府的官员们应该赋予人民的领导能力;通过这种方法我们能为坦桑尼亚带来发展。但是,尽管我们必须给予人民这种领导能力,这一决定必须由人民来做,他们必须自己做他们决定了的事情。

有两个因素对人民的发展至关重要。第一个就是通过教育培养领导能力,第二个是做决定时要民主。领导能力并不是指对人民呼来唤去;也不是谩骂那些与你意见不一的个人或集体;更不是作威作福,支使人民做这做那。领导能力意味着和人民亲切交谈,共同讨论,耐心解释,说服教育;意味着提出有建设性的建议,与人民并肩奋斗,用实际行动向他们表明,你是在督促他们前进;意味着成为人民中的一员,认识到人民和你是平等的。

尤其在我们历史进程中的现阶段,我们不能仅仅因为别人做的事情不合我们的心意,或者不合人民的心意,就批评某个集体或某个人。很显然,我们很多领导人对剥削者过于上心,整天把他们挂在嘴上。但是,剥削者对我们现在的发展已经微不足道了。就领导者和人民而言,对于残留的少数剥削者的最有效的处理方法是对他们开展建设性的发展工作。我们领导人不应该整天骂这些剥削者,这是绝对荒谬的——尤其是我们中还有人没有意识到,我们骂的这些人现在正在做什么工作。我们应该花一些精力,了解我们党努力追求的发展政策,然后把这些政策解释给人民。在使人民相信坦盟的政策是好的、合理的之后,我们就要与他们一起建设一个剥削者没有机会在其中作威作福的社会。

但是,给予人民领导权并不意味着取代人民的作用。人民必须通过民主的程序,对他们的未来做出决定。领导能力不能取代民主,它只能成为民主的一部分。如果事关国家事务,那么人民要通过国家执行委员会、议会,通过坦盟的全国代表大会来表决。如果事关地区事务,人民要通过地区委员会和地方议会来表决。如果仅仅是当地利益的问题——比如是否开展某个自助项目——那么必须由直接相关的人民自由讨论之后再做决定。真正的发展只能通过这些途径来实现。就像人民真正的自由需要发展,人民真正的发展也需要自由。

民主的两个基本要素

民主包括两个必不可少的要素。首先,每个人都拥有言论自由的权利,每个人都可以畅所欲言。一个人的想法有多么不受欢迎并不重要,有多少人误解他也不重要。他是否因为个性特点受人喜欢或被人讨厌也没有关系。每一个坦桑尼亚人,每一个社区的成员,每一个地方议会的代表,每一个议会的议员,都必须拥有言论自由的权利,而且不必担心受到恐吓——无论是在会场内还是在会场外。在讨论中,观点占少数的一部分人必须能畅所欲言,不必担心受到迫害;另一部分人只能以理服人,不能武力威胁。自由讨论之后才能做决定。即使已经做出了决定,关于决定是否合理也可以继续讨论下去。少数派必须知道,如果他们的理由有说服力,并以一种恰当的方式阐述自己的观点,他们是能够推翻多数派的。同样,多数派必须同意继续讨论,直到能够说服少数派,使他们相信决定是正确的。自由的讨论必须继续下去。这是个人自由的一个基本要素。

但是,继续讨论的自由,如果妨碍做出决定,那是不允许的。有一点很关键，那就是讨论后必须采取行动，否则我们将只是空谈，一事无成。当对问题进行了充分的讨论，每个人的观点都表达了，那么决定必须要做出来。多数派也完全可以获胜。就像少数派在这个问题上可以畅所欲言，多数派的观点也有权被遵守。一旦决定做出来了，它必须被看作是所有人的决定。每个人——包括那些持反对意见的人——在贯彻决定时必须予以配合。比如说，一旦一条法律得以通过，每个人都必须遵守它，包括那些还没有被支持方的理由说服的反对者。而且，一旦法律通过了，每个人必须积极拥护它，而不仅仅是默认同意。就如一个市民，仅仅他自己不偷窃是不够的，他必须和警方共同维护法律，并将偷窃者移交给警方。

民主的决策制定之后，必须辅以贯彻执行的纪律。必须允许少数派争取修改这项法律或者规定的自由。但是，在多数人同意做出修改之前，他们必须遵守已经制定的法律或规定。没有这种纪律，任何形式的发展都是不可能的。

决定做出后要遵守纪律

纪律存在于我们生活的方方面面。纪律必须人人自愿接受，因为它是自由和发展必不可少的组成部分。团结一致，众志成城，能取得个人无法取得的成就，这也带来了更大的自由，但前提是遵守纪律，接受集体做出的决定。这也包括接受法律授予的权威。也就是说，如果我们是工人，就必须服从工厂的纪律，遵守工厂的规定，听从相关负责人的指挥，无论工厂的性质是私营的还是国有的。同样，医院、学校、办公室也是如此。如果医生命令对病人进行某种治疗，护士必须毫无异议、认真负责地执行。如果护士长制定规定确保医院的正常管理，每个护士必须遵守这些规定。如果有困难，可以提出来，但是同时要维护医院的规定，否则相关人员要被免职。在村庄和农村社区也是如此。一旦村社通过民主程序，确定了某个自助项目，每个人必须予以配合，否则将依照村社的规定受到惩罚。

假如人们在自由友好的氛围中讨论做出了决定，并符合大多数人的意愿，那么人们也要无条件接受基本的纪律约束。实际上，人们应该自我约束。如果我们的人民想要得到自由，想要发展，那么他们必须接受纪律的约束。事实上，在坦桑尼亚，只有在人民不理解我们的生活中已经发生的变化时，社区的纪律维护才会成为问题。在传统社会里，我们也有纪律——而且往往十分严厉。传统纪律却是人人拥护,人们配合纪律的执行。现在我们的问题并不在纪律本身,而是在于人们没有理解现代社会的体制需要纪律,不能意识到现代社会的组织形式需要不同形式的纪律。比如说,过去每个村庄负责自己的和平和安全,发生了盗窃行为,直接由村社处理;现在必须将嫌疑犯移送给警方,而不是任由村民们自行处置。当然,一个村庄简单的规定对管理一个现代化的工厂是不够的。在村里,早上干活还是晚上干活都无关紧要;在工厂里就是个问题。一个人不按时上工,数百名工人也会跟着变得懒散。

这些新的纪律必须被我们的人民和领导人接受。如果任何人乐意承担他在某件事情上的责任,那么他也必定接受失败后的处罚。我们都知道,坦桑尼亚现在的领导人就是坦桑尼亚人民的代理人。如果他做得不好,或者没有尊重人民的权利,那么政府就要把他替换下去。同时,当他执行法律,下达合法的命令时,他要得到人民的支持。我们不能诋毁那些努力维持纪律的人,不能再管那些要求严格遵守办公室、工厂、医院、学校或者任何其他机构纪律的人叫殖民者。

如果我们想要生活在安定和谐之中,实现提高我们生活水平的愿望,我们必须既拥有自由,又遵守纪律。没有纪律的自由就是无政府状态;没有自由的纪律就是暴政独裁。

但是,纪律必须为贯彻决定服务。只有在少数有序辩论的情况下做决定才会考虑到纪律。纪律也不是武力的代名词。如果每个与会人员都有机会发表见解,那么会议的纪律必须得到保证,但并不意味着人人只能机械地对提议说"好"。纪律严谨的会议上,每个人都认为规定是公平的,也严格遵守纪律——比如,与会者可以向主席表达意见,可以各抒己见,不会被呵斥或痛骂。纪律要求行为的有序性。决定通过纪律得以贯彻下去——而不是通过纪律被制定出来。

乌贾马村

现在,我们理解自由、发展和纪律之间的关系显得尤为重要,因为我们要在整个农村地区建设社会主义农村,制定国家政策,必须理解这种关系。很久以前我们就知道,农村地区的发展必须持续下去,这需要人们结成集体。因此,1959年以来,坦盟一直在鼓励人们在农村地区集体耕作。我们政府也在制定各种形式的定居方案。但是现在我们可以看到,我们犯了很多错误,必须从中吸取经验教训。

过去,当我们努力促进农村地区的发展时,有时候会花大笔资金建设一个定居点,配备现代化的设备、社会公共服务设施,同时安排一个管理机构。有时候,我们只是鼓励年轻人离开家乡,到农村去,然后任由他们自行发展。我们这样做,是因为我们认识到,土地对经济发展非常重要,但是我们单凭主观臆测,认为在农村地区发展,有捷径可走,便贸然行动。我们往往说服人们去新的居民点,靠的是向他们保证在那里可以迅速致富,或者允诺那里政府会给予他们在家乡和传统的农村地区没有的服务和设施。这些跟意识形态没有多大关系;我们思考的、谈论的都是增加产量,是为这些定居者提供物质条件。

事实上,我们以前做的是从物质的角度而不是人的角度来考虑发展。而且,我们考虑财政投入,是为了实现我们在产量上的增长目标。在我们看来,资本设备或者其他形式的投资能增加产量,进而使人民的生活改观。这样一来,人民成了第二位的;第一位的是产量。结果,很多情况下,大量的资金投入却没有带来产量的增长——投资全部浪费了。而且,在大部分由政府赞助或资助的项目里,大部分去定居点的人们失去了最初的热情,结果要么集体离开,要么不执行外来负责人的命令——这些负责人本身的政绩也不跟项目的成败与否挂钩。

因此,首先要认识到,乌贾马村的政策,并不仅仅是将旧的定居方案改头换面换个名字而已。这很重要。乌贾马村是一种全新的概念,建立在《阿鲁沙宣言》的基础之上,必须理解我们需要发展的首先是人民,不是物质,而人民只能自我发展。事实上,乌贾马村政策的制定,是结合了失败的教训和另一种基础上开展和发展起来的小组成功的经验。

乌贾马村是由人民建立的社会主义组织,由生活和劳动在里面的人民管理。乌贾马村不能由外来人员建立,也不能由外来人员管理。任何一个人都不能被强迫成为乌贾马村的一员;任何级别的官员都不能前去告诉乌贾马村民,他们应该集体劳动,还是应该继续个人劳动。政府或党的任何官员都不能前去乌贾马村告诉村民他们该种什么。非本村成员也不能去教村民用还是不用拖拉机。如果发生了这些情况——也就是说,有外来人员去做指示、下命令——那它就不是一个真正的乌贾马村!

在乌贾马村里，人们自愿联合在一起，按照他们自己的意愿，为了他们共同的利益，一起生活，一起劳动。只有他们可以决定，一开始有多少地是他们要一起耕种的，有多少地是要他们分开单独耕种的；只有他们可以决定怎样分配他们的集体收入——是买一柄畜力犁，安装水管，还是做别的；只有他们可以决定他们的劳动和生活安排。

这些方面都要理解透彻，这很重要。同样重要的是，不能通过承诺给人们物质方面的好处，来说服人们建设乌贾马村。人们建立乌贾马村，必须是在他们真正领悟到，只有通过这种方式，他们才能生活得有尊严、有自由，在合作努力中最大受益，获得发展。他们必须认识到将来会有困难，认识到仅仅走到一起无法给他们带来财富。只是从长远来看，走到一起会使他们的工作更高效，而不是代替他们的工作。

如果乌贾马村的目的和社会主义理念不是从一开始就被社员们理解——至少在某种程度上被理解——那么它很难度过早期的困难。没有人能保证头一两年会不会有庄稼歉收——也许会有干旱、洪水。而只有当人民理解他们在做什么，为什么那么做时，村社建设所必需的、更强的自制力才会在人们心中油然而生。如果这些目的和可能性被人们理解和接受，那么乌贾马村的村民们将能够克服困难，并藉此增强他们的凝聚力和决心。这些困难会加速他们走向社会主义。但是人们必须意识到，乌贾马村不会创造奇迹，它只能让他们改善自己的生活。

人们不能被强迫加入乌贾马村，也不能被命令怎样管理它，但这并不意味着政府和坦盟可以袖手旁观，寄希望于人民自我激励自行建设。要建成乌贾马村，帮助它延续下去，教育水平的提高和领导能力的培养都是必不可少的。这些是坦盟必须提供的东西。我们的职责是解释清楚什么是乌贾马村，如果人们不明白，就一直解释到他们明白为止。但是开始建设的决定必须由人民来做——由每个人来做。如果一个20人的小组讨论了这个提议，只有7个人做了决定，那么这个乌贾马村在一开始由7个人组成。如果15个人做了决定，那么一开始就有15个人——其他人会在他们准备就绪后加入进来。除此之外没有其他更好的办法，因为加入进来意味着一个人把自己投入到一种特别的生活之中，而加入5个不情愿的人，只会将那15个人想要努力开创的新局面毁于一旦。

是否加入乌贾马村的建设，这是个人的决定。但是，一旦做出决定，那么民主规定就适用于每一个村民。比如说，15个人坐在一起讨论是否要一起种庄稼，或者是否集体只种植经济作物，而粮食作物由个人去种。如果可以的话，他们会在讨论后达成一致。如果到了开始工作的时间，还是无法达成一致，他们就要通过少数服从多数的原则来决定。一旦决定被采纳，于下个季度实施，所有村民都要接受工作纪律，这是多数原则决定的——即使有人反对。努力劳动的同时，少数派仍然可以继续劝说其他社员明年做出调整，但是不能起到反作用，不能影响到贯彻现阶段的决定。

事实上，一旦乌贾马村建成了，就要通过民主来运作。它为人们提供了地位平等的自由讨论、做出决定的范例；当讨论为行动让路时，那么多数派会取胜；它也证实了在贯彻集体做出的决定时，需要全体社员遵守纪律。在这个过程中，人们开始作为有尊严有自信的人实现自我发展，这是仅靠服从他人命令不可能做到的。一位"专家"的命令得以贯彻执行，也许会让作物产量增加，这不影响这个议题。通过集体讨论自行决定，人们会实现真正的自我发展。当他们通过实际经验摸索出方法后，他们会相信尝试新的途径是好办法，那么产量增加是早晚的事。开始的时候进展会显得很慢，因为刚开始产量增加得不会很快。但是我们要记住，那些跋涉数百公里，来支援《阿鲁沙宣言》的人并没有打破速度纪录。他们只是一直向前，以他们能够承受的速度和时间，直到到达目的地为止。

政府和坦盟的领导者们可以也应该帮助乌贾马村和村民们。领导者们应该帮助人们理解不同的组织方法。我们应该帮助一个想要开始建设的小组，确定他们是否得到了一整块够用的土地。我们应该帮助解释在集体农场劳动的好处，解释集体劳动中问题是怎样被克服的。我们应该确保社员们做决定时有可用的农业设备和其他设备。

而且，政府和党的领导人必须保证乌贾马村能够得到服务上的优先权，以支持他们自己的决定。比如，如果乌贾马村的村民们想要优先获得水供应，他们能挖水沟，买水管，但买不起水泵，那么党和政府就要为他们提供一台水泵，而不是把水从别处引过来。但是，政府的帮助无法取代乌贾马村村民们的努力，这是毋庸置疑的。政府可以提建议，但是决定是由村民们来做的；可以适时地施以援手，但是必须帮助人们做他们已经在做的事情。这些村庄必须在自力更生的基础上建立发展起来。因为只有自力更生是人民发展的方式。

坦桑尼亚就是全体人民

通过坦桑尼亚人民的发展,坦桑尼亚也获得了发展。因为,坦桑尼亚就是全体人民;人民包括每一个人(*Tanzania ni ya Watanzania*; *na Watanzania ni wote.*)。任何人都没有权利说:"我就是人民。"任何坦桑尼亚人都没有权利说:"我知道什么对坦桑尼亚来说是好的,其他人必须照着做。"

所有坦桑尼亚人都要为坦桑尼亚做决定;所有人要团结一致,所有人要接受我们制定的纪律,集体的纪律对我们所有人都适用。但是接受这些纪律时,我们必须是自由的人,执行我们自己的决定。参与的小组不同,做出的决定就不同,制定的纪律也不同。有的决定关系到整个国家,相关的纪律就是我们所有人要遵守的法律。有的决定只影响那些生活在某个城镇或地区的人,那些纪律就是地方规章。有些决定是我们参与某个小组——在工厂做工,在乌贾马村生活等等——自由做出的、制定的纪律可以约束到小组的成员。但是我们都是坦桑尼亚人。我们就是人民。发展是我们的要务;我们必须投身到我们自己的发展——也就是人民的发展——当中去。

13 我们必须改正的事情

1968年12月9日,尼雷尔总统利用独立日广播讲话"谈论了一些我们做得不够好的事情。如果我们不改正,事情将继续变糟"。他从农业生产中存在的问题开始说起,分析了农业生产问题产生的原因,并督促农民听取农业指导人员有关生产方法的意见。之后,他继续探讨了行政和统一的问题。

……我想说的第二件事是我们的行政管理。令我欣慰的是,我们年轻一代政府人员和半国营组织成员的工作能力正在逐步提高。当我看到他们工作时,有时候我会感到担心。大量高强度的工作有可能会损害他们的身心健康。的确,很多时候我都坚持让他们暂离岗位,好好休息。但是,就如同我所说的一样,我非常高兴看到他们通过自己的努力取得了工作上的进步。我相信,我们国家以他们这一代年轻人为荣,也非常感激他们为人民做出的贡献。

但是,不幸的是,地方政府的工作并不那么顺利。起初我们认为可能是政府部门里缺乏优秀的、经验丰富的政府雇员,过去几年里,我们不遗余力地将更多品学兼优的人送往政府部门。情况有所改善,但是在有些地方,由于议员们的干预和阴谋,政府工作人员无法妥善做好自己的工作。正是由于这些原因,即使在有些拥有优秀工作人员的地方政府里,问题依然没有得到解决。

如今,很少有政府委员会能提交合理的年度税收和支出预算。能够执行预算,做到开支最终与批准的预算相符的就更是少之又少。结果,许多地方委员会甚至没有足够的钱来开展日常的基本工作。很长一段时间里,许多委员会仅仅从事教育工作;他们几乎放弃了除教育之外的所有工作。但是现在,甚至有些委员会连基础教育工作都不能胜任。教师工资的大部分都是由中央政府支付,许多委员会不但不把这些钱用于正当开支,来支付教师们的工资,反而把它用在一些其他的事情上。许多小学老师们由于工资得不到支付,不能养家糊口,从而放弃了教育工作。我非常感激那些没有罢工的老师们;但是如果他们这样做了,我也不会感到意外,因为不给服务者提供报酬的政府就是自找麻烦。这样的政府是不可能继续维持下去的。

总统被赋予了在新组建的地方委员会提名委员的权利。许多被提名的委员们在众多领域经验丰富,他们被任命去帮助同事处理有关计划与发展的事情。我多次批评那些被提名的委员经常不参加委员会,而调查之后发现,他们经常不参加委员会的理由是委员会与国家发展无关。但是他们却利用这些时间串通一气,谈论津贴多寡,或者辱骂地方政府工作者。我现在严重警告那些管理地方委员会的人,必须不遗余力摒除这些恶习。我们不能容忍这种事情继续下去,因为受害的是坦桑尼亚人民。

统一

今天,我想说的最后一件事就是国家统一。我们国家是非洲的统一国家之一,为此我们受到高度赞扬。我们没有部落主义,没有宗教冲突,没有种族歧视,并且我们反对任何地方因为部落、宗教信仰或者肤色而导致的歧视和压迫。了解我们的人不会因为我们反对葡萄牙人和南非人而感到意外,不会因为我们批评美国参与越南战争,以及美国国内的种族歧视感到惊讶,也不会对我们反对英国政治家以诺·鲍威尔以及比拉夫地区伊博人大屠杀感到奇怪。他们知道,我们信仰人人平等,我们的目的是维护与人人平等这一准则有着千丝万缕联系的"公平正义"。我党的基本信仰就是人人平等,并且它的第一条准则就是关于人道主义和非洲化。坦盟认为众生平等;并且,每一个坦盟成员都愿意接受这个观点:"我们情同手足,非洲是一个大家庭。"

确实是这样的,因此,我们是名副其实的团结统一。今天我还想说的是,兄弟们,我请求你们,也恳求上帝让我们继续保持团结统一。

今天我为什么说这些?是因为我开始听到谣传,并且还不止于谣传,我希望将此公之于众来预防可能的危害。

部落主义

第一,我听到关于部落主义的谣传。我们独立之后就有人抱怨说政府是根据部落来任命政府公职人员的,随后我们立即成立了一个委员会来调查传言是否属实。委员会调查结果证明，任何部落都没有参与政府工作岗位的分配。但是最近我又听到了这种抱怨。对于这种现象，我没有掉以轻心。我找到那些说我们政府存在部落主义的人，并让他们将证据出示给我或者出示给酋长曼格恩雅。我承诺一定立即调查。但是他们没能提供任何证据。

我想说两件事。第一件事就是想问问，是否有谁可以证明我们政府存在部落主义，请把证据秘密交给值得你信任的人，让他将信息传达给我，第一、第二总统或者酋长曼格恩雅。我们承诺一定会处置任何一个部落主义者。

但是第二件事，也是更重要的事，那些谣传政府实施部落主义却没有任何证据的人往往正是想要煽动部落主义的情绪。即使这不是他的目的，结果也一定是这样。人们会开始怀疑政府里存在部落主义，一旦人们开始这样想，那么就意味着部落主义已经开始侵入我们的社会。

我公开这件事的目的就是让你们防范那些想要煽动部落主义情绪的人。公务员的工作与政客不同。想成为政治领导者并不一定要有特定学历。但是公务人员和半国营组织的工作者却必须是受过高等教育的——确实如此，我们每年投入大笔资金在教育事业上，来培养年轻一代，使他们能胜任政府部门和公共组织的工作。目前，我们政府部门工作人员是一些外籍专家以及在殖民时期有幸接受教育的少数坦桑尼亚人。

太巧了，殖民时期有机会接受高等教育的人大多数是哈亚族人、查加族人和尼亚库萨人。并且，由于大多数受教育的机会都是由传教士提供的，接受过高等教育的大多数人都是基督徒。这已经成为历史。这种状况将会发生变化，只是目前还没改变。正是这些原因，当我们摆脱欧洲人的殖民统治时，欧洲人把工作交给了坦桑尼亚人民，而这些人大多数都来自这三个部落。

因此，如果你问我为什么那些需要高学历的工作岗位，大多是哈亚族人、查加族人以及尼亚库萨人任职，我的答案就很清楚了。他们在殖民时期接受了高等教育。我想说：去调查那些不需要高等学历的政府职位吧。看看议会、全国行政大会、坦盟中心委员会以及内阁，有多少哈亚族人、查加族人和尼亚库萨人是这些组织的成员？你会发现也许没有，也许有一两个。这就是事实。

任何拒绝接受这么显而易见的事实，非要把它说成是部落主义的人，必须拿出证据来。如果他不能拿出证据，那么要么他是一个傻子，要么他是故意煽动部落主义。他想要从事有关部落的工作，当他因能力不够而被拒之门外时，他就谎称自己是因为所属部落受歧视而没有被聘任。

政府的工作就是去帮助支持落后地区，尤其在教育方面。我们正在努力并将持之以恒。但是如果哈亚族人、查加族人和尼亚库萨人仅仅因为他们属于这些部落而将他们拒之门外——他们有能力胜任其他坦桑尼亚人不能胜任的工作，那么我们就真正实施了愚蠢而又罪恶的部落主义。这种部落主义导致了尼日利亚的分裂，即比夫拉的成立。我恳求我亲爱的兄弟们，一定要避免这种让国家蒙羞的事情发生。

种族歧视

第二，我想谈谈种族歧视。现在有人在散播肤色歧视的流言蜚语，有时候还不只是流言蜚语。

我也强调过很多次了，我还想再强调一次，自治意味着自力更生。如果我们继续依靠别国，那就不算真正独立；并且如果非洲成为别国的傀儡，那也称不上真正的自由。自由就是平等，我们首先要认识我们与其他国家的同等地位。

但是我这样说并不是想表达我们比欧洲人、亚洲人或者是中国人优秀。我从没这样说过，也不会这样说，因为那是自欺欺人。我这样说，也并不是说其他国家的人民讨厌我们或者希望我们软弱无能。我从没这样说过，也不会这样说，因为那不是事实。有些人确实讨厌我们；还有些人既不讨厌我们也不跟我们亲近；还有些人非常喜欢我们也欣赏我们的社会主义政策和自强不息。

我说独立意味着自力更生，这并不是说我们不能与别的心存善意的国家人民合作，只要他们乐意与我们合作，共同促进社会主义发展，帮助我们提供自力更生的能力，那么我们也愿意与他们合作。

但不幸的是，有些流言说，我们有些人对欧洲人或亚洲人心存敌意，原因仅仅是他们是欧洲人或者亚洲人，而不是他们犯了什么错。亲爱的兄弟们，不要在这些流言上浪费精力。我们应该根据人们的行为，将他们作为个体来对待，而不是按照肤色来区分。

例如这儿的亚洲人。一个社会主义国家通常把人分成两类：第一类是剥削者——资本家和封建主义者；第二类是被剥削者——工人和农民。社会主义国家憎恨资本家和封建主义者，但是社会主义者攻击的是他们的剥削行为，而不是这些人本身。根据肤色来区别对待甚至是迫害他人是社会主义的大忌，即使他们是农民或者工人。听我们有些人谈话,你可能会认为所谓的剥削就是肤色的问题。一个人说:我们村没有剥削,所有的老板都是非洲人。我们有些人认为所有的印度人都是剥削者。这完全不对。印度人很少是资本家。他们大多数都是工人,且他们大多数都像其他工人一样,也是被剥削者。通常我们烦恼的对象不是资本家本人,而是其他工人。

去年,我们银行国有化的时候,资本家认为我们会经营不下去,因为他们知道非洲人没有能力经营一家银行。大银行立即撤走了他们所有的经理,因为他们知道如果银行倒闭,我们整个国家的经济就将瘫痪,从而《阿鲁沙宣言》只能以失败而告终。

但是虽然非洲人没有能力经营银行,幸运的是亚洲人有能力。因此,我们立即任命有能力的亚洲人为经理。银行非但没有倒闭,反而经营得风生水起。几周之后,我们便开始减少公务员以及国营组织工作人员的工资和额外津贴。有人告诉我这样做很危险,因为他们都是亚洲人,这样他们会破坏我们的银行,银行会倒闭。我不同意减工资,所以我召集银行经理,发现他们几乎都是亚洲人。他们当中只有一个欧洲人和一个非洲人——这个非洲人不久以后就去世了。我告诉这些管理者,非坦桑尼亚籍的经理人将不受影响,但是坦桑尼亚籍的就会与苏库马人、尼亚姆维奇人得到同等待遇。他们立即对我说,他们不愿意被区别对待;并且关于他们不赞同政府计划实施《阿鲁沙宣言》的说法是完全不正确的。

事实上,我们应该对他们心怀感激,因为他们与其他的坦桑尼亚的人民共同促进了我们《阿鲁沙宣言》的实施。现在,一个扎纳基人去银行借钱:他会因为没有担保或其他的原因遭到拒绝。之后,他来向我或者坦盟主席投诉说亚洲人只会互相袒护,我们应该让扎纳基人担任经理。同胞们,我恳请你们要有这种意识。我确信,如果我们区分亚洲人当中的剥削者和被剥削者,如果我们像对待工人一样对待那些被剥削者,他们一定会帮助我们实施社会主义政策,促进我们自力更生。即使我们不相信他们所有的人都跟我们情同手足,斯瓦希里语里有句谚语:一个愿意帮忙的异教徒也比一个品质不好的穆斯林强。但是,无论怎样,我们都是社会主义者。

看看世界上不同的国家,问问自己哪些国家存在种族歧视。你会发现它们都是资本主义国家或者封建主义国家。没有一个社会主义国家或者称自己为社会主义国家的国家存在种族歧视。不是所有的社会主义国家都像我们一样，认为所有人都是兄弟；但是所有社会主义者或者称自己为社会主义者的人都认为，不管工人们的肤色是白是黑，信仰什么宗教，或者属于什么国籍，他们亲如兄弟。我们不应该在声称自己是社会主义者的同时，以肤色来区别对待人们。社会主义和种族主义就好像是水和油，它们永远不会溶合。看看最近由不同国家的学生所引发的示威活动。你会发现所有的学生都反对种族歧视和迫害。我希望所有的坦桑尼亚人，尤其是年轻一代，反对种族主义；在坦桑尼亚，如果他们发现关于种族歧视的任何蛛丝马迹，我希望他们勇敢地组织起来对抗它。

如果我们真正从内心里接受所有人都亲如兄弟，非洲是一个大家庭，我们也会相信——且更容易相信——所有的坦桑尼亚人民都亲如兄弟，坦桑尼亚是一个大家庭。

14 计划就是抉择

在《第二个五年经济发展计划》的起草阶段,规定在将《计划》提交给议会审查之前必须先提交给坦盟并得到普遍认可。1969年5月28日,坦盟全国大会在达累斯萨拉姆举行,总统借此机会(用斯瓦希里语)向代表们介绍了这一计划,强调了起草过程中不得不做的困难抉择。

尼雷尔总统首先欢迎为祝贺大会召开而来的奥伯特总统、卡翁达总统以及蒙博托总统。接着他直奔主题,解释此次大会的任务,并概述了该项计划的主要方面。通篇讲话的主题是"计划就意味着抉择"。

……本周和下一周,你们将有机会听每位部长从他自己的部门出发解释这一计划。因此,向每一位部长解释该计划并非我的目的。我今早的用意就在于强调一些我认为需要强调的事项——尤其是那些不那么讨人喜欢的事项。

这么大的机构无法有效地讨论政府起草的两卷本的《计划》的细节。它所能做而且应该做的,是讨论写进计划里的整体战略。因为坦盟的任务就在于制定整体政策;议会则必须在党制定的政策框架内,更加细致地审核政府的提案。因此,在今早的讲话中我试着把三件事说明白:其一,概括地解释我们在《第一个五年计划》期间遇到的问题;其二,我们学到的教训;其三,政府为下一个五年的重点所做的决策。

配合我们的发展目标,我们制定了发展重点:首先,为我们全体人民提供充分和均衡的饮食——也就是指要有健康的体魄;其次,为我们全体人民提供充足、优质、尽可能漂亮的衣物;再次,为我们全体人民提供体面的住房;此外,为全体人民提供教育机会。

当然,我们的党为《计划》所制定的基本决策中含有重要意义。以《阿鲁沙宣言》为核心,我们的政府和人民必须以普惠大众的方式,为经济增长而奋斗,我们对此心意已决；而且我们是基于社会主义和自力更生的政策做出决策的。正是配合着这些已获认可的目标，政府才总结了第一个五年计划期间的成就和失败，并且把这些积累起来的经验运用到了第二份《计划》的起草过程中。

第一份"计划"的问题和教训

我们的第一个计划的目标走了多远，目前还无法给出全面的评估，因为要到明年才能获得1968—1969年期间的成果信息。对于这五年的最后一年，我们最好的做法就是预估。即使那样，试图对比我们实际取得的成绩和第一个计划文件里设定的目标数据也不是十分有用；经验告诉我们，一旦我们犯错了，或是形势改变了，我们就要调整和修正计划。举个例子，科萨塔公司没能服务好我们的人民意味着它走到了终点，它的国际贸易部门也一并被因特拉塔公司接管了，后者后来也合并到国家贸易公司了。剑麻价格的暴跌也要求从根本上改变这一作物的产量计划，与此同时还影响到了"计划"的整个金融期待值。另外，1965年，罗得西亚少数民族的独立宣言也强调了与赞比亚沟通的重要性，这一点也是"计划"之外的。

外部形势的实际变动并非唯一的问题。国家统计信息不充分是另一个问题。所以，当我们假设2.2%的人口年增长率时，人口普查却显示，坦桑尼亚人口的数量其实超乎我们想象，而且还在以2.7%的年增长率持续增加。

对国力不可控的事物作出假设，在不充分的统计数字的基础上工作，对任何一个正在制定经济发展计划的不发达国家而言都是无法避免的。坦桑尼亚正在采取措施以完善我们手中信息的数量和质量；很快就会全面分析人口普查和农业普查，也会持续搜集更完整的工商业信息，这些都是这次工作的一部分。但就目前而言，这些问题也都还存在，也都必须加以考虑。

《阿鲁沙宣言》

将过去五年取得的实际成果与第一个"计划"文件提出的目标加以对比和评估之所以极其困难，还有另外一个原因。1964年时我们还完全没搞明白我们的社会主义制度的内涵。于是，我们只是试着吸引各种类型的投资，而公共企业的作用也就只是填补私人投资留下的空隙。确实，国家发展公司一直到1965年才创立，它作为社会主义大生产推动者的功能甚至到了更晚才得以发挥。

1967年，当《阿鲁沙宣言》获得批准通过时，这一切都改变了；国家发展委员会在当时还被赋予了新的重责大任，其他的半国营组织也纷纷成立。一个类似的改变也影响了农业。在第一份"计划"中，我们谈的只有提高生产以及为鼓励更高产量所要作出的努力，即便这意味着帮助个体农户成为劳力雇主。1967年10月通过的乌贾马村政策意味着改变的开端；我们一步步走向一个综合的农村发展项目，它引领了我们社会主义社会建设的方向。这一项改变的政策完整地体现在新的《计划》之中，社会主义农村发展正是它的核心内容。

出于这些原因，第二份《计划》的文件才和第一份显著地区别开来。它更多的是一份战略声明，因而对它的未来估测并不总是准确无误的。

计划意味着抉择

第二份《计划》是第一份的改良版，其中发展规划从来都是重中之重。它涉及了资源分配的决策，它意味着在诸多优秀的项目中做出选择，因为我们无法面面俱到。明白这一点非常关键。有些东西是坦桑尼亚当前急需而《计划》没有提到的。假使《计划》中的每一项工程都能落实到位，每位与会代表依然可以开出一张清单，列出他管辖的区或村庄五年后也还没有实现的事项。我们必须接受这一点。世界上的每个国家或多或少都有自己的资源限度，对某一样东西依赖度越高，对另一样就越低。这一点对富国来说也一样，比如美国，时常就有人说，美国针对解决内部贫困问题的计划被越南战争的耗资给摧毁了，而越战在当时却是首要任务。

选择的难题对坦桑尼亚来说更加严峻。五年计划的公布并没有创造出更多的资源；它所能做的是让这个国家能够配置所拥有的资源，尽快带领人民走向他们自己设定的目标。你的资源越少，你必须做出的艰难选择就越多。好比一个穷苦的工人必须决定要不要腾出一些买食物的钱来买件新衬衫，一个穷国也必须决定是要兴建学校还是医院，是要投入新的安居工程还是新的供水工程，是要普及人民对可预防疾病的知识还是要修路好让农民能够到市场做生意。确实，在这些投资选择之间做出决策之前，一个穷国还得决定它愿意拿出多少财富来支持各项投资，因为每投资一分钱，就意味着当前的消费又少了一分钱。这就是我们现在的处境，跟1964年那时一样。从这个层面上看，两份

"计划"并没有区别。我们必须在好事之间,而非好事和坏事之间做出选择:计划就意味着抉择。

财政成就

选择的困难并不意味着我们在第一个五年里一事无成,也不是说第一个五年"计划"成果寥寥。相反,我们为未来的发展奠定了坚实的基础。我今天讲话的本意并不是要展示我们取得的众多成就,各部长在大会发言时会做这一项工作。事后分析就更不需要了。确实,算上变动价格的话,我们真正的投资成果就只有原计划目标的75%,我们的经济增长率也不是原定的6.7%,而是5%左右。但是,如果考虑到我们一开始就遇到的问题,并考虑到这是我们的第一次计划,我们的成果就不可小看了。因为与绝大多数发展中国家相比,我们的成就不落人后。我们的不足很大一部分是因为我们的准备工作做得不够,在"计划"开始之际我们没有立刻着手工作,同时也因为我们过度依赖外部投资或私人投资。

我们逐渐意识到了这些失误,也采取了改正措施,"计划"的金融措施就取得了显著成就。我们预计,本土资源可以提供22%左右的中央政府开支和48%左右的总投资支出,剩下的部分则依靠外部援助。但是,实际上,按货币计算,总开支比原先计划的还要略少,65%以上的中央政府资金开支是由国内资源资助的,总投资金额大约有70%来自坦桑尼亚内部。财政部长会对这一卓越成就介绍更多细节并且对我们的未来提出一些警告!我要说的是,这些数据表明,我们人民的奉献换来的是国家的发展,我们的部长及其官员以一流的财政管理工作做出了榜样。财政部一直都不受其他政府部门的欢迎,我也并非说改善行政不必要也不可能。但是我们能取得这样的成绩,我想这些负责执行财政规程的人员可以受之无愧地得到我们的感谢。我们的自力更生取得了重大成就,财政部和广大人民理应得到我们的祝贺!

教育

我们在财政领域取得的成就,意味着我们能够借助计划和基本发展工作的基础前进,其成本也就意味着,我们所有可供个人开支的钱比我们期望的要少。在另一个实现了计划目标的领域——教育领域——我们的儿童承担了该领域成就的成本。让我来解释一下。

在上一个计划的初期，我们毅然决定优先发展中等教育，推动教师培训和高校建设。因为定计划就是做选择，也就是说，我们能够用于扩大初级教育体系的资金非常有限。我们落实了这项决策。今年，超过 7100 名儿童将进入中学就读初一年级，而在 1964 年只有 5250 人。今年就读高一年级的人数与第一个计划初期相比翻了一番。1969 年，接受 A 级教师培训的青年男女的数量将会是 1964 年的近四倍——也就是 1200 人对 320 人。这些成果对于到 1980 年实现成为自立自足的高水平人力资源强国的目标将会起极大推动作用。我们总体上已经实现了我们设定的目标，虽然也有一个例外，这一点我待会再讲。

但是，这项成果也影响到了小学教育的发展。由于人口增长，坦桑尼亚儿童的数量在攀升，但我们的小学教育的发展并不同步。确实，普查结果已经显示，一个 7 岁的坦桑尼亚公民入学接受教育的几率比我们起草第一份计划时设想的还要低。当时我们说，50％的儿童能够上学。普查表明我国的人口规模要大得多，而数据也告诉我们，1964 年的实际入学率约为 46％，而现在，到了五年计划的尾声，却只有 47％的儿童入学。

对于一个宣称要建设社会主义的国家来说，这是无法接受的。新计划的重点显然要调整到初级教育上。但是我们可以投入到教育事业的资金实在有限，而且从普查结果也看不出受训教师的数量有所增长，因为我们早就知道到底有多少教师接受了训练！政府因此甚至被迫考虑小学教育内部的轻重缓急。因为现实就是，许多小学阶段的孩子读完第四年级后就离开了学校。[①] 所以，儿童接受四年教育之后就中断了学习，而那个年纪的孩子很可能就把刚学到的那么点东西忘得一干二净。全国很多地区都是如此，而我们还在为这一现状浪费金钱和精力。政府因此被迫做二选一的抉择，要么彻底解决适龄儿童入读小学的数量问题，要么取消不公正又荒谬的小四升学考试。因为定计划就是做决定。我们的资源并不允许二者兼顾。政府因此决定，应当集中精力取消小四升学选拔。这就意味着我们没有大力提高小学入学人数，而是大力增加小学五、六、七三个年级的学生数量，以保证每一个入读小学的孩子都会接受完整的七

---

① 坦桑尼亚当时的小学学制为"4＋3"，完成前四年学习的学生需要接受考试才能继续小学阶段的最后三年教育。

年制教育。

之所以制定这一决策是因为我们相信,把钱用在保障一个孩子接受七年教育上更好,这可能有助于他/她成为更有益于社会的成员,而不是把同样数量的资源分给两个孩子,而他们两人却都有可能无法终生获益。在当前的经济状况下,把钱用在教育上之所以是正当的,就是因为这是一项对未来的投资。给一大群孩子只有四年的教育只会意味着我们在当前放弃满足其他需求,却无法在未来获得任何受益。这就好比我们明明知道无法添置两台机器,又偏要把为数不多的钱用来盖两间工厂,而不用在投资一家工厂上,让它能够开始生产我们需要的产品。

优先解决取消小四升学考试的效果就在于,到第二个五年计划结束时,近52%的小学适龄儿童还有学可入。但从今年——也就是1969年——开始,不会再有哪个儿童需要参加那场考试了;他们能够直接升学直到小学七年级。不过,要到1989年后我们才有能力在坦桑尼亚推行全民初级教育。

在搁下这个小学教育问题之前,我还想要谈谈另一件与此相关的事。我已经指出,在实行普查时发现,我们的人口迅速增长,速度之快超过了我们起草第一个"计划"时的设想。当时我们假定坦桑尼亚的总人口数为1000万左右,而且从这个假设出发去工作,但实际的人口普查结果却是1200万。我们也设想年增长率是2.2%,实际数据却是2.7%。这就意味着,在接下来的五年里,人口每年将要增加35万人。

我想要说的事情就是这个。增加人口当然很好,因为我们国土广阔,待用之地众多。但也必须记住,每年增加的这35万人都是初生婴儿,而非劳动人口。在有能力通过劳动为国家经济做贡献之前,他们都还需要长达多年的日常生活照料和教育,还需要其他诸多服务。这是正确、正当的,也是符合《阿鲁沙宣言》的指导的。但随着儿童数量不断攀升,年轻人——也就是工人——需要负担的也显然不断加重。人类和动物一样都会繁衍生息,但是哺育后代,尤其是持续多年地教育子女,却是人类特有的天赋和责任。也正是出于这个原因,人类强调要养育子女,要具备妥善照料子女的能力,而不是只想到子女的数量和生育的能力。这一点很重要,因为人类的生育能力超出其正确养育子女的能力的现象常有发生。

在我们过去五年的教育工作中,还有一件事是我不得不提的。我们已经认识到，要达到1980年成为高水平人力资源强国的目标，必须加大对大学里科技人才的培养。但我们并没有实现这一必要的增长。高中毕业生和大学毕业生在科技能力上都不达标，以至于除非能快速执行一些改善措施，否则就会在这一重要领域与想在1980年实现的目标相去30%。降低标准没有意义，那只会把问题藏到一堆堆纸张下。与修路修桥、电力供应，或是经营工厂、农业研究相关的是知识，而不是证书。

这件事迫切需要调查和改正，而且也应该尽快提上日程。我们的学生之所以不达标，是因为教学质量的问题，还是因为教育设施不足？或者因为低年级课程设计导致小学生不熟悉科学概念，还是因为其他什么原因？我们必须弄清这些事，因为坦桑尼亚所参与的是一个以技术为基础的世界，如果我们没有能力培养出自己的科技人才，那就只能依赖别人，等待我们的也就只有落后。

工业

现在我想谈谈在商品生产加工领域中我们取得的最新成就与遇到的失败对第二个五年计划的启示。

没错，我们的生产资料，也就是工厂的机器、建筑、工业设备等等，价值翻了一番。但这意味着，我们的工业产值每年的增长率只有10%，而我们的目标是14.8%。工业现在占了国民生产总值的7%，这比期望值略低。

不过，商店里销售的国产产品的数量表明，我们在商品生产这一块取得了长足进步，过去我们都还依靠进口。我们应当继续发展简单生产，发展初级产品加工和基础设施材料供给。但是当前的状况要求我们必须严肃思考工业化的下一个、也是更加困难的环节。因为要生产我们自己的纺织品、水泥等相似的产品比较容易，而要生产我们自己的生产资料，以及生产原材料就要复杂得多了，这对经济计划提出了更全面的要求。但这对长期发展来说是必要的一步。第二个"计划"实施期间有一个要尽早着手的重要任务就是，起草一个长期工业化方案，要把东非共同市场（EACM）和出口的可能性都考虑进去。现在的目标是，在第三个"计划"一开始我们就已经准备好着手进行这样的工作。

我还想再谈一点。尽管对于满足人民对某些产品的需求而言，大生产是最好也是最实惠的做法，但是有不少其他种类的产品可以通过劳动密集型的小规模产业以及技术作坊完美地满足。一个显著的例子就是家具业，不需要长途运输，而是可以利用当地的材料就地生产。成衣业和食品就地保存也是一样的。我们应该投入更多精力处理这件事，这一点很关键，因为这一类的生产活动不需要很多的资金投入，在未来很有优势，而且可以直接在村镇地区开展，有助于改善农村地区的生活品质。

部长会详细介绍这一点以及"计划"的其他部分。不过，我还是想请大家注意，依照《阿鲁沙宣言》，大部分工业投资都是在半国营部门。只有约16%的资金会投入到私人部门，而且就业人数吸纳量小的小型项目预计将会是这一部分投资的大头。工人和联营组织预计也将会参与推动我国经济部门的扩大；在工业潜力总增长量中，他们占了近7%的比重。

农业

不过，在第二份"计划"中，工业化不会像在第一次那样占据中心位置。我们当时认识到，近期发展的基础必须是农业。我们现在也是这样认为的。不幸的是，1964年制定的两项决策后来都被证明是错误的。第一个跟剑麻有关。

1964年，我们生产了大约23万吨剑麻，把所有层次都放到一起看的话，生产者收到的平均价格为每吨1700先令左右。1970年要达到的产量目标是27万吨，而且我们希望出口价可以下降一些。如果出口价早在1965年就猛跌，并且持续走低的话，那么到1968年，生产者收到的均价就只有每吨765先令。因此，必须从根本上修订这一作物的目标，因为不少庄园都出现了亏损；去年的实际生产量因此才低于19.4万吨。这给"计划"里的许多部门带来了剧烈变动。1964年，剑麻产业的就业人数为96400人，1968年就降为41668人，这一产业创造的外汇在1964年还有4.34亿先令，到1968年降为1.87亿先令，而我们又急需资本的输入。现在剑麻的问题不是我们可以以什么速度发展这一产业，而是我们应该多慢，又要以什么程度缩小它，并且把我们的资源转移到生产更能盈利的作物或是生活资料上。

第一个"计划"还有另一个层面也被证明是错误的，我们错误地强调了所谓的转型方法，也就是开展以高度机械化为本质的新型政府资助结算方案。我现在没有必要谈这一点；在我们认识到这项政策过于昂贵，并且错估了其经济和心理结果时，我就已经谈过了。所有残存的结算方案现在都要逐步转化为乌贾马村计划。

不少其他作物的产量与计划目标是一致的,虽然就整体而言,价格比1964年的普遍价格要略低。但我们要认识到关键的一点是,产量的提升是普遍的,而且没有改变任何生产方式。

我们的农民已经扩大了耕地面积,他们更加卖力地工作。但大家几乎都还在用锄头、鹤嘴锄和斧头。他们都还在用原来的农具。这样的农具能带来的拓耕是很有限的,许多区域可能都已经无法进一步开垦了。但是我们在鼓励农民改用牛耕和使用其他牛力工具来除草、播种和施肥这件事上做得还很不够。在全国境内,我们还只有四所牛耕培训中心,另外五所很快就要开放使用了。我们的农民还必须从国外进口牛犁,除非当地的木工有知识也有动力从阿鲁沙的机械测试队那里弄一台模型来加以复制。不仅如此,我们的妇女同胞还必须用头顶着作物去市场,牛车或驴车还远远不受重视,尽管我们饲养的牲畜数量并不少。

必须改变这一局面——而计划就包含了大力发展牛耕培训中心的条目。有关部门必须迅速反应,让人们用上改良工具,而农民必须大力使用新方法——通常这也涉及了合作与协作,而不是个体农户单干。如果想要改善生活质量,我们就别无选择。因为更好的生活并不仅仅意味着有钱买衣、修路等等,即便它的确包含着这些内容。它同样还意味着不用再做牛做马,不用再千里迢迢地取水,而是有大量的优质而营养的食物。我们可以轻易地实现这些。在有耕牛和驴子时不用畜力,偏偏要用人力,是很不明智的。我们是在妨碍我们自己的发展。首先,我们耕种的田地还太少;其次,我们占用了可用于自我发展和自我教育的时间。我希望在即将到来的计划时期里,坦盟和政府的领导人能够不遗余力地说服农村地区的人民改变他们的劳动方式,并且帮助他们获得新的工具。

食物

尽管我们在农业政策里强调了经济作物问题,但是今天我还想谈谈我们的食物问题——因为就像前面说的,我们的第一个目标是让每个人都能获得充足优质的食物。任何一个穿行于这个国家的人都能看到穷苦饥饿的儿童,有些饥饿儿童毫无生气地呆坐着——连玩的力气都没有——另一些则完全筋疲力尽。还有,凡是看过中国籍的铁路测量工,或是修建连向津巴布韦的公路的美国工人的人都会意识到,跟他们相比,我们的人民很轻易就会疲惫。原因可不是因为我们的人民偷懒。这是因为他们没能获得足够的蛋、奶、肉、鱼或是其他蛋白食物,连身体健康都难以做到。虽然这是老生常谈,但如果你向我们的公民建议养些鸡,他们反而会问:"我们上哪儿去卖鸡呢?"或"我们上哪儿去卖鸡蛋呢?"那些买鸡或买蛋的人就是靠这样来获取食物的。同样地,为了获得食物和养育子女,那些养鸡的人就应该这么做。

  为什么在农村地区就没有一家一户养出像样的鸡?他们可以用农场的废料来喂养鸡的。但是只有当你想要把鸡蛋卖给旅游酒店时你才会需要花钱买昂贵的专用饲料。在农村地区,如果一个人有心要改善家庭伙食,难道他会养不起鸭子或兔子吗?但是我们却不这么做;肉类对许多人来说都还是奢侈品!

  甚至不仅仅是肉类,块茎食物的产量也因为价格低廉而下滑。但是,在能种植块茎植物的地区,每个农民都会为家庭伙食而种植这种作物吗?坚果、豆类和蔬菜都是富含营养的食物,能够增强体力和智力,况且坦桑尼亚几乎所有地区都能种植至少一种绿色蔬菜、一种坚果和一种豆类。

  那么水果呢?我们搞得好像水果只对欧洲人或儿童有益处,甚至是对待自己的孩子,我们也只是依赖周遭地区某棵自生自灭的树。时机已经到来,农业部食品合作社正在每个区准备果树苗圃,以便我们的农民能在自家土地上种植各种精选的果树。木瓜、芒果、柑橘、酸橙等等都可能提供人体健康所需的维生素,也应该成为我们常规饮食的一部分。正如我前面说过的,每天吃一把坚果和一片木瓜能够预防儿童患维生素缺乏性失明,还能让他们有健康的身体抵抗其他许多疾病。只是,目前在农村地区,我们把可以到手的水果都浪费掉了。我们没有尝试着把它保存起来以便在反季时期使用——既不脱水处理,也不制作酸辣酱、果酱之类的。在达累斯萨拉姆,有时我们会看见儿童把未熟的芒果、腰果打下来。我们当然可以在街道上种植果树,以便该市的市民和儿童一直都能获得想要的东西,我们也可以因此获得遮荫。此外,如果食品合作社在这个地区准备了苗圃,达累斯萨拉姆新城的所有家庭也能在自家花园种上一两棵不同的果树。这样,每年不同时候都能收获水果,还能美化我们的城市。

  我们当前对待食物的态度正是无知、冷漠和懒散的结果。不少人还没认识到他们能做什么,或是还没意识到他们所做的为什么很重要。他们觉得按照老办法做事更轻松,不愿花力气去改变生活方式——当然,有一部分的原因是因为他们自己吃了不少长期恶劣饮食的苦头。重要的是,政府和党的各层官员必须积极干预。我们必须传播知识——通过健康教育机构、社区发展人员和农业用地办公室人员齐心协力地工作,解释为什么和如何改善饮食。而中央政府和半国营组织同样也必须牢记我国的健康问题。加工糖、面粉和大米的工厂关心产品外观,更应该关心人民的健康;他们不能只想着要填饱肚子,而不管食物的营养价值。

针对食品问题我已经说了不少,因为发展的基础正是人民。饿肚子是做不出成绩的。身不壮则心不强。必须时刻记住这一点,处理有关儿童的问题时更要如此。如果一个儿童营养不够,他就无法正常发育——他的骨骼发育会畸形,智力也会受到影响;他就无法发挥全部潜能。无论在城镇还是在农村,充足、优质的食物都是攸关人民发展的关键问题。

优先发展农村有着广泛的内涵。经济作物和粮食作物的产量是一定要提高的。具体地说,我们一定要提升棉花、腰果、烟草以及小麦的产量;我们一定要更富有成效地使用牛、绵羊和山羊。这些方面的计划都写进文件里了,而且目标必须分割成省目标、区目标和村目标,以便人民能认识到他们面前有什么样的困难,并随时准备抓住机遇。

从这一点去认识我们的计划十分重要。因为如果我们试图强迫人民定额甚至定面积地生产和种植经济作物,我们就是在犯大错。过去这么做过的政府官员知道,人民第一年会耕种划定的区域,但种出来的作物却出乎意料地矮小,到了第二年,农民更是种到了灌木丛里以便摆脱政府官员的管制!这跟我们的长期利益背道而驰。说服的效率可能比强迫的低,但是它更有成效。

"乌贾马村"

然而,产量和财富总量的提升只是我们社会主义农村发展目标的一个层面。我没必要再长篇大论地重复我们发展乌贾马村和生产合作队伍的必要性,这一点我已经说过很多次了。我们的政策是坚定的;我们现在也已经有了政府和党的组织,以便最大限度地帮助和动员所有这些社会主义村社。我想强调的只有一点,就是要在全国发展或大或小的"乌贾马村"。

有人提出我们应当把一切政府援助投入到某些特定区域的"乌贾马村",我们否决了这种观点,而且已经决定,我们应广泛地正面解决这个问题。政府的所有部门都会参与到这个任务中来。农业官员、合作社官员、政党工作人员以及农村医疗工作人员等的培训都会包含有关如何推动"乌贾马村"政策的讨论。"乌贾马村"和村落群可以优先获得这些受训工作人员的服务,新校园、诊疗所和当地供水站等场所也是一样。在社会主义或合作社里工作的群体同样必须优先获得社区发展基金。换句话说,农村地区的一切政府活动都会集中到帮助社会主义农村生产和社会主义生活健全的经济发展上来。

或许也有必要多说几句警示的话。我们的资源并不会因为这项政策就突然增多。我们可以给"乌贾马村"优先权,但如果资源不能利用,我们也无法帮助它们发展。"乌贾马村"组织的基础是而且必须是自力更生。让坦盟和政府官员靠保证外部援助来动员人民开展或加入一个"乌贾马村"是很荒谬,也是非常错误的。人民必须一起参与进来,因为这样他们才会认识到,他们自己的努力会更有成效,他们的生活也会更有保证而且更有滋味,因为他们为彼此承担着责任。但在"乌贾马村"的生活必须包含现代化发展。政府必须帮助村社成员尽快进步,告别锄头、镰刀,不必头顶重物长途跋涉。

"优先发展农村地区"的更广泛内涵

给予农村发展以优先地位,影响的不仅仅是农村地区的工作,对整个发展计划的方方面面都有影响。举个例子,它意味着投入到城市地区的资金和人力都会减少。因此在第二个计划期间,有必要把城市的基础设施建设开支——也就是公路、下水道、电力等建设——制定一个2.5亿先令的上限。这还意味着,现在居住在城市地区的每一个人每年都会把60先令投入到修路和其他项目上。乍一听这似乎不少,但60先令可修不了多长的柏油路!这项城市开支会集中在雇佣劳力更为低廉的地区,但即便如此,除非城镇的自助工程有长足进步,否则成果还将寥寥无几。

靠政府或半国营组织贷款修建住房的新方案同样也体现了对自立和节俭的要求。我们还需要进一步的努力才能以较低成本修建供租赁的体面住房。有房屋买卖的地方就会有新的发展——"场地及其配套服务设施",这也就意味着,国家住房公司只会负责相当基础的工作,其他的则会留给业主负责,他可以依据核准的计划再来添加。

尽管我们缺乏资金,我们还是决定要为扩大某一些城镇做特别的努力。之所以这么决定,有两个原因。第一,农村的人被工作机会和其他服务设施吸引来到城镇,达累斯萨拉姆现在就有着巨大的吸引力。结果,现在有不少人来这座城市找工作,但有的还没找着,另外一些则找不到住处。如果能把这种吸引力分散到我国的其他区域,情况会比只集中在一个地方好。

第二,进步会推动更大的进步,一个发展中的城镇可以带动邻近农村地区一起发展。一定要认识到,如果一个地方有更多的工厂,那么在那里建造一座新工厂就会更便宜也会更容易。举个例子,一个有着5000名雇佣工人的城镇就有一个25000人的现成的市场,这些人需要买食物、衣物和其他消费商品。因为他们的存在,建筑开支——比如一个现代化的面包店、一个制造烹饪用具的小工厂等等——就是必须的。而且现有的公路、水电供应等等,也使得在同一个地方建新工厂更方便了。也就是说,一个大型城市中心会为当地农民提供贩售蔬菜、水果和其他食物的机会,并且不需要多少交通运输成本。这也就是政府试图把合适的新工厂和就业机会转移到精选的城镇的目的所在。这样做的目标就在于帮助每一个发展中心成长为一个工业吸引点,同时又不需要政府专门的干预。

显然,某些城镇会很遗憾地发现,它们并不是"第二个五年规划"里指定的城市化发展中心。我只能说,尽管我们的城镇不止十座,但是有些遗憾是无法避免的——定计划就是做选择。如果我们在下一个五年计划期间试着把精力分散到十座以上的城镇,我们就会发现,最后我们一个城市化发展中心也没有;我们只会原地踏步——一堆小城镇,每一个都没有完备的工业和公共设施,对新工厂的选址没有经济吸引力。如果把精力集中到精选的城镇上,至少有两三座能够在这个计划时期的尾声之前崛起。到时候在"第三个五年计划方案"里,我们就能把其他的城镇加到这个行列中了。

商业和贸易

所有这些规划的本意就在于要试着逐步转变我们的经济,让它不再受控于出口,而要靠它打造和服务新兴本土市场。在目前一贯的贸易模式中,姆万扎生产的商品放在伦敦要比放在姆特瓦拉销量更好。过去五年来,为改变这一局面作出的努力有了一些成果,但还需要进一步的付出,以便改善我们的内部营销和信贷安排。这并不也绝不意味着,我们的出口额会下降;我们需要它们创造的外汇来支付必要的用于发展的货物。但我们不能继续依赖出口消费产品和简单生产。其实，为了能有足够的外汇来购置新工厂所需的机器和其他东西，有必要在接下去的五年里保持进口消费商品总值。要想从增加的投入中提高收入，人们将不得不购买本土生产的商品——而确保人们能在需要的时候就买到某些东西，也正是政府和半国营组织的责任。当然这也就意味着消费选择的限制。比如说，我们现在生产速溶咖啡，如果我们不断进口其他品牌的速溶咖啡以便人们能够有多种选择，那就是很不明智的做法——为什么不让他们买坦桑尼亚或是东非生产的速溶咖啡呢？棉布服装也是同样的道理：与其挑选世界各地制造的各种奢侈服装，我们不如学习使用自己生产的服装。情况就两种，要么就使用当地的产品，促进我们的行业兴旺；要么继续进口，让我们的工厂破产。定计划就是做决定！我们在纺织生产领域几乎可以自足，我们可不能放任自己对进口服装的愚蠢偏好！我们在坦桑尼亚无法生产的东西那就从东非购买——或者，如果这东西不是非要不可，那不要也罢。

选择的限制是必要的，也是无法避免的。但如果会导致产能低效，那就必须禁止了；坦桑尼亚的公民决不能因为某样劣质产品是坦桑尼亚生产的就被迫购买它。我们的本土产品不需要什么花哨的包装，也不需要什么复杂的概念，伦敦、波恩、华盛顿或者北京生产的这类东西可就多了，同时，种类和类型自然也会减少。但是火柴必须要能点燃，面粉必须不被象鼻虫污染，服装必须耐磨而且不褪色等等。我知道，我们的产品并非全都无可挑剔，但有不少品质真的不错。比如说，我知道我们的布料非常好，但还是有些蠢人更偏爱进口的服装。

在与生产质量、库存管理、配置速效有关的问题中，半国营组织和合作运动都承担着首要的责任。这些组织的工人必须要具备首创精神和奋斗精神；他们必须走出去，寻找新的服务机遇，他们必须注意发展中的需求。因为这些共有组织不仅是生产部门的最大成分，在此次以及将来的计划时期，它们还将对批发和零售贸易承担越来越多的责任。国家贸易公司将会进一步参与到批发贸易中，也将承担起绝大部分的进出口的责任。进一步说，政府将会大力推动本土合作零售商店的发展，等到它们证明自己具备服务人民的能力后，它们将会逐步负责更多的零售贸易。

交通设施

我今天还想谈谈我们的经济里唯一的一个具体部门，也就是交通部门。我们又一次面临着艰难抉择。我们是否改善了负荷沉重的现有公路系统，以便提升交通线路的承载能力呢？或者，我们是否在交通还不那么密集的区域修建了更好的公路，以便使良好的通讯能带动通讯缺乏地区的发展？

今天从经济学上看，实际情况是正当的公路和航空站的修建总成本将达到了11.82亿先令——或者说是第二个计划里政府投资预算的47％！显然我们无法配置这么多给交通领域。我们必须选出最为紧迫也最为重要的方案，剩下的以后再做——因为定计划就是做选择！政府决定，当务之急是让坦桑尼亚—赞比亚高速公路的全程都铺上沥青，同时做全面的必要提升，以保证这条公路一直都能开放。我不认为我需要向大会论证这一决策的正当性。不过，我们必须接受它的含义。只有非常少的其他主要公路能在现行"计划"的第四年开始建设；而且只有少数与此需求相关的工作能在支路系统中进行。幸运的是，乞力马扎罗国际机场的建设需要的是别的资源。我们希望能够把机场建设起来。这样做的话，我们就有办法充分开发北坦桑尼亚的旅游潜力了。

另一个我们希望取得进展的交通工程就是坦桑尼亚—赞比亚铁路。这项工程困难重重。确实，非洲南部从未出现过如此浩大的铁路工程，所以这项工程目前正被详细讨论着——而且所有的讨论根本都不看好这条铁路，纷纷阻挠它的建成。我相信这些破坏行动绝对不会称心如意。我也对这条穿过达累斯萨拉姆、连接赞比亚系统和东非铁路系统的铁路充满信心！因此，我们把整个五年计划期间修建坦—赞铁路所需的本地成本3.05亿先令划拨了过去。

全局目标

在第一份《计划》中，我们的目标是年均增长率达到6.7％——换句话说，我们想要让财富每年增加6％以上。我刚才说过了，我们现在的业绩是5％左右。依照这个速度，加上我们的人口每年增长2.7％，我们得过三十年才能让坦桑尼亚人民的人均收入翻一番。我们必须做得更好，哪怕无法实现1964年设定的1980年发展目标。

第二份"计划"的目标是实现6.5％的实际增长——也就是扣除物价变动之后的增长。多亏了我们在第一个计划期间的努力，现在这是一个切合实际的目标。但这并不容易。要想实现，我们必须进一步提高投资力度。我们已经做得很不错了。在1964年，只有15％左右的财富用于投资，1967年则达到了

22.9%。这个增长已经很大了，我们也很骄傲。但我们还必须做得更好。因此，新"计划"设了一个目标，到1974年为止，我们应该每年都投资25%。这其实没有听起来的这么难；到那时，我们的财富总值会比现在的还大，因为我们到时都会感受到某些投资给我们带来的好处。

在下一个五年，我们的投资总值按计划为80.85亿先令。其中，政府开支将达到30.55亿先令，半国营和合作社预计会投资23亿，而东非共同体按照其计划则预计会向坦桑尼亚投资约5.8亿先令。这些就是我们的目标。在这个总额中，预计60%的政府开支将会从国内融资，60%—65%的半国营投资也是如此。实际上，在计划期间，半国营组织约30%的投资需求将由政府资助，不过也会逐步变得更加自立——这也就是为什么它们改以盈利为目标的原因。它们要利用这些收益做未来的投资。

但如果以为只要投资就能带来发展，那就大错特错了。毕竟，如果事情就这么简单，那么一个国家把全部的资源都投入到建造黄金玉石宫殿也可以说是在发展。关键不仅仅在于投资的量，还在于增加财富的收入。一匹纺织面料需要能够做出优质美观的衣服，否则它就没有用处。如果我们清理了一个大农场，种一大堆块茎植物却没有人来买，就是做了无用功。必须要寻找现有投资资金的最佳使用方式，然后核查已做投资的效率，这真的非常重要。

对穷人来说，所谓的"成本效益"极其关键。它意味着我们需要评估不同的投资项目，对比其收益孰优孰劣，因为我们的付出必须要能获得最好的回报。让我再重复一次，定计划就是做选择！同样的，一旦工厂或农场建立了，我们就需要确保它提供最好的服务。有时这可以用利润来衡量。举个例子，如果有两间建造成本相同的工厂都生产棉布，那么它们的对比利润就能直观地显示它们为人民生产所需物品的效率是否相同。但在一个社会主义发展中国家，利润绝非衡量成就的唯一标准。我们必须考虑其他因素，比如一间工厂是否使用了大量像精湛的技艺这样的稀有资源；再比如它的厂址所在地是否缺乏就业机会。无疑，在这件事上我们也是缩手缩脚的。我们无法永久承担资助新工厂或新工业。不过，我们也不能依靠利润作为衡量投资效益的唯一标准。我们可不是一家寻求利润的公司。我们是一个寻求发展的国家！私人公司因无利可图而不愿做的，可能正是我们发展所需要的！

这个"五年计划"因此提供了核定投资实际影响的新方法。工业、农业、商业和行政管理的诸多方面都会涉及进来;因此我希望,我们能抛弃"调查就等于间谍行为"或"调查员就是对经济没有贡献的人"的观点。有针对性的调查能够保证我们的钱用得有针对性,能保证我们的计划落实到位,能保证我们从所作出的努力和执行的政策中获取最大的收益!

与此同时,改善政府、半国营组织、合作社以及工人组织的管理服务也要求我们付出额外的努力。我们当前的公共服务有不少还很不尽如人意,而且我认为近几年情况越变越糟。处理信件的时间更长了,在办公室里等待的时间更久了,冷漠对待寻求援助者也时有发生,设施得不到妥当维护;问题不一而足。有一部分是因为培训和领导的问题,而在下一个五年,我们还要进一步增加培训和教学机构,改善人民公仆的服务。不过,这同样还是个工作纪律的问题。

有时会有人说,坦桑尼亚人就是太善良了,才不愿意对其他人施加纪律;同时又太随便了,才不愿对自己施加约束。这样说的人可不是在表扬我们,而是在批评我们。但是,我们的职责正是确保我们不再受到此类评价!因为如果我们失败了,我们就必须放弃成为这个现代科技世界里自立自足的一员的想法。那些想要从现代生活中获益的人必须接受现代生活的纪律,不管是在工厂、办公室、医院、学校还是车间。这首先就意味着服务的自律,其次是领导的自律。这意味着要了解什么样的工作和行为标准是必须的,然后严格遵守它。

这份"计划"取得成功的另一重大意义还在于,区域和当地级别的行政和规划能得到改善。坦桑尼亚的发展不能照搬达累斯萨拉姆;当地的首创性、计划协调性以及决策的民主管理同样也是必需的。重新分配中央—地方财政和行政职责的计划有一部分就包含在"第二个五年计划"里,我们也在考虑进一步下放职权的可能性。但不管如何组织,党和政府的每个官员,无论是当地的还是国家级别的,都必须把推动社会主义发展看作自己的责任,让人民的首创精神充分体现。我们也决不能被计划的文件束缚了思想,而是必须认识到,如果人们自愿付出额外努力,无需为胜利而要求动用全国资源,那么就一定要发动人民。

因为这个国家的人民才是坦桑尼亚的真正的发展者,这也正是坦桑尼亚发展的目的。即便像大型工厂、旅游酒店、国营农场等大规模工程也只能在进一步提高坦桑尼亚人民的生活水平的基础上才能开展;我们应当时刻记住这一点。因为这些惠国大工程有时会大大改变某一特定人群的生活现状,而这一人群可能会更注意到他们所正在经历的直接困难,却注意不到他们过后将会收获的益处。因此,对于负责的官员来说,仅仅走到项目所在地、挖挖地基是远远不够的。最起码,附近的人要能提前得知计划做什么、为什么、什么时候开工。这样他们才能相应地展开自己的任务,并且才能在此过程中从坦盟和政府官员那里获得可能的援助与协作。

要想顺利妥当地开展发展活动,就必须这样去为人民考虑。无视人民感受的人成不了社会主义者,因为社会主义就是为人民服务。仅仅考虑"大众",考虑他们最终能从某一具体项目中如何获益也是不够的。大众就是把人民放在一起考虑:如果你不在乎某一小群人,那至少要想想自己是否真的在乎一大群人。当然,我们必须凭借国家所需的项目前进,即便它们可能会给特定群体带来不便和困难;我们不能因为某些人的农场就在铁路线上或是反对火车噪音就停止修筑铁路。不过,我所谈的问题并非这个项目能不能开展,而是要怎么解决小部分人的不便和困难。一个社会主义者会考虑到他们,同时也会考虑到铁路;一个社会主义领导人会获取他们的理解并使他们支持修筑铁路,还会在社会主义发展的基础上帮助他们拥有过上新生活的机会。

朋友们,我们有很多事情要做。我希望,每一位代表在这一周都能用心认识人民眼前的困难和机遇。我们要靠你们来解释这一份"计划",要靠你们为"计划"取得成功而与你们地区的居民共同奋斗。坦桑尼亚人民已经彰显出了他们无畏艰难、勇往直前的能力。既然我们已经为未来的发展做好了组织准备,那就让我们共同期待在未来付出更大的努力!

计划就是抉择。我们选择前进!

15 向友邦加拿大致敬

在对加拿大进行为期四天的国事访问过程中,尼雷尔总统高度赞扬了加拿大人民的友善态度,并在1969年9月30日特鲁多总理举办的午餐会上,发表了有关演讲。

……加拿大在世界舞台上必然是以一个富裕的大国身份发挥作用的——当然这是相对而言的。我们这样贫穷的小国对加拿大充满敬意;你们在国际事件中并没有呈现霸权姿态,而是充当了一股维护和平的力量。

在1939—1945年的二战之后,加拿大的表现赢得了我们的尊敬。对于很多新成立的国家来说,加拿大前任总理莱斯特·皮尔森已经成为了贵国的化身。请总理先生和贵国人民不要误会,我是说,在他的领导下,加拿大首次表现出它对新兴第三世界的理解。尽管加拿大并不总是与我们意见一致,但即使是对弱小的国家,总理也表达了对各国主权的尊重,并且贯彻了这项原则。他也表现了加拿大对"人人平等、不分尊卑"这项原则的认可。举两个例子,皮尔森先生在1956年苏伊士战争中为了维护和平所做出的努力,以及他对非洲在罗得西亚和南非问题上的立场表示出的理解,都对贵国以及全世界产生了重大影响。

1964年,当我们急需军事训练援助时,我们向加拿大求助,这使我们的互惠互利关系发生了倾斜。由于不想陷入其他国家的军事纠纷中,加拿大政府并不情愿帮助我们,这是可以理解的。贵国的态度使得坦桑尼亚踌躇起来,令人高兴的是,我们两国对于实际的援助还是达成了一致意见,从而将这次事件对我们两国关系的负面影响降至最低。我们达成共识,坦桑尼亚不聘请"军事顾问";因为在当今世界,"军事顾问"是个贬义词。但是加拿大确实着手帮助我们训练军事指挥官,建立航空运输部队,壮大人民的武装力量。

总理先生，我想利用这次机会对你们的帮助表示感谢。加拿大的军官们工作做得十分出色，也非常主动热情。他们懂得尊敬他人，善待他们所帮助的人。这使得加拿大声名远播。

坦桑尼亚不会再要求延续五年期合同，这是对加拿大的感谢，而不是双方相互怀疑、相互敌视或者关系破裂。我们之所以让合同自然终止，是因为合同到期时，合同里大多数的约定已经履行。总理先生——感谢在坦桑尼亚以及加拿大的加拿大人民所付出的努力——我们相信，我们自己有能力接手明年的军官训练工作，也能够维护你们帮我们建立的航空运输基地。在一些特殊情况下——比如训练军事专家，我们会求助于加拿大或者其他国家；但是现在我们是时候说："谢谢你们完成了我们约定的工作。"

尽管军事训练援助已经接近尾声，经济领域和社会领域的技术援助却在不断增加，这令我们倍感高兴。过去三年里，加拿大为坦桑尼亚技术援助所投入的资金一直稳定增长。我们对此满怀感激；派往我们国家的工作人员对我们的工作也给与了极大的帮助……

总理先生，最后我想说，我们非常感谢你们给予的发展贷款援助。尤其是这些长期贷款都是无息贷款，这意味着当我们将这些贷款用于基础设施建设——如修路、勘探——而且在经济有所起色之前，我们不必急于偿还。

总理先生，我们不会永远只乞求你们的帮助。我们真正感激加拿大的原因是，加拿大帮助我们增强自身力量而没有越俎代庖。但我最想申明的一点是，我们两国的关系不是建立在援助的基础上。我们关系友好是因为我们互相尊重，维护世界的和平与公正。我相信，和平与公正乃是两国人民众望所归。

16 非洲的稳定和变革

1969年10月2日,尼雷尔总统被授予加拿大多伦多大学法学荣誉博士学位。在学位授予仪式上,尼雷尔总统向台下大批热情的教师、学生和社会人士就"对非洲自由斗争的质疑"发表了演讲。

这是我第一次造访多伦多大学。距离我第一次接触它已经有很长时间了。从多伦多大学毕业的很多人在达累斯萨拉姆的大学学院执教,也有很多人在我们政府的不同部门工作;他们为我们国家的进步做出了巨大贡献。我们在这里有很多宝贵的老朋友,他们热情地为我们提供了优质的服务,对此我们铭记于心……

这种技术援助对我们来说非常宝贵。我相信加拿大也从中受益。我们一起生活,一起工作。这些工人都很出色,不仅仅是我们从他们那里了解到了加拿大的情况,他们也了解到了不少我们国家的情况。当他们回到加拿大,他们能够广泛地宣传我们所从事的事业。他们能说出我们的成功之处和失败之处;更重要的是,他们也能够设身处地,结合我们所处的环境和动机,进行换位思考。我相信这对两个国家都很重要。坦桑尼亚的自力更生政策并不是指我们想与世隔绝。我们认识到,我们离不开世界,世界也离不开我们。

国家之间相互依存的同时如果不能相互理解,这是既尴尬又危险的。如今相互依存是不可避免的,但是对非洲理解的缺失却比比皆是。在很多人看来,我们作为国家而存在就很奇怪,如今我们在国际场合发出的声音在他们听来也很刺耳;我们抱怨别人认为理所当然的东西;我们对世界上的其他国家提出要求,这在传统的思维习惯里简直不可理喻。有这种反应是正常的。人们往往会对新生事物报以怀疑的态度,对我们的态度正是出于这种心态。人们都是以二战后的眼光来评价我们所做的一切。换句话说,人们在不遗余力地将非洲的事务归入冷战或其他大国冲突的框架中去。人们首先想到的往往是:"这个非洲国家支持的是东方还是西方?"

这种问题可以理解,毕竟欧洲和美国的近期历史摆在那里。但是,对于任何人来说,如果他想要了解非洲正在发生着什么,那这个问题就问错了。它是建立在一个基础性的错误之上的——而且,这是一种狂妄自负的表现!他们认为非洲没有自己的想法,没有自身的利益。他们认为在我们取得国家独立时存在的国际冲突是十分正当的。他们认为,非洲国家的道路不可避免地要参照西方自由的传统,或者由共产主义的理论或道路来决定。

事实上,我希望非洲能学习,并且要继续学习全人类的经验——向东西方、南北半球的人民学习。东南西北不只是地理概念,也是政治指南!但是我们想要做的,是解决我们面临的非洲的——包括坦桑尼亚的——问题。我们正作为非洲人和坦桑尼亚人,作为一个经历了一个多世纪殖民历史的民族,在努力解决这些问题。而且,我们认为,在这个世界上,人们应该相信,如果他们为人类做出了贡献,那么他们也能从中获得回报。

我们需要变革和稳定

我们是新成立的国家。像世界上的其他民族一样,我们有着当家作主的愿望。我们曾经被技术先进的欧洲人打败,从而被奴役失去了自由,所以我们做的第一件事情就是重新赢得了自由。现在我们的首要任务就是保卫自由,巩固自由。

当我们重新赢得自由的时候,我们也同时开始支配一个与以往不同的国家结构。坦桑尼亚有100多个部落丧失了自由,而赢得自由的是整个国家。历史的车轮在政治上将我们带到了20世纪;而只有当我们在生活的所有领域跟上20世纪的步伐时,我们获得的自由才能持续下去。

另外一个基本的变革对新的政府提出了新的要求,这在传统的部落政府时期是没有的。坦桑尼亚人民现在知道,我们的贫穷、无知和疾病,并不是人类生活中必不可少的组成部分。以前我们把这些看作是上帝的意志;现在我们认识到这是在我们掌控范围之内的。因此政治自由已经不能满足我们的要求了。

坦桑尼亚的人民认识到了两种基本的需求。我们决定做自己命运的主人——捍卫我们国家的自由。我们也决心改变我们的现实处境。要满足这两种需求,我们必须既要做出变革,又要维持稳定。在某种程度上,这两方面必须结合起来,因为无论是在坦桑尼亚,还是在非洲,两者都密不可分,缺一不可。

变革使自由成为现实

政治和社会稳定对真正的国家和个人自由来说必不可少,我们生存环境的变革也是势在必行的。目前我们国家的自由只停留在书面上,因为相比其他国家,我们的国家太贫穷,太落后,在人类大家庭里我们也没有发挥应有的作用。对我们意义重大的事情,别人往往不询问我们的意见,就做出决定。这也可以理解。保卫我们国家的主权和领土完整,不受外国势力的干涉,仅此一件事,就让我们疲于应对。在我们能负担起国家自由的重担之前,首先要极大地改善人民的经济生活条件,这很有必要。

贫穷不仅在国家层面上限制了我们获得真正的自由。我们挣扎在温饱线上的农民有什么自由可言呢?他们靠天吃饭,生活赤贫;他们的孩子从小干活,上不起学,没有医疗保险,甚至填不饱肚子。没错,他是有选举和言论的自由。但是这些自由对他来说,远不抵被剥削的现实。只有当他摆脱贫穷,自由的政治权利才对他真正有意义,他拥有尊严的权利才会变成实实在在的尊严。

这种基本的经济变革不会,也不能孤立发生。它依赖于社会和政治变革,也会带来社会和政治变革。仅仅想扩大殖民国家引入的社会和政治组织不可能出现变革。这些组织建立在个人主义的思想之上,与我们传统的、我们渴望的人类平等相悖。它们旨在施加国外的法律和秩序在我们身上,并维护这种法律秩序。它们不去动员人民改善生活条件,而生活水平的提高才是人民需要的。

对稳定的需求

稳定的政府和稳定的社会对我们的自由也至关重要。没有政治稳定的保证,非洲国家仍然只能被其他国家玩弄于股掌之中。没有政治稳定,外部势力会干预我们的政策,从而谋取他们的利益,甚至在我们的领土上发动针对我们人民的战争。非洲有很多人害怕外国敌对势力的阴谋诡计,将我们遭受的一切苦难归因于外国的阴谋。也许最初失败的原因是我们自己,但是,任何一个有头脑有知识的人都不会否认,确实有外部势力利用非洲目前的分裂为它们自身谋取利益，为了达到这一目的，他们会千方百计地加剧我们非洲国家之间的矛盾冲突。

稳定对保卫我们国家完整很重要，同时对经济发展也是十分必要的。只有保证国家稳定和安全，才能增加粮食产量，建立国产商品的市场，满足出口的需求，提供必需的投资品。要摆脱贫穷，首先要有效管理、安全交流和保障个人安全。

简而言之，变革会引起动荡，打破稳定，但是积极的变革如果没有稳定的保障是不可能的。不做出变革，非洲不可能有稳定的局面。因此，非洲的任务就是在变革和稳定这对既相互对立又互为补充的矛盾中艰难地取得平衡。

坦桑尼亚的国内政策

坦桑尼亚正努力通过反复讨论的政策完成变革，通过让全体人民参与变革以保持稳定。我们对肩负的任务的艰巨性不抱任何幻想。我们努力建设社会主义，但是我们没有几个社会主义学者；我们通过民主的方式实现变革，但是我们的人民还没有基本的民主意识；我们努力实现经济的基础性变革，但是我们没有几个技术人员。有一个受过教育的精英，他的教导鼓励个人进步，以此来建立一个平等的社会！

我今天并不打算谈论这些国内政策。我只是说到目前为止我们保持了平衡。如果超出我们控制能力的因素不会阻碍我们继续努力，那么我对我们的未来非常乐观。

南部非洲的变革和稳定

坦桑尼亚只是非洲的一小部分，我们的未来和整个非洲大陆的未来密不可分。不管我们怎么想，我们也无法不被这个大陆上发生的事情所影响。实际上，非洲还没有人学会用民族主义的观点来思考——我们仍然把自己看作是非洲人。的确，在非洲国家之间和非洲国家内部有一些矛盾。就像加拿大各省之间的矛盾一样——每个国家赖以存在的原则不能受到来自外部的无端挑战，这很重要。我们和非洲的其他国家联系紧密。我们正在学习——事实上我认为我们已经学会了——一个自由国家的人民没有权利和义务去干涉另外一个自由国家的事务。我们认识到，每个国家都要用自己的方式，来处理稳定和变革的矛盾需求。如果我们认为其他自由的民族做错了，或者他们的努力最终失败了，我们仍然别无选择，只能努力适应和处理他们的政策带给我们的问题。

但是南部非洲和非洲现存的葡萄牙殖民地的情况不同。莫桑比克、安哥拉和葡属几内亚的非洲人民正受到外国势力的统治，殖民政府直接否决自决。在南罗得西亚，殖民政府声称接受自决原则，但是对于否认这一原则的种族主义者，该政府采取了不作为的方式。在南非，种族隔离政策施加到非洲人民和其他非白人的身上，并用极其残酷的镇压来维持这一政策。联合国没有采取任何有效的行动制止同样发生在西南非洲的暴政统治。以上这些情形，都是外国势力在镇压非洲人民，使非洲人民饱受侮辱迫害。而这一切都仅仅因为他们是非洲人——黑皮肤或有色人种的非洲人。

非洲这些地区的情况，使整个非洲认识到来自外部势力和种族主义的挑战，他们否认我们作为人的权利。我们无法置身事外。只有一个非洲国家没有成为近代的殖民地——多年来它也只是名义上的独立而已。我们都在某种程度上遭受了种族歧视的迫害。如果我们坐视南部非洲这种情形继续下去，我们就同时在否认我们自己自由和平等的权利，相当于变相地说我们是一个经济和军事强国，而事实上我们不是。我们不能采取这种态度。

但是，无论我们采取哪种态度，事实就是坦桑尼亚的自由正处在危险的境地，我们的四邻正被殖民主义和种族主义所统治。只要我们坚持实现自由，坚持追求维护非洲人民尊严的政策，我们的存在对南部非洲的殖民者和种族主义者就是个威胁。他们一定会采取手段，削弱我们的政策，控制我们的行动。他们的殖民政策让我们建立一个非殖民主义国家的努力更加艰难，他们无法稳定他们的殖民体系，而非洲的其他地方正在用自由为人民谋福利。自由和平等的原则只有成为普世原则时才真正有效；种族主义至上的原则除非是举世奉行，否则它也是无效的。人类的两种理念之间的冲突是不可避免的。一旦它们相遇，它们之间的矛盾就会迸发出来。

坦桑尼亚关注南非的情形，这对我们其他的政策来说并非多余。它影响到我们的安全。它关系到我们要做的任何一件事情。并不是因为我们是利他主义者，或者我们热爱自由以至于要到处去维护自由。我们知道我们的底线。我们知道只有自己才能解放自己——没有人能阻止我们赢得自由，没有人能替我们赢得自由。但是南非的情况不同。我们和其他非洲的自由国家都牵涉在内。

我们都是非洲人,我们都需要为了我们真正的发展而共同努力;非洲大陆上一个地区为自由所做的不懈努力就会影响到其他地区的安全。这种关联已经被坦桑尼亚敏锐地意识到了,因为我们夹在自由非洲和殖民地非洲之间,这是所有非洲自由国家或多或少的担忧。如果不理解这一点,那么理解非洲也是不可能的。

让我总结一下我们在这件事情上的立场。非洲人民的共同目标是实现南非和其他葡属殖民地国家的自决,结束非洲大陆上殖民主义统治和扩张的行径。这就是我们的目标。我们不是反白人的恐怖分子,想要以牙还牙;我们希望在我们的国土上,人类平等得以维护,人类尊严得以捍卫,反种族主义的思想得以伸张。

就非洲的自由国家来说,自由之后就要面对国内民族的事务。建立哪种政府,实行哪种体制,决定权不在我们。坦桑尼亚必须支持这些地区争取自由的斗争,无论领导他们斗争的是哪种政治思想。如果他们是资本主义的,我们必须支持他们;如果它们是倡导自由民主的,我们也必须支持它们;如果它们是共产主义的,我们还是要支持它们;如果它们是社会主义的,我们仍然要支持它们。我们作为民族主义者来支持它们。坦桑尼亚社会主义的使命,对莫桑比克(和其他地区)的人民选择他们自己的政府和体制的权利无关。一个民族从外国统治下取得独立的权利要优先于社会主义制度。一个人在他的国家作为人而站起来的权利,优先于建立哪种社会。自由是唯一重要的东西,直到赢得自由。坦桑尼亚和其他非洲国家支持其他国家争取自由,既不是新帝国主义的伪装,也不是社会主义或资本主义神圣的使命。因为我们认识到,非洲必须是统一的。

通过和平还是暴力?

还有一个很重要的问题:我们要掀起争取自由的斗争,是通过和平方式还是通过暴力手段呢?非洲是无条件支持任何形式的自由运动,还是要有条件呢?

有些人认为暴力是为了宣扬美德。只有通过战争和流血牺牲,自由斗争才能真正走向解放。我不这样认为;坦桑尼亚的政府也不接受这种思想,而且据我所知,任何自由的非洲国家的政府都不会接受。我们知道战争会导致巨大的灾难,往往最无辜的平民会成为战争最大的受害者,而战争产生的仇恨和恐惧对我们支持的自由和非种族主义十分危险。我们热切渴望权力能够和平地转移到人民手里。我们相信,如果门关上了,我们会努力把它打开;如果门半开着,我们会推开它,直到它完全敞开。无论哪种情况下,都不能以门内人的生命为代价将门炸开。

但是,如果通往自由的门被锁上,被闩上,看门人又不肯打开锁或者拔下门闩,那选择就很直截了当了。要么,接受毫无自由的现状;要么,把门打破。

不幸的是,这就是南部非洲的现状。除非有新的外部影响,推翻那里现行的政策,这是摆在我们面前的选择。

葡萄牙已经宣布它在非洲的殖民地是葡萄牙的组成部分,这些地方人民的自决是没有商量余地的。政府禁止成立政治组织,所有和平抗议都被镇压,谈判做出变革也不予考虑。在罗得西亚,民间组织被禁,领导人也被逮捕。英国政府提议——白人应该逐渐地结束歧视行为,这一荒谬的提议甚至得到了"将白人至上政策永久维持下去"的强烈呼声。对于南非政府来说,种族歧视已经是板上钉钉的事实,毋庸置疑。

这些地区对自由的要求已经在原则上被否决了。进步的大门被紧紧关上,牢牢闩住。

在这种情况下,人民获得自由的唯一途径就是通过武力。和平结束压迫是不可能的。摆在人民面前唯一的选择是有组织的或者没有组织的暴力行为。但是这种自发的抗争,一旦遭遇了难以承受的挫折,或者被步步紧逼的压迫逼到极限,那么产生的不是自由,而是暴乱。事实上,在一个无情的现代社会里,自发斗争无异于集体自杀;只会使很多人送命,使其他人更加难过。当每一条和平变革的道路被堵塞,唯一积极的方法就是疏导和指引人们的愤怒——通过有组织的暴力;通过人民反抗政府的战争。

当战争发生时,坦桑尼亚做不到袖手旁观,因为如果这样做,就相当于否认了非洲自由和非洲尊严。我们是自由斗士们天然的盟友。我们也许会决定,坦桑尼亚人不会参加这些战争;我们也许认识到我们无法为自由的斗士们提供武器装备。但是我们不能在呼吁南部非洲自由的同时,不肯提供给奋勇斗争的人们任何实际援助。我们知道,他们也知道,其他实现自由的道路已经被执政者堵死了。

西方国家的参与

非洲国家不是唯一不可避免地卷入这场冲突中来的。所有老朋友和伙伴都会牵涉进来。葡萄牙是北约的成员国。北约如果给了葡萄牙哪怕很少——比我们想的要少得多——的武力支援,葡萄牙就会派遣更多兵力,调动更多的资源来非洲殖民地,至少要比现在多。而且,葡萄牙也是欧洲自由贸易联盟的成员国;它通过向西方同盟国出售大量产自非洲的商品获取了大量利润。这种经济关系也是促成葡萄牙这个欧洲最贫穷的国家能够将47%的预算用于"海外防御"的另一个重要因素——实际上是维持了它在非洲的殖民统治。

关于南非的地位,我无需赘言。它的经济实力强盛,一部分原因是过去外国投资。它持续的经济发展也在很大程度上归功于西方企业的不断投资,它与西方之间的国际贸易关系对双方都很重要。西方国家对南非经济的投资规模越大,非洲人民要求进行经济抵制的呼声也就越高。

南罗得西亚的非法政权已经引发了非洲对这个国家的经济抵制。然而,殖民统治者无论是拒绝使抵制彻底有效开展起来,还是通过直接干预推行它的决定,都是有原因的。在某种程度上,这反映了这种统治和它代表的阶层——换句话说,占统治地位的少数人的关系。

但是我真正想说的不是西方国家和南部非洲的经济关系,而是他们意识形态上的关系。我控诉的不是西方国家蓄意的种族歧视,而是他们将注意力放在与当前非洲情形无关的外部矛盾上。

北约是一个西方军事联盟,对抗东欧共产主义阵营——也许对抗的就是共产主义本身,而葡萄牙是北约的成员国。罗得西亚的政权声称它正保卫它统治下的非洲地区不会因共产党人鼓动而引起暴乱。这些国家都急于把它们反对自由运动的行为说成是西方发起的世界范围内的反共产主义运动。我担心真正的危险是西方会接受这种说辞,并因此支持这些南部非洲政权,结果背离了西方自由的原则。

自决和国家自由是民主理想的一部分,它在西方所有伟大的哲学著作和文献中都被奉为神圣至上。但是西方国家会认识到这真的是在南部非洲饱受争议的问题吗?还是被"西方文明"对抗"东方共产主义"的说法迷惑呢?

如果南部非洲的斗争被看作是争取自由的斗争——事实上也是如此,西方国家的——政府和人民的——政策只会由他们愿意在多大程度上为政治理念牺牲直接的经济利益来决定。但是如果西方国家接受南非和葡萄牙的说辞，认为它们正代表"自由世界"与共产主义作斗争，那么我相信这种说法不久就会有人出来反对的——至少它们的敌人会。如果西方支持这些种族主义和法西斯国家，那么自由斗争将会真正成为世界意识形态对立的一部分——现在仅仅是口头上。而且，我相信如果这一幕发生的话，我们就会以一种更加灾难性的矛盾来收场——种族对立。非洲和西方会分属两个不同的阵营，而非洲会得到亚洲和大部分拉丁美洲国家的支持。

让我解释一下我的担忧，并进一步说明我认为西方国家该怎么做来避免这些灾难。

寻求和平变革的压力

非洲迫切需要南部非洲的和平局面。但是这种可能性取决于在不发动战争的情况下，结束目前的不公平处境。自由的非洲和西方世界都没有权利要求南部非洲的人无限期地接受现在的这种侮辱、压迫和白人统治；在任何情况下他们都不会有这种需求。南部非洲唯一的和平可能性就是通过非暴力实现变革。如果可能的话，没有谁会比非洲人民更为此欢呼雀跃了。但是我们尝试过和平的方式，我们失败了。南部非洲的人民因此诉诸战争，自由的非洲国家正支持它们。和平唯一的可能性就是南部非洲的国家结成同盟，达成一致向殖民统治者施加压力，以最低程度的暴力形式带来变革。

西方国家有能力施加这种压力吗？我相信如果它们愿意将能力用于这个目的，它们是能够做到的。南非和葡萄牙都从与西方国家的关系中极大获益；它们不愿意折损到手的好处。

南非有可能拒绝向它的盟国的民主诉求让步，即使要付出在国际上被全面孤立的代价。我说有可能，是因为南非很多人相信种族隔离制度是一种宗教信仰，他们会誓死捍卫他们的信仰。还有南非人欢迎和支持政府的种族隔离政策，原因是政府给予了他们物质上的好处和显赫的职位。我相信大多数人是这样的。这些人的支持是有条件的，条件就是他们的支持不能建立在担惊受怕的基础上；比起接受有组织的个人平等运动，他们更愿意接受一定程度上的国际孤立。至少，西方对南非的压力会导致统治阶层人人自危。警察这部国家机器会因此失去全体白人的支持。这样一来，暴力也许不会持续那么久，也不会造成那么多苦难。

但是无论南非的情形如何，葡萄牙一定无法忍受它的北约同盟国施加压力让它做出变革。当一个国家对外部压力充满敌意的时候，是有可能忍受这种压力的。但是一个欧洲小国除非得到更强大国家的支持，否则它将无法维系对二十倍于它本土面积、比它本国人口多50%的地区的统治。至少对于葡萄牙殖民地来说，西方同盟国家有能力保障非洲的和平。它们有能力在葡萄牙接受殖民地人民自决的条件下继续它们的支持。

因此，就算其他所有情况都有可能，有一种情况是毫无疑问的，那就是，正是西方国家决定了南部非洲是和还是战。问题不在于西方国家能否向葡萄牙和南非施加压力，而在于它们是否愿意这么做。这也是我希望加拿大和其他国家的人民能深思熟虑的问题。

我必须强调一点，摆在世界上自由国家——包括加拿大和坦桑尼亚——面前的选择，不是和平的变革还是不变革，而是和平的变革还是激烈的矛盾斗争。如果连和平变革的前景都迟迟不能出现的话，非洲人民将继续为了他们的权利而奋勇抗争。他们将打破眼下所谓的稳定，而不是在稳定的压迫下受苦受难。他们已经开始这么做了。现在并非箭在弦上蓄势待发，利刃已经破空而出。和平和信心必须重新建立起来——两者比起阻止战争或者赢得信任来说更加艰难。那么，在南部非洲，除了变革的同时保持稳定，还有别的选择吗？

战争的信号

葡萄牙、南非和南罗得西亚的政权都拥有现代化的武器装备，它们还能获取更多武器，甚至可以自己制造。如果自由的斗士们要在战争中获胜，他们必须拥有武器。即使最善战的游击队也不可能用弓和箭、以在路上挖陷阱的方式对抗机枪。非洲也不可能提供这些武器；我们没有能力制造武器，也没有钱去购买武器。

如果西方国家不向它们的友邦施压，实现和平演变的话，它们有可能向那些不顾一切、决定通过武力变革这一切的人提供武器吗？答案我们都清楚。自由运动者将从共产主义国家获得武器。这些共产主义国家将会是他们唯一的武器供应者。

在这种情况下，任何人向这些自由斗士——或者自由的非洲国家——宣扬共产主义是恶魔，或者谈论供应国可能为他们的支持而拿出一份清单都没有用了。我们都清楚那种可能性；我们没有指望共产主义国家没有野心，不想变得更加强大。但是比起将来有可能存在的危险——也许这种危险不会扩大——我们更担心眼前的现实。现实就是非洲现在被外国占领，它的人民在白人统治下生活在水深火热之中。我们要反抗这一切。所以，我们要从共产主义国家那里得到武器，并对它们心怀感激。

同样，南部非洲的民族主义者们也会在别的地方、别的人那里接受训练。有时候自由的非洲国家能够帮助他们，有时候也无能为力。当非洲国家无能为力时，又是共产主义国家提供帮助。我们再次充满感激地接受它们的援助。

我们清楚地知道我们这些行为的动机。我们不是共产党，我们是渴望自由的民族主义者。我们认识到那些帮助我们的人也许别有用心。不断有人告诉我们这些，也没有证据表明不是如此。但是我们更清楚我们现在的需求，更清楚他们给了我们实际的帮助。

所以自由斗士们使用共产党提供的武器，在共产主义国家受训，因为他们别无选择。现在如此，将来也是如此。南非和葡萄牙会向它们的盟国宣称它们是在对抗共产主义。它们会展示缴获的武器和倒霉的战犯（它们叫做罪犯）来劝说那些反共的国家来支持它们对抗自由斗士们的战争。它们也揭示对方的残忍手段，让它们的非战斗人员讲述恐惧和痛苦的经历。它们会说这就是它们的敌人——共产党人和种族主义分子的本来面目。有些证据是捏造的，有些是真的。战争永远是丑恶的、无情的，游击战争也不例外。

面对这种心理压力，恐怕西方国家会加大对南部非洲政权的支持。它们会说为了保护自己，必须阻止非洲落入共产党人的手里。它们会增强经济援助，同意出售武器，或者送给它们——送给南部非洲政权。即使西方国家民主和自由的人民也会失去对自由运动的同情心，因为它们会转而相信这是由共产党主导的。渐渐地这种矛盾就会演变成意识形态的矛盾，虽然眼前它并不是。

因为非洲并非以冷战为出发点，矛盾的本质也许会再次发生改变；它也许会变成贫穷的有色人种世界和富有的白人世界之间的对抗。只有来自苏联和东欧共产主义国家对自由斗士的支持会打破肤色的对立，也许能拯救世界免于灾难的降临。实际上，西欧和北美洲的自由人道主义者们也许也会对同样是白皮肤的共产主义者充满感激！

我提到的都是在我看来非洲和西方集团关系中骇人听闻的事情，除非我们努力打破这一逻辑链条。当然，我已经简单描述了将会发生的事情。但是非洲人民并不是那么精于世故，实际上任何国家的百姓都不懂得政治权谋。因此，我认为我描述的情形就是我们看不到的那一面。西方人民会把我们看作是诅咒它们的共产党人，而我们眼里西方人民是种族主义和暴政统治的支持者。

不可避免是可以避免的

这些可能性都是真实存在的。如果任由它发展下去，对非洲产生的影响会很恶劣，非洲争取自由的斗争只会带给世界更大的问题，而不是为人类发展带来新的活力——后者才是我们希望发生的。知道了这一切，我们也不能退缩。这些危险无论在逻辑上看起来多么难以避免，它们也只是可能性而已。我们的反抗才是事实。

我相信我所说的那些危险仍然可以避免，至少可以在很大程度上避免，如果西方国家从正确的角度看待南部非洲的问题，采取有效措施稳定眼前的局势。我知道对盟国施压的做法对于西方国家来说不容易；所有的西方国家都不愿意干涉其他发达国家的内政。我也知道国际贸易是双方受益的，而且在西方国家看来，它们的盟友从贸易中获取的利益只是附带的。我知道西方在南部非洲投入了大量资金，它们要保护那里。但是，我不相信这些是决定性的，因为我不相信西方唯一在乎的是经济利益。我不是马克思主义者，也不是资本主义者。我不相信人的价值总是要为经济利益而牺牲。我相信西方民主的基本原则有它的生命力，有它的力量，相信人民对自由的信念会战胜他们物质主义的欲望。

但是，即使我相信经济是西方唯一在意的事情，我仍然要问我自己，短期或长期的因素是否会决定西方的政策。尽管南非也许是比整个非洲其他国家加起来都要重要的贸易伙伴——我不知道对加拿大来说是否也是如此，这种情形不可能永远持续下去。南非的人口是1800万，而非洲其他地区的人口总和是2.5亿左右。无论贫富差距有多么大，这些明显的数字有它们自己的说服力——尤其是在我们变得富强之后，我们也会成为好的市场。

而且，投资的价值取决于回报。如果保护这些投资的成本要比回报高的话,就毫无意义。在一个不可避免可以预见会发生社会动荡的地区投资,就不如在一个眼前局势动荡但是将很快趋于和平的地方投资。南部非洲仍然在为变革的权利而斗争。除非这种变革发展改变了斗争的本质,否则这些地区发展的真正问题在赢得独立后仍然有待解决。

校长先生,当您邀请我做演讲时,您也许是希望我说一说坦桑尼亚的国内问题,或者谈一谈我们对社会主义所做的尝试、其他国家有关的经验——尽管您没有把想法说出口。但是我选择了讲变革,因为它是我们需要的稳定的前提要素,我还特别强调了南部非洲。我这么做是有特殊原因的。

贵校是加拿大的一所大学,坦桑尼亚人民对加拿大人民怀有极大的尊重和喜爱。我们相信这个国家既有机会也愿意在世界上搭建桥梁,尤其是搭建起种族分歧间沟通的桥梁。因此我选择了和大家讨论这个问题,因为我相信你们会理解我要说的,会关心这些事情。

我知道,加拿大有它自己的文化冲突,不同语言不同背景的人们共同生活在这里。我知道,在你们的社会里你们努力研究出新的合作模式,自由得以充分表达,而不会危害到任何少数群体的文化利益。这些对你们来说是真正的问题;事实上你们为此付出的努力是世界人民共同关心的。如果这些问题已经成为加拿大人民头等关注的问题,这一点也不奇怪。但是现在的世界很小。加拿大对非洲问题采取的行动——或者不采取行动——对你们的未来与对我们的未来同样重要。问题就摆在那里,对和平的威胁就摆在那里,不会因为加拿大这个富有而热爱和平的大国希望只关注它国内的事务而不复存在。你们无法逃避对非洲自由运动的挑战表明态度——即使只是默认的态度。

进一步说,我并不是说如果加拿大(或者和它的盟国)认识到南部非洲争取自由的运动,并采取与它的自由原则相一致的态度,非洲就会取得和平、稳定、民主、人权,或者压迫就会停止。非洲有太多这样的乐观情绪。当非洲所有国家取得自由时,当种族主义者停止统治我们非洲大陆的所有国家时,我们仍然有严峻的困难要面对,我们的资源仍然有限;也许作为世界上最落后的国家,我们从经济和政治两方面走向真正的自由之路会很漫长。但是我们下定决心赢得机会,再解决这些问题。当整个非洲取得独立之后,我们才能将发展个人自由和个人尊严放在首要地位。

这些问题仍然存在。加拿大会像理解自由对其他国家人民的意义一样,理解自由对非洲人民的意义吗？如果加拿大不能支援我们的斗争，至少不会向那些压迫我们的自由和尊严的国家提供支援吗？以坦桑尼亚和非洲的名义，以不同肤色不同信仰的人民未来会有密切关系的名义，我希望加拿大人民关注这些问题。我希望多伦多这样的大学会帮助这个国家的人民，来思考他们选择的意义。

  校长先生，女士们，先生们：谢谢。

17 社会主义和富裕社会

1969年10月3日，尼雷尔总统以坦盟主席的身份，在斯德哥尔摩瑞典社会民主党大会上进行了发言。发言中，他批评了坦桑尼亚作为社会主义国家名不副实，讨论了社会主义的涵义及其对瑞典社会民主党提出的挑战。

当我造访贵国时，我所在的政党坦盟急于让我作为代表出席本次大会，这丝毫不令我感到意外。坦盟和社会民主党长期以来都是亲密的朋友，坦盟高度评价与有历史传统、但又坚持承诺的社会主义运动的友好关系。两国在青年运动中也开展了密切合作，事实上，坦盟青年团得到了贵党青年团的极大援助。参与运动的年轻人不仅为达累斯萨拉姆坦盟青年团总部的建设做出了巨大贡献，更重要的是，他们也派遣了成员参与我们的青年团运动，并参与了培训和教育活动。还要补充的是，这种援助、这份友谊，并不是披着援助的外衣，来干涉我国的内政或行动。你们做了社会主义者能做的——信任我们，理解我们。主席先生，不是所有的付出都能得到回应。但是，你们做到了！

主席先生，我很荣幸地带来了我党和我国对瑞典社会主义运动的诚挚问候。这一声问候来自一个刚刚着手建设社会主义的国家，而瑞典在全国范围内社会主义基本观点已经被普遍接受。因此，很明显我不是来传授什么是社会主义的，而是来传达同志间的友谊的。

坦桑尼亚被称为社会主义国家，对此我有些惭愧。事实上，我恐怕我们名不副实——也许不久之后，我们又会因为达不到人们的期望值而倍受指责！如果人民就此相信坦桑尼亚已经存在了社会主义，恐怕他们对社会主义的理念将会幻灭。看吧！在坦桑尼亚，贫穷仍在肆虐……

对我国许多人民来说，饥饿的阴影仍然驱之不散，它不是遥不可及的东西。很多人还是衣不蔽体——即使是在我国的气候条件下也是如此。我们的公共服务仍然太少。国家的很多地方仍然过着一百多年前那样的贫穷生活,唯一的变化是人们开始认识到这一现状了。

主席先生,这绝不是社会主义。社会主义不是贫穷。如果一个国家处在我国人民的生活条件下,它就不能被称为社会主义国家。

或者说,我们的人民还很无知。大部分成年人还不能用本民族语言读书识字;他们对现代生产技术一无所知,也无法遵循简单的步骤来改变令人绝望的贫困境地。甚至连下一代的教育问题我们也还无力解决……

主席先生,这种无知也不是社会主义。一个大部分儿童都不能上学、人民不知道怎样付出才能有收获的国家,绝不是社会主义国家。

更糟糕的是,坦桑尼亚仍然是一个贫富差距悬殊的国家……

主席先生,这种差距也不是社会主义。社会主义国家不会允许人民之间存在这么大的差距。

这些是对我的国家的强烈批评。我可以保证,我现在所说的每一句话在坦桑尼亚我都说过。只有认清现实,我们才能认识到任务有多么艰巨。公平地说,我们已经确定了奋斗的目标和方向。我们决心向压迫我们的贫困宣战;我们决心要建设一个社会主义国家。这些是我们明确知道的。

我们知道社会主义的基本理念是人人平等,享有尊严;社会主义就是要实现这一基本理念,对所有人一视同仁……

社会的政治和经济组织必须是民治的,由人民来决定他们的生活方式。组织生产的目的是为了满足人民的需求。这些需求是全体人民的需求——不是少数人的利益。所有这些意味着人民要掌管生产工具;他们的生活不得由他人摆布。农民要有自己的锄头、计划和耕牛。如果需要两个人才能使用某种特殊的工具,他们要共同拥有所有权。当批量生产技术带动了大型工厂的发展时,所有相关人员——即整个村社——拥有设备的所有权。但在这种情况下,必须要警惕集体所有权不至于沦落到某些躲在暗处的暴政统治者手里;相关的决策必须要在民主的监管之下——由它为之服务的人民来监管。

这些我们都知道。我们知道社会主义的基础是人人平等,社会主义国家所有机构的工作方向就是将这种社会、政治和经济上的平等变为现实。我们也知道,这些是没有那么容易实现的……

因此,瑞典在建设社会主义上取得的成功对坦桑尼亚来说至关重要。这不是因为你们是在为我们建设社会主义。你们也不能这么做。这是我们应当独力完成的。但是社会主义的本质,即平等和社会责任的原则,如果仅局限于本国范围内,将无法发展下去。社会主义对这个问题的积极回应是:"我是我兄弟的监护人吗?"它的回答应当是:"是的,我是我兄弟的监护人。每个人都是我的兄弟。"

主席先生,对于坦桑尼亚来说,如果只是在表面上忠于社会主义理念,促进人类平等,结束国际国内范围中的剥削现象,这是相对简单的。我们是被剥削的贫穷国家。如果换作瑞典处在这个位置上,我相信这对你们来说绝非易事;你无法只在口头上说这些东西,无法相信这些目标一旦实现,瑞典人民就会直接受益。

欧洲社会主义运动中曾经有过一个口号:"全世界无产者联合起来;你们失去的只是锁链,获得的将是整个世界。"但是这种情形已经不再适用于瑞典了。瑞典的工人们有了太多可以失去的东西。也许你们国家也存在一些贫穷现象,但这只是相对贫穷——相对于你们绝大多数工人享有的高水平生活条件来说的。那么,瑞典的社会主义者们还能从内心和行动上接受社会主义的信条吗?瑞典社会民主党的政策在它的党员的监管之下,能够向世界证明社会主义并不是出于无产者嫉妒才存在的吗?贵党能否打破建设本国社会主义公平的界限,穿越国界甚至肤色问题,支持世界上其他国家对社会主义平等的奋争呢?主席先生,不得不说这些是很难回答的问题,我想答案不可能轻而易举地取得一致,毫无异议。但是,这就是社会主义的终极目标。瑞典社会主义运动已经表明了正确答案,这个国家一直在高度关注像我们这样的国家。

瑞典社会主义并非仅仅在经济方面应对了世界的挑战。无论从政治上还是经济上,参与社会主义建设是人类的自由。非洲人民仍然在为自由而英勇斗争,争取终结葡属地区的殖民统治。瑞典社会主义运动会支持非洲人民决定自己未来、建设自己的社会主义的权利吗?南非正弥漫着硝烟战火——游击队和世界大国正在开战。瑞典的工人们会同意将武器出售给这些大国吗?当我们浴血奋战时,瑞典会同非洲殖民者进行贸易,帮助它们发展实力吗?……

瑞典社会主义运动会怎样来回答这些问题呢?……

18 合作运动

1969年10月4日，尼雷尔总统在斯德哥尔摩对瑞典合作方进行了一次演讲。他对合作方在瑞典合作运动中所发挥的重要作用表示祝贺，并谈到了坦桑尼亚合作社的作用以及历史。随后，他又对参与坦桑尼亚合作运动的瑞典工作人员大加赞赏，感谢他们对坦桑尼亚的帮助。

……根据我的理解，合作带来了两项最基本的经济收益。首先，村社将受益于大规模生产和营销所带来的规模效益。其次，这种生产方式将防止任何组织或个人剥削农民或工人，同时消费者能以最低的价格获得最优质的服务。换句话说，合作增加了产量并杜绝了剥削行为，这对合作企业来说是极为重要的：这使得合作的形式能被广泛推广，经济合作的范围越广，合作程度越深，参与合作的成员所获得的收益越大。

当然，合作过程中必须保持民主和高效。为实现以上两个目标，每个部门需要建立管理机构。每一位成员必须严格执行政策才能真正起到监督管理层的作用。但是每一位工作人员都必须履行对企业的职责，尽力将工作主动性以及所受过的训练运用于工作之中。在坦桑尼亚，这种结合是很难实现的。从合作运动的结果可以看出，瑞典的合作运动已经向混合形式靠拢。

但是，合作运动还有另一个重要方面。它是建立在"人人平等、情同手足"原则的基础上的。每一个合作成员都是平等的。每个人都必须放弃剥削他人的"权利"，才能不被他人剥削。他的优势就是与伙伴合作而不是与之对抗。如果乐意的话，也可以选择与他人竞争。事实上，这就是之前我为什么说合作范围越广，每一个参与合作的成员受益越大。理论上，生产者之间相互合作是可能剥削消费者的。但当生产者也与消费者相互合作时，这种可能性就被消除了。而且，通过生产者与消费者相互合作，生活中的经济因素将找到其合适的位置,经济因素将不再主导人们的生活,从而实现生活的平衡。当大多数经济部门都是合作经营时,每一个合作组织都能发挥出它的本质效用——即一种情同手足、共同努力的精神……

尽管坦桑尼亚政府积极鼓励和监督合作运动的进行,但这并不意味着我们的合作运动是以官僚主义的方式进行的。政府之所以如此积极有以下两个原因。第一,我们相信,只有通过合作,人们才能免受剥削,实现现代化。第二,目前的情况下,我们必须通过政府的协助来不断扩大合作范围,保证合作社真正为社员服务。

坦桑尼亚的合作社面临着许多问题,而作为发达国家的瑞典并没有这些问题。如大多数坦桑尼亚人未接受过教育,他们毫无商业组织的概念,坦桑尼亚缺乏资本和技术工人。事实上,许多生活在农村的人才刚刚听说"货币经济"的概念;可想而知,他们多么容易成为被剥削的对象,多么缺乏处理经济问题的经验。如果想让合作运动不再被搁置达几代之久(这期间,剥削会泛滥成灾),政府对合作运动的支持是绝对有必要的。

当然,我们也意识到了政府干预的危害——事实上,惨痛的历史教训已经让我们尝到了政府干预的苦果。因此,在独立后的第一股合作运动的热潮中,我们支持所有自发合作运动,并且我们给予了一些人某种作物的销售垄断权——他们通过剥削同胞们获取了巨大财富。我们也曾错误地发起过一次由上及下的消费者运动!这些尝试失败了,我们的过度热情给合作运动带来的损失,这些都不需要我在会上再次声明!但是我们要从这些错误中吸取教训,积极改正错误。每一个社团的成员以及监管体系都被审查,有些被注销了。对于一些规模过小、可行性较差的小组,我们鼓励它们联合起来;较大的合作社重新组织起来,加强成员监管;等等。这类工作还在继续……

19 苏联之行

尼雷尔总统从瑞典直接飞往莫斯科，这是他苏联之行的第一站。期间两国首脑多次举行长时间私人会谈，但是尼雷尔总统只做了一次公开演讲，即于1969年10月8日在克里姆林宫波德戈尔内主席为他举行的盛大宴会上发表的演讲。

非常高兴今天在这里与你们欢聚一堂，实现了我长久以来访问苏维埃社会主义共和国联盟的夙愿。我真诚地希望这次苏联之行能够增进两国之间的相互理解。

坦桑尼亚是一个小国家——面积仅仅是苏联成员国之一的哈萨克斯坦的三分之一，人口和哈萨克斯坦相当。坦噶尼喀在1961年才赢得独立，桑给巴尔是三年之后独立的。1964年坦桑两国才成立了联合共和国。这意味着在坦桑尼亚成立之初，世界在很多方面已经分裂了。我们很快就意识到世界上的国家和人民划分进了不同的势力阵营，共产主义和资本主义两大意识形态也在相互斗争。

这一对立给我们新成立的国家带来了很多问题，我们不得不考虑在这个势力划分泾渭分明的世界里，我们应当如何自处。事实上，我们自身的情形使得我们没有选择的余地。坦桑尼亚刚刚取得了针对殖民主义的胜利；在争取自由的斗争中，我们的目的是希望利用赢得的自由实现我们的发展。显而易见，赢取了自由，我们就要捍卫自由。我们的第一要务就是保卫我们年轻的国家不受外国侵略势力、新殖民主义和外国扶持的国内颠覆势力的侵害。这永远是我们关注的焦点，因为有了国家独立的基石，其他事情才能在此基础上建立起来。我们首先是非洲民族主义者，其次才会考虑到政策的其他方面。

但是我们已经充分认识到，如果国家独立对人民有意义，它必须能够带领人民取得日常生活中新的自由，帮助人民摆脱贫困，不再让人民承受眼睁睁看着孩子在营养不良中死去的悲痛。我们在政治上取得的自由,必须给我们每位公民一个机会,使得他们在20世纪的今天能够作为一个有尊严的人幸福地生活。这就意味着政治独立和政治民主必须和经济独立和经济发展结合在一起,提高我们联合共和国里每一位公民的生活水平。

因此,我们首先考虑的是国内问题。在我们考虑国际事务的其他方面时,我们关注的是它对我们政治、经济和社会自由目标的影响,但是我们并没有对世界充满敌意。相反,我们希望能和世界上所有愿意尊重我们的独立和人民平等尊严的国家和人民成为朋友。因此我们的政策是与所有国家和平共处,但是在大国冲突中我们奉行不结盟政策,不参与到与非洲无关的意识形态的冲突中去。

我们保持中立,并不是做出对此不感兴趣的姿态。相反,我们希望和其他国家的人民一起加入到战胜人类不公和苦难的斗争中去。我们首先感兴趣的是促进和平与公正。我们希望对关乎每个人的未来的世界和平做出贡献。但是为了更好地做到这一点,我们明白必须首先认识到我们是个新成立的小国,能力有限,同时认识到我们的责任。因此,我们决定捍卫我们的独立,与世界上所有国家和睦相处,不受其他国家摆布,不让其他人来规定谁是我们的敌人。我们努力在遵循人类平等和国家主权的原则上,根据国际事务本身的价值做出决定。

换句话说,坦桑尼亚并没有在军事上或政治上与其他国家或联盟联系在一起,但是我们致力于促进非洲的统一,这将为我们非洲大陆上所有的人民带来富强繁荣的生活。为促进非洲统一,我们要自愿将自己国家的主权和非洲其他国家的主权联合在一起,合并成一个更强大的主权国家。就像坦桑尼亚大于它的成员国坦噶尼喀和桑给巴尔的简单相加,我们相信自愿达成的非洲国家联盟会使它的每一个成员国都变得更加强大——能够对世界和平和公正做出新的贡献。针对我们非洲统一的理想,我要补充说明的是,我们是受到苏联的启发,它的强大在很大程度上是由于很多不同国家联合在一起,为实现繁荣富强这一共同目标而团结奋斗。

当我们追求在世界斗争中非洲统一和不结盟的对外政策目标时,我们必须成立自己的国家。为此,我们决定成立社会主义性质的国家坦桑尼亚,因为我们认识到只有这样,我们的人民才能在他们共同争取的自由中受益。世界上有很多人认为非洲没有准备好走社会主义道路。但是非洲有很多人认为非洲别无选择。

实际上，之所以我们在理论上两种制度都可行的情况下选择了走社会主义道路，很大程度上是因为非洲具有公社生活的传统。我们就是建立在这些传统上的。我们努力捍卫人人平等的传统，同时寻找新的政治和经济组织形式，在帮助我们创造财富的同时，消除经济和社会剥削。换句话说，我们努力建设一种符合我们的过去、我们的现状和我们处处奉行的人人平等的理想的社会主义制度。

尽管走自己的社会主义道路是必要的、正确的，但我们对其他社会主义国家的经验也充满着浓厚的兴趣。我们认识到，从它们在这条道路上取得的成绩中，我们可以学习到大量宝贵的经验。因此，有两点原因使我对这次苏维埃社会主义共和国联盟之行感到无比高兴。首先，我带来了坦桑尼亚联合共和国全体人民对苏联这个伟大国家的政府和人民的亲切问候。其次，我们要学习你们的社会主义建设经验，看看什么地方符合我们的国情和需求。

20 成人教育年

1969年12月31日,尼雷尔总统在新年前夕通过广播,强调了成人教育的重要性,并宣布1970年将成为整个国家的成人教育年。

……坦盟的一个成员承诺说:"我将通过教育最大限度地提升自我,充分运用所学为全体人民服务。"很早之前,我们就提出"要让坦桑尼亚的所有成年人接受教育"。我也曾提出过,经济和教育的发展不能等到我们受过教育的下一代长大成人后才开始,我们国家的成年人应当首先挑起这个担子。然而,成人教育还有很多方面需要考虑,虽然已有很多人从事这一领域的工作,但我们从未真正组织发动一场大规模的扫清文盲的运动。坦盟中央委员会决定,1970年我们必须进行成人教育。接下来的一年即为"成人教育年",我们必须高度重视。

成人教育不管是对我们国家还是个人来说,都具有十分重要的意义。我们国家还很贫穷,也很落后;许多国民认为我们的现状是"上帝的意志",我们无法改变现状……

成人教育的头等任务就是要让人们从内心里拒绝继续住简陋的房屋,使用破破烂烂的农具,远离本可预防的疾病;要让人们认识到我们有能力住更好的房子,使用更先进的工具,拥有健康的体魄。

当然,很多人已经明白这一点。他们需要知道的是,他们如何能有效改善生活,他们需要知道孩子们饮用脏水会生病。他们可以共同努力改善水质,从而避免疾病的产生。换句话说,成人教育的第二项任务就是要教会人们怎样改善生活。因此,我们必须学习如何提高农场、工厂的产量以及办公人员的工作效率,必须了解优质食品、平衡饮食的理念,以及怎样做才能获得它们……

我们需要了解现代医疗卫生方法,学会如何利用当地材料制造家具,学习团结合作，改善村庄和街道环境等等。

但是仅仅这样做还不够。只有全国人民为了共同利益团结起来，我们才能实现这些目标。成人教育的第三项任务就是要让每一个人理解我们的社会主义政策和自力更生的目标。我们必须了解国家经济发展计划，这样，我们才能充分地参与其中，为实现目标出一份力，并且每一个人都会因此受益。

但成人教育的定义是什么？答案非常简单，就是学习——任何有助于我们了解我们的生存环境，改变或利用环境来改善自己生活的方式，都是我们学习的内容。教育不是只在课堂上学习，我们还可以向他人学习，从过去成功或失败的经验中学习。

教育就是通过书本、收音机、电影以及对我们生活产生了影响的事情的探讨来学习。通过实践来学习是非常重要的。学习缝纫最好的方法就是亲自缝纫；学习务农的最好方法就是亲自耕作；学习烹饪的最好方法就是亲自下厨；学习教学的最好方法就是去当老师；等等……

每个人最初接受的教育来自他从婴幼儿时期到儿童时期父母和兄弟姐妹给予的教育。孩子们七岁上学，在这之前，他们已经学会了许多东西——包括学习走路、礼貌待人、做家务、干农活以及其他的事情。这些都可以看作"基础教育"。每个人都在毫无意识的状态下接受了基础教育。人们所接受的第二个阶段的教育就是在课堂里接受的教育……

成人教育即为第三个阶段的教育——它包括在学校学习到的许多方面，然而有些人却没有机会上学。成人教育适用于我们每一个人，无一例外。通过成人教育，我们可以学到更多。那些没上过学的、上过小学的、上过中学或者大学的——所有这些人都还有很多东西需要学习，包括从工作中学习，学习在学校里没有教授的东西。

据我所知，许多受过教育的同胞们从不阅读。他们上学的目的就是获得用于工作的证书。获得证书并找到工作之后，证书便成了摆设。他们从不去运用那些通过阅读和写作获得的知识；他们甚至从不阅读。这是一个非常严重的错误，它源于殖民主义思维方式。

值得高兴的是，通过成人教育，我们可以学到许多想要学习的东西——日常生活中非常有用的东西。在学校，孩子们学习那些我们成年人认为他们需要学习的东西。但是成年人与孩子不同，他不适合坐在教室里学习历史、语法或外语。作为成年人,我们可以学习更多关于农作物种植、政府管理以及房屋建设的知识——任何我们所感兴趣的知识。成人教育可以建立在前期教育的基础上——借助于读写能力、外语知识以及对科学原理的理解来学习。或者,如果我们从未上过学,则可以从与我们有直接利害关系的方面开始学——科学的农耕方法、儿童保育措施、喂养牲畜的方法。我们甚至不需要从读和写开始学习。

读写能力只是工具,它能让我们更广泛、更轻松地学习。这才是最重要的……

教育对于像坦桑尼亚这样的国家十分重要。我们想要改善生活,捍卫自由;只有以最快的速度,尽最大努力去学习,才能实现以上目标。这不难理解。因此,许多农民已经意识到,邻居的田里杂草丛生不仅是一件丢脸的事情,对整个村子来说也是一种危害。生活贫困、疾病缠身,很快,其他的村民们会因为杂草和害虫的传播、疾病的蔓延而厌恶他。不要让我们的国家如同那个懒惰的农民一样,敌视比他更强大的邻居。世界一直都在发展,其他国家都在利用新方法进行生产,它们团结一心谋取更多利益。他们不会为我们稍作停留!如果我们仍然停滞不前,不去通过接受教育提升自我,我们将再一次落后;我们将任由其他国家和民族摆布。任由他人决定命运的独立算不上真正的独立;这样的独立只是一个表象。

我们必须改变自己的生活状态;而且要通过接受教育来学习怎样改变生活状态。必须认识到贫穷不是必然的;也不能去一味要求别人必须对此有所行动。如果每个人都坐等政府或者党来改变他们的生活,这是没有任何意义的。政府和党都只是由人民组成的组织——一个为了特定目的,由来自不同地方的人所组成的组织。脱离了人民群众,政府和坦盟将一事无成;更别说完成它们的本职工作。我们每一个人都能通过自我学习来改善自己的生活状况——由此改善所有人的生活状况。通过更多的自我教育,每个人都可以为国家的繁荣富强、下一代的美好生活出一份力。

来年,我们必须更加关注这项任务的完成。当然,关于成人教育,过去我们已经做了很多工作……

坦盟和政府正在为加强成人教育做准备。为了提高成人教育的效率,他们不遗余力。接下来的几个月,你们就会听到这些计划。

但是仅仅依靠坦盟和政府的计划是远远不够的。如果真正把1970年规定为成人教育年,那么我们所有人都必须团结一致。我们所有人都将成为学生;也就是,我们必须乐于学习,渴望运用各种可能的方法学习。我们可以通过收音机学习,向政府工作人员学习,向比我们有更多学习机会的人学习,当然,还可以从书本、杂志、报纸上获得知识。就如我一开始所讲的那样,我们必须从实践中学习。

但是正如学生要虚心听讲一样,我们也必须乐意向他人传授知识。我们必须乐意通过任何方法——通过实证、讨论、询问或者是正式的课堂作业——传授我们现有的技术。如果我们每个人都能同时充当学生和老师的角色,我们将会取得真正的进步。

生活就是学习,而学习是为了更好地生活。因此,在新的一年里,我们要多学习,让生活变得更美好,让我们彼此和谐共处。让我们一起向上帝祈祷,请上帝伸出援助之手,让生活在俗世的我们见证它的奇迹,从而为我们、为孩子、为国家谋取更多福祉。

21 基巴哈北欧中心

1970年1月10日,尼雷尔总统在丹麦国王腓特烈九世和王后英格丽以及瑞典、挪威、芬兰的官方代表和大使面前,代表坦桑尼亚政府正式接管了基巴哈中心。该项目已经建设多年,这次是由北欧四国将它作为一个完整的项目正式交接给坦桑尼亚。

在向国王和王后表示欢迎之后,尼雷尔总统将他长久以来对基巴哈项目感兴趣的原因娓娓道来。

……该项目是由坦桑尼亚和其他四个国家合力建设的,瑞典、丹麦、挪威和芬兰在此过程中一起作为坦桑尼亚的合作伙伴,尽管这种伙伴关系并不是那么平等,因为合作的一方是坦桑尼亚一个国家,另一方是四个北欧国家。

北欧四国一直在资助基巴哈项目,除了资金投入之外,迄今已经支付了大约4千万先令的经常性费用。这是很大一笔款项,而且不要求我们近期偿还。对此我们感激不尽。

除了资金上的问题之外,整个项目一直作为坦桑尼亚的项目在建设。长期以来你们所作的努力,就是满足坦桑尼亚的需求,实现坦桑尼亚的目标……

还有一点令我非常高兴。北欧四国在此项目中协调一致,因此我们无需商议哪个国家的哪些人负责什么;也不必为了开支或采购的事情协商。所有这些事情都是瑞典、丹麦、挪威和芬兰在做,仿佛你们是一个国家。这类的联合行动让我们感到非常高兴,因为我们喜欢看到统一——即使这不是我们的统一。

基巴哈项目是北欧人民纯粹的利他精神的结果吗?我不知道别人会怎样回答这个问题。其实,来自北欧国家的许多人做的是一件非常有价值的事情,无论对男同胞还是女同胞来说,这都是值得庆祝的,有意义的。他们中有人也在坦桑尼亚逗留了一段时间——别的不说,至少我们那里充足的阳光要比北欧阴冷黑暗的寒冬更加舒适！在那里工作过的北欧人对坦桑尼亚有了更深一层的理解，从而影响他们国家对坦桑尼亚的态度——在某种意义上，他们已经成为了各自国家的大使。但这些只是该项目的边际效益。真正获益的是坦桑尼亚。在我个人看来，基巴哈项目标志着北欧人民认识到了团结的力量，他们用实际行动表明，世界上的发达国家在认识到人类平等和人类尊严的基础上，有责任为落后国家的发展做出贡献。当然，这已然成为现实，这表明我们人类共同生活在一个大家庭，情同手足。对你们所做的一切和无私的奉献精神，我们无比感激。

我对该项目一直怀有极大兴趣的第二个原因，就是它是一个地区发展项目。基巴哈离达累斯萨拉姆只有23英里，看看这些拔地而起的高楼吧，初来乍到的人一定很难想象这里曾经是一个偏远的农村地区。新中心将一片杂草丛生之地开辟了出来，之前这里的居民过着自给自足的生活，远远跟不上国家的整体发展。基巴哈无论在选址上来说，还是从影响力上来说，都是一个农村项目……

最后，我对基巴哈感兴趣还因为该项目是一个综合发展项目，它将鼓励很多领域均衡发展，这样一来，每一处变化都将促使和带动其他方面变化。

因此，我们在这里建成了一所中学、两所小学——其中一所小学暂时用作北欧学校，这样就不会中断来自北欧四国的孩子们的教育。当然另外一所并非仅供当地教育所用；这是我们国民教育体系的一部分，反映了我们第一个五年计划对中学教育扩招的重视。现在大约有590名学生在读——该学校1964年才建成。值得一提的是，五六年级各有两个理科班和一个文科班，反映了国家快速发展的同时对教育的重视。这里先进的设备也使得国家的重视变成了可能。

其次，我们开办了医疗中心——这里不仅可以治病救人，而且是疾病预防基地。我们充分了解和把握了人们渴望疗效显著的药品的心理，吸引他们参与到这项更重要的预防性工作中来。这里我强调的"更重要"，是因为坦桑尼亚的健康问题异常严峻，如果人们不学会自我保护，预防血吸虫病、疟疾、蠕虫病、肺结核和营养不良导致的疾病等等，健康问题将永远得不到解决。这意味着，医疗中心的任务不可能局限于基巴哈地区。目前，医生、护士和外来医疗人员都聚在这里接受培训，该组织的工作内容是：医护人员传播医疗卫生知识，并在方圆十里的所有村子里治病救人，不断学习积累……

有一部分预防药物很受欢迎，疗效显著。另外，该中心的农民培训中心在帮助农民们学习农业生产方法的过程中发挥了重要作用。农民培训中心开设了很多不同种类的课程，课上帮助该地区农民解决在实际劳动中遇到的问题。我还知道基巴哈已经成为现代家禽养殖户领取鸡苗的基地，树木护理人员也随着地区果树种植的增加和城市美化的规划而越来越忙碌了。

这三个服务中心已经整合起来，形成了一个综合服务部门。因此，我们实际上已经有了一个社区中心，为不同需求的人们同时提供服务。我们有规范的建筑，合作社商店、银行、邮局，尤其令我高兴的是，我们还有一家公共图书馆。图书馆将成为该地区成人教育扩展的基地。

我想我已经给了足够的理由解释了我个人以及政府对基巴哈项目感兴趣的原因。瑞典大使刚才提了几点对基巴哈的批评意见，我必须承认这种表示谦虚的方式很新颖，同时也很有趣。当然，我们已经从基巴哈的经验中吸取了教训。应该说，基巴哈是人建设的，不可能十全十美。但是我想声明一点，坦桑尼亚政府希望看到更多像基巴哈这样的城市，多多益善！这些批评的声音不会困扰我们。有些意见确实说得有几分道理，这些意见在我们建设的很多项目中，无论是我们独力建设还是与他人合作建设的，都可以借鉴过来。但是重要的是，基巴哈在这里，它正在建设之中，而且建设得很好。让那些不出力的人继续批评去吧；他们对我们的贡献，就相当于那些只会评判别人作品的作家对文学所做的贡献！

这项伟大的工程对未来肩负的责任，现在牢牢地、紧紧地握在了坦桑尼亚人民手里。从现在起，我们要为它支付保养费，尽管北欧四国已经同意了继续为我们目前欠缺合格的技术人员的岗位派遣工作人员。对于你们继续提供援助的承诺，我们充满感激。但是到现在为止，如果中心出了什么问题，我们长期以来都理所当然地把过错推到别人身上——即使这些错误是我们自己犯的。现在我们不能这么理所当然了。显然责任是我们的。但是我可以很自信地说，在各界源源不断的帮助之下，我们会成功地巩固我们创造的成果，并再接再厉。我相信我们会充分利用每一次机会。

请允许我借此机会，代表坦桑尼亚的全体人民，对那些一直为该项目工作、奉献的人们，表达我们衷心的感谢。这里我不想提具体哪个人的名字，因为这对任何人都是不公平的,这是一次合作行动,置身事外的人没有权利对已工作的结果、工作的方式评头论足。我们只知道是那些默默奉献的人们建设了这个中心,使它正常运转。我们只知道,因为他们的劳动,基巴哈中心现在作为一个盈利项目交到了我们手里。

  国王和王后陛下,大使阁下,各位瑞典、挪威和芬兰的代表,请代我们向贵国的政府和人民传达我们对帮助建设基巴哈中心并将它交到我们手中的人们的衷心感谢。坦桑尼亚接受你们伸出的援手及提供的资金,这饱含了兄弟手足般的情谊和人类大团结的精神。我们向你们保证,我们将竭尽一切所能,充分利用这次我们联手创造的难得的机会。我们会尽最大努力,将这个地方建设成为一个国际合作和国际情谊的纪念之地。

22　南斯拉夫的经验

1970年1月26日，铁托总统和夫人布罗兹出访了坦桑尼亚，尼雷尔总统在达累斯萨拉姆的国会大厦举办了晚宴，盛情款待了他们。

尼雷尔总统首先向在座听众介绍了铁托总统充满奋斗和奉献精神的一生，他领导了1942年到1945年南斯拉夫人民民族解放军及党卫队抵抗德国侵略者的斗争。然后，他向铁托总统和南斯拉夫人民表达了敬意，他们自发地捍卫民族独立，积极尝试组建最符合他们国情的社会主义组织。

尼雷尔总统以感谢南斯拉夫给予坦桑尼亚的技术援助结束了他的讲话。

……我想，南斯拉夫为捍卫自由而采取的游击斗争的做法，对非洲来说非常重要。我相信南斯拉夫人民对南部非洲自由战士们充满了理解和同情，并给予了他们很多现实的帮助，游击战争就给非洲人民树立了一个榜样。南斯拉夫人民的社会主义理念以及对自由的渴望给予了这场斗争很大的支持。但是铁托总统和他的战友们都了解这种斗争会牵涉到的方面；他们明白其中的困难、苦楚以及任何政治和军事政变的可能。因此，他们不会轻易对已经实现的或未实现的事情做评价。相反，他们竭尽所能帮助我们开展运动。坦桑尼亚人民直接参与到这场争取自由的斗争中，我们的安全也间接地受到威胁，因此，我们非常感激南斯拉夫人民对我们的帮助。我们希望我们自己和同胞们能够学习南斯拉夫的斗争经验，直到有一天，我们能像南斯拉夫一样获得成功。

但是，独立对于南斯拉夫来说只是一个开始，独立对于所有非洲国家来说亦是如此。1945年，在铁托总统的领导下，南斯拉夫经过艰苦卓绝的斗争，在反法西斯斗争中取得胜利。经过四年持续不断的斗争，国家已经千疮百孔。我们非洲人民在谈论国家统一和发展的问题时，好像这类问题只存在于非洲大陆。南斯拉夫的实例证明了这类问题不仅不是独一无二的，而且也是能够克服的……

在铁托总统和南斯拉夫共产党的领导下,南斯拉夫人民在政治组织上也自发地思考解决他们的问题。他们坚持不断地寻找最有利于实现他们社会主义目标,即"人人平等、没有剥削、经济发达、人民安居乐业"的正确途径。南斯拉夫制定了工业自我管理的计划;他们因地制宜,灵活采用不同的方法;拒绝任何思想上的约束;所有这些对世界社会主义者是一大贡献,也是处理地方问题的一种尝试。

确实,南斯拉夫使每一个想要实现社会主义的国家都充满兴趣、感同身受。当然,我不是说所有的试验都已经如愿以偿,或者我们很快就能达到理想境界。从铁托总统在议会和党代表大会上的演讲可以看出,他从没做过此类论断。但是我想说的是南斯拉夫人民都在自发地思考他们的问题,他们正力图通过新的方法解决社会主义建设中的问题,他们不惧怕任何失败,勇于尝试。因此,南斯拉夫人民正在将一个长期分裂、饱受剥削的贫困国家变成一个独立的社会主义国家。就为这一点,我们应该向他们致敬。

即使是在冷战期间,在有些势力不停地威逼利诱南斯拉夫,企图把它变成强国的傀儡的时候,南斯拉夫也没有动摇。南斯拉夫的人民坚决抵制住了这些威胁恫吓。他们承受住了巨大的经济压力和武力威胁。最终,南斯拉夫成为了一个真正独立不结盟的国家。在被孤立时,南斯拉夫没有寻求帮助。南斯拉夫人民维护自己的权利,保存实力,制定国内政策和对外政策,视全世界为一个整体,在整个世界的发展中充分发挥作用。

这个简单的总结足以说明为什么坦桑尼亚如此尊重南斯拉夫人民和领导人。我们也正在努力建设符合我国国情的社会主义社会,同时在一个强国林立的世界里,维护我们思想和行动的独立。坦桑尼亚已经放弃了孤立主义;像南斯拉夫一样,当涉及以国家平等、主权独立为基础的国际合作时,我们决定充分发挥"不结盟国家"的作用……

23 社会主义发展的调查

> 在《阿鲁沙宣言》(以下简称《宣言》)发表三周年庆典上,尼雷尔总统就社会主义发展进程发布了一份调查报告。他将《宣言》中关于社会主义定义的部分作为演讲的开场白,并为商讨坦桑尼亚领导人资格埋下伏笔。

……我们首先要看到的是,以前人们尤其是领导者们已经理解并接受了社会主义,现在人们还能接受它吗?对我来说,答案是完全肯定的。我们的领导者们完全认同《阿鲁沙宣言》,包括其中对领导阶层的要求。

我们的领导者可划分为四种群体。第一种群体主要包括那些由于不能接受《阿鲁沙宣言》而从领导职位上辞职或离开坦桑尼亚去往别处的人,这是一个为数不多的群体。第二种是那些从一开始就理解并完全接受《宣言》的人,这个群体人数也不多。第三种群体主要是那些理解并遵照坦盟的决定接受《宣言》的人,这个群体人数很多。第四种是那些为了避免失业而假装接受《宣言》的人,我认为这个群体的数目实际上是相当大的,尽管不如某些人估计的那么多。所有这些都只是社会主义发展的初始状态。

但是我认为,现在那些真正信仰社会主义的群体规模已经不断壮大。那些新增加的社会主义者中的大多数都由第三个群体发展而来;然而我相信,而且我也知道,即使是来自第四个群体的社会主义者,现在也已经对社会主义深信不疑。关于这个问题我不想讲得更多,因为我所理解的东西,你们也完全明白,甚至有时候比我理解得更深刻。

但是,我认为我们所有人都同意一个观点,即现在人们对社会主义的认可度与第一次将它引进我们的政策时相比要高得多。而且不仅仅只有我们自己认识到了这一点。那些封建主义者和资本家们也非常清楚,他们企图借助坦盟和政府首脑打击社会主义政策的希望已经更加渺茫了。你们也许注意到我用的词是渺茫而不是消失;只要土狼看得到骨头,它的欲望就没有止境。有一线机会,反动势力就会伺机反扑。

虽然我们不能说没有一个坦盟成员或政府首脑是伪社会主义者,但是我们可以诚实地宣称坦桑尼亚接受了社会主义。坦桑尼亚领导者中,真正信仰社会主义的人数正在不断增多,同时,那些伪装成社会主义者的人数也在持续减少。这种对社会主义的忠诚非常重要;它是争取社会主义建设事业取得成功的不可或缺的部分。在我看来,我们的领导者们接受社会主义是非常值得庆贺的一件事。他们阻止了"土狼"的入侵。

我们需要明白的第二件事是,曾使人民富足的各经济部门经营得风生水起,这些经济部门都以增加人民福祉为目的。在这里,我要祝贺这些产业所有的工人及他们的领导者们。资本家们极其希望我们无法经营这些产业的工作,但我们却做到了。

我们应当看看我们是如何妥善处理好这些问题的。我们的人民和整个国家享受到的服务是否比国有化之前更好,还是与之前一样,或是更糟糕?要充分回答这些问题,我需要很长一段时间。所以我只举几个例子来说明,首先是银行业——第一个国有化部门。

相对过去的私有银行来说,国有商业银行为坦桑尼亚人民提供了更多更优质的服务。过去三年里,国有商业银行增设了39家分支机构,从而为农村地区、边陲小镇的人们提供了更加便利的服务。这也使得对半国营组织的贷款激增了300%——这意味着,我们国家作为一个整体,能够将更多的资金投入到国家建设发展中。与刚接管私有制银行时的存款额度相比,国有商业银行多吸收了3.12亿先令的存款。尽管取得了很大成就,国有商业银行却没有增加收费或提高贷款利率,并且在上一个财政年度,还创造了3100万先令的营业余额——所有这些财富可以投入到坦桑尼亚的发展中;而在以前,私有银行的任何盈余都将作为利润分配给国外的私人投资者。

这是一项在短时间内取得的巨大成就。我们依稀记得,当时私有银行的雇主撤走了所有有经验的管理者,所有的重组工作都必须在银行照常营业的情况下进行。所有工作人员——地方银行、中央银行以及财政部的工作人员——都值得我们称赞。银行体系是现代经济发展的基石,因此他们依然不能有所懈怠,必须做得更好。但是他们过去的努力已经为我们的发展打下了坚实的基础。

经历过一段艰难时期之后,现在国有保险公司的经营也有了起色。当接管商业保险公司时,我们发现坦桑尼亚几乎没有人知道保险公司的运营方式。外国公司只把坦桑尼亚当作一个市场,而政策设计和索赔的会议却都在位于其他国家的公司总部进行。虽然我们可以聘请外国专家来帮助我们,但可想而知,这一定会导致保险申请和索赔的延误;1967 到 1968 年期间,这种延误会导致非常严重的后果。现在,由于过去的经历以及接受过培训,国有保险公司提高了处理事情的效率——尽管远达不到优秀的标准。但是我们的工作人员已经意识到这个问题,并且也在不断地努力。

与此同时,作为一个国家,人民已经享受到了拥有国有保险公司的好处。尽管国有保险公司仍处于不断扩展业务和学习的阶段,我们的工作人员已经有能力管理好国有保险公司,让它不断盈利。到九月份为止,1968 年国有保险公司创造了超过 200 万先令的总盈余,并且所有这些钱都留在了坦桑尼亚。而过去保险业的所有收入都以股息的形式输出到国外。更重要的是,国有保险公司收取的所有保费,以及为预防索赔而提取的准备金,在保险人即坦桑尼亚人民要求提取前,可以有效地用于坦桑尼亚的发展。因此,在要求这个行业的工作人员提高工作速度和效率的同时,我们同样也要祝贺他们。在我们的管理下,他们冲破重重阻挠,建立了现代化的商业保险,并迅速扩张了业务范围。

接下来我们要谈论的是坦桑尼亚剑麻公司。众所周知,1964 年剑麻的国际价格暴跌,并且从此之后一蹶不振。许多剑麻私有农场主都只能坐以待毙,眼睁睁看着资产减值,他们最后选择停止种植剑麻、报废机器、解散工人。这意味着,即使是以低价格出口换来的少量外汇也存在不断减少的危险;前期付出的所有努力都将付诸东流,工人们的利益更得不到保障。

国有化之后,我们对那些私有农场进行有效管理,从中挑选出了一个农场,将它建成一个规模巨大、运营高效、富有活力的经济体。我们重新种植合适的植物,购买新设备,在更具有经济效益的地区推广新的农作物,并接纳了之前被外国公司雇佣的工人为我们的经济体服务,降低剑麻平均生产成本。从而,出口剑麻所获得的外汇收入仍然占出口所得的百分之十。并且未来的产量是有所保障的,从而我们可以扭转纤维绳工厂巨额亏损的局面,并且获取微小的利润。因此,这些产业区的工人们就能够挣得更多,虽然他们中的一部分人需要从一个地方迁移到另一个地方,但是没有人会被辞退。这样,国有化的合理性在这个产业中再一次得到证明。

要深入了解各个行业的具体细节是不太可能的。成立于1967年2月之前的国家发展公司已经在我们的经济中扮演很重要的角色。当时,我们极大地拓宽了它的职能范围,让它负责所有的公共制造业、农业和矿业工程。之后我们又将它拆分成各个独立的部门,分别负责农业、旅游业和贸易的发展。尽管经过了改革重组,国家发展公司仍然持续为公共部门提供服务,为刺激经济增长准备新的投资。

国营企业必须改进的一个领域是货物配送,进出口和批发仍应尽可能掌握在公众手中,实际上这正是我们接受《阿鲁沙宣言》时所做的决定。我们国家的大部分商人都是亚洲人。因此,与小部分人垄断整个国家的贸易而出现的问题相比,我们面对的额外问题是,这一部分人都是由外国人或者不同肤色的人组成的。种族问题的存在必然让问题更加复杂化。但问题的实质是一样的——阻止小部分人控制国民经济命脉。因此,问题的解决办法就与不存在种族问题时一样:也就是将国民经济命脉置于全体人民的手中。这正是我们今年的目标。为了完成这些计划,我们需要国家发展公司和国家贸易公司的支持。首先,我们希望国家发展公司以及它的分公司,能够完成它们所生产的产品的批发和配送工作。这就减少了国家贸易公司的压力。

第二,我们希望国家贸易公司能与商人们进行谈判,从而让那些有意愿在国家贸易公司管辖下从事贸易的商人得以继续经商,并遵守《阿鲁沙宣言》的规则。我很清楚商人们是不愿意受到管束的。但我也知道许多商人仍然会同意,因为这是整个国家的愿望,而其他的人也会同意,因为他们不愿意失去他们的谋生手段。这一切都是自然的。国家的事务并不是由圣人处理;每个普通民众都是出于自己的原因在处理着国家事务。对国家而言,最重要的就是人民能够当家作主,决定自己的命运;个人动机并没有那么重要。我希望所有的公民以及亚洲兄弟,共同理解这个问题,并帮助我们一起解决它。

我们不应该只专注于零售贸易,虽然我们应当做好准备去帮助坦桑尼亚全国工会和合作群体加入进来。但是,在实现这些目标的过程中,最重要的是,我们要保证配送的工作不会因为这个革命而陷入混乱中。我坚信我们一定能取得成功。

现在我想简要谈谈农村地区的发展情况。我们所做的工作中，有多少是以加强农村地区发展为目的的？乌贾马村发展状况如何？同样，在我们能准确估量是否能取得成功之前，要充分理解我们着手做的事情，这是非常重要的。

我国农民群众在现代社会发展中仍然处于非常落后的阶段。我们的政策要求加快农村地区的发展；但是，这种发展模式可能带有剥削性，也有可能具有社会主义属性。因为社会主义总方针要求我们必须建设社会主义新农村，而且我们承诺过将试行建设乌贾马村。因此我们的首要任务就是让全体坦桑尼亚人民明白乌贾马村是一个怎样的概念，为什么要建设这样的村庄。我们曾说过，乌贾马村就是一个人民共同生活的地方。所有生活在这里的人为了共同的利益一起耕种、劳动。我们认为这是社会主义发展的唯一方式。这种发展模式完全不存在剥削与被剥削关系。

农民群众在大众心目中一直都是保守、刻板、因循守旧的形象。据说他们希望以祖先的生活方式生存和劳动。如果他们的祖先都分开生活，居住在不同的耕地，那么他们也会希望与同伴分开居住；如果他们的祖先单独劳动，那么他们也会喜欢以个体为单位劳动。农民群众保持的这种传统习惯或信念正是资本家和封建主义者所希望看到的。他们希望农民群众反对建立乌贾马村；一旦农民群众这么做了，那么就否决了唯一不存在剥削关系的农村发展模式。然而，因为人们永远都会有不断发展进步的愿望，如果他们拒绝社会主义发展模式，就等于选择了存在剥削关系的发展模式。

我承认，要想改变农民群众的思维模式是不容易的。但是工业化的发展使社会取得了巨大进步；工厂就是许多人共同劳动的地方，不管他们是为了自己的利益、资本家的利益，还是整个国家的利益。共同劳动是无法避免的。你不能说如果每个鞋厂工人或纺织工人在自家后院建一家制鞋厂或纺织厂，在自家的厂房从事生产活动，那么他们将会变得更加富裕。那种厂房根本不能称得上是工厂；这种做法非常愚蠢，毫无进步可言。一个能促进社会现代化发展的工厂必然会雇用成百上千的工人。他们协同合作，共同创造效益。

每个领取工资的工人都了解这一点。但不幸的是，事实上仍有许多农民认为，如果每个个体能够拥有一块属于他们自己的小小的耕地就等同于社会取得了进步。但事实上这样的小耕地并不能带来社会进步。如果我们想要获得进步，就必须开始建设大规模的农场。这种农场的规划可以效仿旧时期资本主义生产方式的私人剑麻种植园，或者现在的国有农场，也可以是合作化农场。乌贾马村的农场就是合作化农场。

我再重申一次：我们首要的工作就是向人们解释乌贾马村的理念和习惯。那些共同居住却并未共同劳动的人有必要了解共同劳动、协作互助的好处。那些既没有住在一起也没有共同劳动的人需要了解共同居住的好处，即使他们没有居住在一起，至少也要了解共同合作的好处。

这么做的结果是什么？我们已经有了一个良好的开端。那些数以千计曾经没有居住在一起的人民现在已经居住在同一个村社。姆特瓦拉地区的情况给出了最好的解释；现在这个地区拥有400多个村社。超过一半的鲁菲吉地区的人民现在居住在新的村社。塔博拉和坦噶地区也建成了许多新的村社。这些地区的村社建设是发展得最好的，但全国各地没有建设新村社的地区也不止一处。同样地，某些地区，过去人们只居住在同一个村庄但没有共同劳动，现在也已经开始合作互助、共同劳动。松巴万加就是一个很好的例子。在苏库马地区，过去人们常常分开居住，现在却开始在同一片土地上耕作。他们称之为"街区农场"。现在一部分人民已经了解共同劳动的好处，而且也同意继续搬到临近他们耕地的乌贾马村共同生活。

这意味着社会主义实践在农村地区获得了成功。我们从未说过，三年之内坦桑尼亚所有农村地区人民会为了共同利益一起生活，一起工作。但是我们目前取得的进步，特别是社会主义村社理念的传播，意味着我们向着成功已经迈出了一大步，距离成功越来越近。

现在的问题不是人们缺乏对社会主义的理解或是拒绝接受社会主义，而是有关社会主义的发展计划。仅仅一千个老百姓聚在一起宣布他们想要共同生产衣服、鞋子，这仍然不够。他们还需要具体的生产计划、机器、技术熟练的工人以及能够管理一个工厂的领导班子。同样地，对于农民而言，仅仅怀抱共同种植的美好愿望也是不够的；他们也必须制定具体的计划、购买生产工具、学习农业知识，还必须有一个能够帮助他们开启现代化耕种模式的领导班子。

许多农村地区已经开始实施计划，帮助农村地区解决生活用水、学校以及诊疗所匮乏等问题。并且这项计划将持续进行，直到所有地区的问题都得到有效解决。但是制定出有效方案，提高农村地区人民的收入也非常重要。

我们已经达成一致意见，制定促进农村地区人民提高收入的计划。在坦盟的领导下,我们已经挑选不同的专家来解决这个问题。他们会深入到农村地区,帮助农民制定经济发展计划。这些专家们曾帮助过政府制定整个国家的发展计划,他们这次的任务就是以相同的方式帮助各个村庄制定合适的发展计划。

很显然,我们没有足够数量的专家可以让每个村社甚或是每个区域都享受到这种服务。但是,我们必须开始我们的工作。因此,只能从那些村庄建设工作进行得非常顺利的地区开始——比如姆特瓦拉、鲁菲吉、坦噶和塔博拉。我们还决定在西湖和松巴万加进一步开展推广工作。我们将尝试建立更多的团队,以便当前的队伍在完成一个村社的工作后可以移步下一个;并且如果他们完成了一个地区的工作,便可以继续加入另一个地区的工作中。现在我们已经进入了计划阶段。所有地区关于村社建设理念的解释和推广(虽然仍会在有需要的时候继续)都已经结束。就这个计划本身来说已经是一个巨大的进步。

为了执行《阿鲁沙宣言》,我们还做了许多其他工作,虽然今天我没有谈及那些工作的内容。关于推进教育事业的发展,我们也取得了一定的进步,使之更贴近我们的目标,也更加适应我们的具体境况。我们加强了地方行政管理。新的"五年计划"更加强调要注重劳动密集型产业和农村地区的发展。

实际上,过去三年里我们取得了巨大的进步。我们的公务员和半国营机构的工作人员在应对为实现自力更生、建设社会主义坦桑尼亚的过程中面临的挑战时,表现得非常出色,我们这才取得了这么大的成就。还有,我们国家所有农民和工人对《阿鲁沙宣言》的大力支持,即便从短期来看,这仅仅是他们个人的牺牲。我们完全有资格为我们的良好开端感到自豪。

但由于这是《阿鲁沙宣言》实践的第四年,我们还需谨防一些潜在的危险。首要的是不能骄傲自满。到目前为止我们取得了良好的成绩,但这毕竟还只是开始;未来还有很长的路要走,我们仍需保持高度警惕,脚踏实地走好每一步。我们不能以减少经济产出为代价来实现社会化生产;即便进步非常缓慢,见微知著,人们最终也一定能看到每一年的进步。同时,我们必须杜绝狂妄自大。我们一定不能有这种想法:因为我们在建设社会主义,所以必定知道整个非洲和世界上其他国家的做法——或是我们能找到所有发展过程中出现的问题的答案!我们必须虚心向他人学习,尤其是领导者更要虚心向农民朋友和工人们学习。整个国家也必须吸取其他国家的经验教训,取其精华,去其糟粕。

最重要的是，我们不能畏惧做先行者，只有不断尝试，才能获得成功。如果从前我们不敢追求独立，就不会有今天的独立；同样地，如果我们不敢提出社会主义的主张，并付诸行动，今天我也不能在这里谈论我们在建设社会主义道路上所获得的成功。每个坦桑尼亚人民必须要敢于尝试，积极主动提出新观点，勇于接受别人的新想法。并且更重要的是，如果这个想法切实可行，我们就必须尽力去付诸实践。

24　不结盟国家的发展任务

1970年9月，不结盟国家大会在卢萨卡召开，该大会的预备会议是1970年4月13日在达累斯萨拉姆召开的。尼雷尔总统指出，在不断变化的世界环境下，我们贫穷国家只有通过广泛的经济合作，才能实现不结盟大会的目标。

首先，让我们对坦桑尼亚尊贵客人们的到来，表示热烈欢迎。你们能出席本次不结盟大会预备会议，我们倍感荣幸，我谨代表坦桑尼亚全体人民预祝会议取得圆满成功。

此次会议，我们需要完成大量任务。该预备会议的首要任务就是确定不结盟会议的时间和地点、制定会议议程。如果仅是如此，任何国家就不会如此重视此次会议，委派高规格的代表团前来参加。确实，如果只是确定会议的时间和地点，会议就没有必要召开了；这些事情都可以通过外交渠道来完成——这能大幅度节省时间和费用！

往往首脑会议事先安排得越具体，会议举办得越成功。如果此次预备会议能毫无异议一致通过下次会议的地点，那么正式会议就不用把时间浪费在这些问题上了。各国才能就其他事项展开讨论，更清晰地阐明各个事项所涉及的问题，而各国也能在首脑会议之前更彻底地考虑这些问题。这样，会议才更有可能取得真正的成果。

这次预备会议非常重要，因为下次不结盟大会的任务比之前两次大会提出的任何一项任务都更加艰巨。1961年，我们召开了第一次不结盟大会，当时，世界格局非常清晰，两个超级大国将整个世界一分为二。出席会议的国家宣称不倾向于任何一个阵营，保持中立的立场，这是非常重要的政治举动。它们宣称，拒绝成为任何一方的同盟国的做法，并不是少数国家采取的背道而驰的行为，这正是超级大国都不能无视的国际发展新趋势。会议指出，事实上世界上还存在着第三股力量——一群坚持以自己的观点来评判世界问题的独立国家，它们所作出的评判往往与自己国家的愿望、需求和环境相一致。出席会议的国家并不会声称要拥有强大的武装力量，它们聚集在一起，不会标志着军事"力量平衡"上发生了倾斜。大会宣布采取武装力量是存在界限的。成员国明确表示，它们不愿意陷入冷战的纷争之中。国际大国与它们的"同盟国"或者"卫星国"之间危险的威胁与反威胁游戏，不会使每个国家都牵涉其中。

以上提到的是不结盟国家的第一次会议。1964年召开的第二次会议重申了这个事实。这是由于独立国家的数量越来越多，两大阵营之间也发生了一些变化。不结盟国家对这些变化展开了讨论，这些变化也是不结盟国家正在经历的；它提供了一个我们可以重申对国际事务独立观点的平台。

后来，两个超级大国集团的内部以及它们的关系都发生了巨大变化。它们内部不再那么团结统一；美国和苏联开始发现它们"可靠的盟友"变得不再那么可靠！两国都不约而同地通过武力或者阴谋颠覆报复了它们的同盟国。因此，两个大国阵营内部开始躁动不安，各国人民无不表达对和平与自由的渴望——以及不结盟的意愿！

两个超级大国已经开始在某些问题上联起手来行动一致了。中华人民共和国的迅速发展，使得他国不可能再否认它在世界上享有独立大国的地位和权利。因此，冷战的氛围不再那么凝重；所谓的"铁幕"也不再那么坚不可摧，不管"竹幕"是否存在，中华人民共和国确实存在。从前两个超级大国之间的"权力游戏"变成了三国之间的较量，那些想要置身事外的国家陷入了更复杂的斗争中。

世界的不断变化发展并没有使"不结盟"成为一个过时的概念。因为"不结盟"的概念从来就不是中立的问题——在对抗的势力中间小心翼翼地踩着钢丝绳行走。不结盟毫无疑问应该成为各国应对国际事件的基本政策。并不是我们没有自己的观点，或者机会来临时我们希望能够成为中间调停者或是仲裁者。当然能充当此类角色是很荣幸的；但是这并不是不结盟国家最重要的职责。我们的任务来源于一个事实，即我们拥有非常明确的国际政策，我们的政策与两大阵营的政策毫无瓜葛。

通过不结盟战略，我们是在告诉强权主义大国，我们同属于地球上的一员。我们维护那些军事小国的权利，使它们能根据自己国家利益决定国家政策，对国际事务产生影响,并获得与他国平等的权利。我们坚持维护所有人的人身自由权和自我决策权;从而也表明了与殖民主义和国际侵略势不两立的立场。

这种不结盟的立场仍然需要得到保护。理论上,我们的权利已经得到认可,但在实践中,不结盟国家要行使这种权利还是很困难的,也具有一定的危险性——尽管危险并不一定以军事入侵的形式存在。即使大国已经不再是铁板一块,大国也还是大国。为了自己的利益,它们迫切地想要操纵他国。近年来,大量证据表明它们急于控制其他国家。确实,往往不到一个月,政变、宗教叛乱和经济勒索就有更多的证据,证实是受到外部势力组织或者支持的。

但是,不结盟国家仅仅聚在一起相互埋怨,或者向世界抱怨国际上恃强凌弱的行为,是远远不够的。每个人都知道国际上恃强凌弱的现象仍在继续发生。我们也已经宣称要坚决抵抗此类行为,拒绝成为任何大国或强权的长久联盟。同时,我们也宣布殖民主义只要还没有灰飞烟灭,我们就会坚决反对它。

我们不结盟政策是真实存在的。它对世界来说非常重要,过去是,现在也是。它已经成为卫星国人民不安定的一个因素;冷战双方势力的界限也因为它而变得模糊;同时它还是超级大国之间武力冲突的润滑剂,阻止了世界的两极分化甚或是三足鼎立局面的形成。

以上都是我们的成就。仅仅实现我们的目标,重复我们的意图是毫无意义的。这既是对我们自己能力的怀疑,也是对能否坚持所选道路的动摇。就如同一个体格健壮的人不会总是高喊自己很健壮;一个聪明的人不会总是说自己聪明。身材瘦小和智力低下的人才会不断说他们想要变得更高更聪明,也许说服不了别人,但是可以说服自己——当然,这个过程中只会引起别人的嘲笑而已。

因此,下一次不结盟大会的目的就不再是简单地聚在一起。大会必须使不结盟政策得到进一步发展;必须付出实际行动,去帮助那些不结盟的国家,保护它们的不结盟立场。70年代的世界形势就是如此,我们别无选择。

那么,大会怎样才能实现它的目标呢?不结盟成员国具有不同的社会意识形态,各国的国内政策也完全不同,甚至外交政策也大相径庭——有时候一国之内也会因为不同的外交政策主张而争论不休!我们只在"反对殖民主义和种族主义"上达成了一致,然而采取什么战略我们还是不能统一意见。换句话说,我们现在是一盘散沙。如果我们试图凝聚起来,那么我们将一次又一次地失败。

不结盟运动既不姓社会主义、资本主义,也不姓共产主义,与其他经济和社会哲学也无关。它仅仅是某个国家的一项主张,坚持政策自决,自行判断本国需求,衡量利弊。因此,它拒绝在外交上或军事上与大国永久性为伍;拒绝参与任何联盟;拒绝世界上任何大国在本国境内建立军事基地。

不结盟国家因为它们所面临的环境不同,表现方式也各不相同。有的国家与强国为邻,有的邻国正被大国统治,有的国家引不起大国的兴趣——不受大国的摆布,但经济发展也无人问津!有的邻国正在开展轰轰烈烈的独立斗争;有的矿产资源丰富,却只能依赖其他大国来开采投资,等等。但是不结盟国家在不结盟运动上有一点共同之处:它们都是贫穷落后的小国,在当今这个由大国在政治、经济和军事上称霸的世界里,它们努力保持国家独立,争取本国的权益。

实事求是地讲,我们对军事地理和历史局面无能为力。我们没有能力与这些巨头一决高下。

如今,提起在我们之间实现现代国家联防,仍然只是梦想。现实很残酷,但是不能不面对。即使加在一起,我们也还没有能力组织起像发达国家那样能对他国造成威胁的防御系统。而且,我们分散在不同的大陆上,中间相隔着数个不走不结盟道路的国家。我们也没有达到互相熟悉理解、达成政治协议的地步,但这些对现实的联防布局至关重要。

如果任何大国用武力对我们发动袭击,我们唯一获胜的希望就是打持久战和游击战,而打这种游击战,我们没有几个国家是这方面的专家。邻近的不结盟国家不可能置本国安危于不顾,为我们提供实际有效的帮助——尽管它有可能支持我们的游击战争。另一方面,我们可以请敌方对立阵营的大国提供帮助,有时候他们会帮完忙后就离开,但发出这种请求,往往意味着我们选择了我们的主人;为了抵抗侵略者,我们不得不付出丧失独立的代价。如果这个大国正好在联合国,一旦它行使否决权,即使联合国对我们丧失独立也无能为力。

这就是不结盟国家的军事地位。从我们选择了不结盟的那刻起,我们就知道了。这是由我们的国土面积和国力决定的,与不结盟无关。小国的这种地位,使它们与大国结盟。我们抵抗外来侵略的能力不会因为不结盟而增强。如果有什么不同的话,20 世纪 60 年代的事实表明,一些结盟小国开始羡慕不结盟的国家!这里我再补充一句,不结盟国家需要来自结盟小国的同情和理解。

这并不意味着我们没有人会面对来自大国的军事威胁。这仅仅意味着我们要立足本国的现实面对这样一种可能性。而最大的现实——同时也是我们军事局面的成因——就是我们落后的经济水平。而且,经济的落后往往使得大国不需要动用军事力量就能把它们的意愿强加到它国头上。它们不需要花费多大力气——也不必冒着陷入无休无止的反游击队战争的泥潭里的危险,只需要动用它们的经济实力,就可以达到增强我们对它们的依赖性这同一目的。

因此,对于所有不结盟国家来说,真正紧迫的威胁不是来自军事,而是来自大国的经济实力。贫穷构成了对我们最大的威胁,我们或多或少都贫穷落后。我们当然在努力发展,但是我们缺乏资金,还有很多国家缺乏发展必需的专业技术。这些事实才构成了对我们独立的真正威胁。在寻求战胜贫困的途径的过程中,我们难免要冒受大国控制的风险。

我们每个国家都需要向外寻求投资,我们尽量设置条件,避免投资会引起破产,或者危害我们今后的独立。但是我们同时又不得不接受条件——这是自然而然、难以避免的。有时候是关于利率的条件,有时候是关于市场的条件,有时候是限制我们只能从我们的"捐助国"进口或者只能向它们出口;有时候这些条件涉及是否从我们国家进口商品,这些商品是为了筹集发展资金而出口的。这些都是我们要考虑的条件。我们是接受还是反对这些条件,取决于它们的性质和我们的状况。我们明白,如果选择了接受,就意味着经济选择的余地就会变小,我们的经济独立就会打折扣。我们接受这种代价,是经过深思熟虑做出的经济决策。

但是我们有时会发现这些援助、贷款或者人员能否到位,取决于我们有没有达成一致的其他因素。我们被告知,一旦我们做的决定违背了提供援助国的意愿,那么这些援助会被统统撤回。或者当我们为了某些经济项目寻求大国帮助时,它们往往会暗示我们按照它们的意愿行事,理由是如果我们照做了,它们就会提供援助。换句话说,经济、社会和政治选择各方面的真正的自由都会因为经济发展的需求而受到损害。

也有人说,我们可以拒绝以这种方式出卖我们的自由。但是这种做法是毫无意义的。我们都说国家和政策不容出卖,也挺身而出反抗那些公然运用经济武器威胁我们的敌人。本次大会上很多国家都可以举出因为它们的政治决策导致援助被撤走的例子,但是在座的每位都不会在经济谈判中做出让步。

我们别无选择。毫不利己、专门利人的高尚行为和愿意无条件提供帮助的善举本来就很少。我们努力发展经济，而面临的事实却是，无论何时何地想要摆脱贫穷，都离不开从外部引入资金或专业技术。甚至世界上的大国都在利用外部资源，更不用说小国了。问题是我们能走多远，我们能够做出多大的让步。拒绝做出任何让步是不可能的。我们的人民也不会愿意接受无望改变的贫困。我们必须发展经济，否则就没有政治稳定可言；没有政治稳定，也就不能保证政治独立，我们只能沦为那些一心想要插手我们国内事务的大国的玩偶。

经济发展的性质依赖于政治独立，而政治独立依赖于经济独立的程度。这些都与当今世界密不可分。正因为相互依赖，因此不结盟国家必须考虑我们彼此之间的经济关系，以及每个国家与超级大国的关系。

正是通过这些贸易、援助等问题，我们在国际事务上的举动或被影响，或受操控。举一个极端的例子，一个国家90％的出口产品都是出口到某个大国，在采取行动时就会慎之又慎，避免激怒它的进口国发起抵制该国产品的行动。一个国家从大国联盟那里获得了它全部经济援助的50％，在做决定时就不得不加倍小心，避免这项决定会引起该联盟的不快，从而影响到它的发展。

然而，我还是要重复一遍，我们不可能以抵制所有援助、国外投资和技术支持的方式来表达我们的态度。到目前为止，这些对我们的发展来说必不可少，不可能通过重置国内资源来取代它们；相反，我们要努力以最有利于我们的条件争取到这些援助。我们每个国家能做的，是尽量避免为了经济发展而过度依赖某个大国——虽然有时候做不到。这才是对自由、对不结盟真正的威胁。

但是在经济方面，不结盟国家凝聚成一个集体，可以帮助我们避免潜在的危险。在我看来，经济和国防不同。我们可以携手并肩、合作共赢，摆脱经济钳制的桎梏。

关于这点有很多实现途径，我想我们还没有对此引起足够的重视。我们往往受外力迫使才共同合作——这种外力就是我们争取资金的国家。通常资金和技术人员是我们极度缺乏的东西，要由两个、三个或四个不发达国家合作参与项目，才能得到最经济地利用。这些国家是否是不结盟国家并不重要。规模经济不允许在两个邻国各建一家工厂，仅仅服务它们各自的国内市场，而是建一家工厂以最低的成本同时供应两国的市场。但是我们做的，不是自己看出这一点，主动开展互利共赢的合作，将主动权掌握在我们手里，而是坐等大资本家前来挑挑拣拣。结果我们失去了合作的部分优势。我们没有携手合作,以争取资本和技术,而是任由他们来将我们各个击破,甚至在我们的经济合作出现问题时,他们还站出来充当调停人的角色。

现在,大国的代表们确定我们同弱国、小国、不结盟国家之间的合作,并以此作为它们援助的条件,这岂不很荒谬!如果它们提出这一条件,寻求我们的支持,合作项目会对我们各方都大有裨益。但是如果我们能掌握主动权,由我们提议合作,那么我们就可能对经济支援或人力援助提出更多要求。我们会因为自发地合作而最终拥有更大的自由。联合起来,我们对金融家们就更有吸引力,能够获得更丰厚的经济援助;在更大的层面上来讲,联合起来,我们就不那么容易遭到政治恐吓,或者被敲诈勒索。

有很多事情是不结盟国家可以联手合作,互利互惠的。不结盟国家也没有理由不与结盟的欠发达国家开展合作,因为它们和我们一样落后。邻国可以联手开发和输送电力。同样销售初级商品的国家,或者在一定程度上可以进行易货贸易的国家,可以开展合作销售,而不是在国际市场上竞争。空运航线、海运航线、跨国公路,可以联合修建,共同运营。热带国家的农业、工业甚至健康问题的研究也可以联合进行。我们可以在所有上述事情上采取主动;如果有需要的话,我们仍然可以寻求外部援助。

在座的一些国家已经开始组织开展这类国际合作了。但是我们对待国际合作还是不够严肃。国际合作仍需扩大,而不仅仅限于邻国之间,当然对于某些项目来说,地理位置上的毗邻是合作的基础。诚然,在过去六年间,这种合作趋势正在逐渐扩大,一方是联合在一起的落后国家,另一方是发达国家。最有代表性的例子是联合国贸易暨发展会议,同时还有很多其他合作形式。

我们要继续扩大合作。我们先入为主地认为我们之间没有生意可做、没有宝贵的经验可学。当我们一个国家需要进口——消费品或生产资料,我们是不是可以首先确认一下,其他欠发达国家或小国能否提供给我们呢?还是我们往往不经思索就选择那些传统工业大国呢?如果问题是不能保证小国的可信度,我们有没有调查开展易货贸易的可能性呢?在我们试图扩展经济合作的领域时,我们是不是经常去发达国家接受培训和技术指导呢?难道我们这些国家在某个领域没有可供我们相互取经学习的经验吗?

我相信下届不结盟大会会考虑通过开展经济合作促进不结盟的问题。这能够切切实实扭转我们的对外不利地位,如果我们开展合作,我们一定能有所作为。

当然,开展经济合作不是容易的事情。我们有足够的经验认识到它的困难。我们必须面对这些困难,仅凭誓师大会上的豪言壮语,或公开演说中的慷慨陈词,是无法解决问题的!

我们尤其要认识到,在欠发达世界里,既有贫穷国家,又有不那么贫穷的国家,还有非常贫穷的国家。有的国家已经开始取得一些进步,还有的国家仍旧在贫困的沼泽中挣扎沉浮,拼命想要抓住一根救命稻草。我们每个国家都有自己的问题要解决——每个政府都要解决人民迫切的需求,甚至当它认识到,它的某个举动,可能会对比它更为不幸的邻国产生不利影响时,也无能为力。这种民族主义至上和不同程度的贫困并存的局面,难道意味着我们之间真的不能开展合作吗?

一个头脑灵活或者运气极佳的工人,作为工会的一员会表现得更好,还是努力讨好雇主对他个人有利呢?如果他孤军奋战,安全能得到保障吗?他的尊严是否会受到侵犯呢?技术不熟练或者半生不熟的工人,是应当为了争抢工资打得头破血流,还是联合起来一致对抗雇主呢?这些可以说是我们现实情形的真实写照。

我们有的国家很幸运——无论从地理位置上,还是从历史背景来说;它们有发达国家迫切需要和愿意购买的矿产和其他资源。有的国家已经建立起了基础的工业——比如纺织业,并且不允许任何国家染指它们的工业。但是我们的运气或发展,只能与那些比我们更加落后的国家相比。但是,这些运气或发展也会因为我们无法掌控的外部原因而消失得无影无踪——比如说,发达国家新技术的发明或者是其他地区矿产资源的开发。

当我们真正考虑当今世界的形势,以及发达国家和不发达国家之间的鸿沟时,我们在座的所有国家无一例外都是穷国。而我们这些穷国,只有联合在一起,才能过上体面有保障的生活,维护我们的尊严和独立。

因此,我们要回答的根本问题是,我们是否认识到并接受这一事实,即不结盟大会上的每一个成员国的发展取决于所有国家的发展。如果拒绝面对这一现实,我们就面临着风险。

在很多场合,我们都提醒过富国,它们的繁荣与我们逐渐成为它们产品的有效市场密切相关。历史经验表明,穷国经济的破产必然会导致富国的经济灾难。近期世界经济调查数据也表明,发达国家的贸易增长最快;当经济关系建立在真正平等的基础上时,双方才能受益。发达国家早已认识到这一点,如果它们无法耸耸肩就离开,它们会低下头,但是它们不能带动我们其他国家的经济政策发生根本的变化。我们也在模仿大国的做法吗?我们会认识到各国之间的经济和政治需求吗?如果我们这样做的话,我们当中不怎么发达的国家就要帮助更不发达国家,这样一来,我们就能结成牢固的统一阵线。而更不发达的国家也必须认识到,其他不发达国家不能只顾自己发展,而是要开展合作,互利互惠,互相迁就。

  对我们来说,开展合作并不容易,这意味着各方有时候不得不做出一些利益让步,这样,我们的利益可能会比我们独自获得的利益少。这是团结的代价和难处。那些大国也会想尽办法阻止我们结成真正的统一战线,如果我们成功做到了,它们就会不断前来破坏。它们会分别找到我们,做出让步或提供好处,如果我们被这些糖衣炮弹击中了,它们就会继续控制我们,甚至会加强对我们政治自由的干预,像过去那样耀武扬威。经济合作的同时我们也在捍卫我们的自由,我们也有勇气追求自由。真正下定决心开展合作,结成统一战线,面对世界大国、强国制造的经济问题,我们就能打开新的局面。

  这可行吗?之前我说过,我们之间形成军事联盟不可能,那么我们持续开展经济合作的想法是否现实呢?穷国之间的这种"工会忠诚"有可能吗?还是我们作为不同的国家使得各国政府只能追求本国人民的短期利益呢?我们能够承受住短期有利于人民和经济发展的好处导致的政治腐败吗?

  这些问题要由我们自己来回答,这取决于我们捍卫国家独立的能力和愿望的强烈程度。对我们任何一个国家来说,真正的国家独立只有当我们共同合作时才有可能实现。经济合作是争取政治独立的重要方面,否则我们将不得不被大国牵着鼻子走。

  我们各自的国家立场固然会对合作产生难题,因为各国政府只会对本国人民负责。但是,我相信我们可以让人民明白,他们的自由要通过与其他贫穷国家的合作才能实现。我们还要让他们明白,对我们来说经济强大比起军事强大更能保卫我们的自由。我们的人民会从直接经验和个人经验了解到,一个饥饿的人,或者一个想努力提高生活水平的人,只能任由控制食物和生产方式的人摆布。正是出于这个原因,劳动工人成立了工会,提高他们的影响力;也正是出于这个原因,我们的农民成立了市场合作社来提高收益。这些道理对我们的工人和农民来说都成立,对世界上的欠发达国家来说也同样成立,它们努力在一个由少数大国操纵的世界里保持独立地位。我们必须团结起来,凝聚在一起,否则我们只能一个个被迫接受其他国家制定的规则。

女士们,先生们:不结盟大会的所有成员国都已经认识到,如果一个国家的经济不能独立,那么它的外交或军事独立也是不可能的。正因为如此,我们选择不结盟。经济方面也是如此。如果我们经济落后,我们永远不可能真正独立,而对经济发展的渴望会迫使我们面对世界财富时,不得不卑微乞求,有时只能得到一些残羹冷炙。我们要四处乞讨、说尽好话,还要接受他人提出的条件,才能实现微不足道的发展,得到微不足道的好处。

如果凝聚到一起,我们就没有那么落后了。我们有能力在很多方面互相帮助,在此过程中各方都会受益。一旦联合起来,我们在很多方面都可以与富国谈条件,也许它们不需要我们中任何一个国家就能保持经济健康发展,但是它们不可能脱离我们所有国家。

这种变化是在我们力所能及的范围之内的,不需要我们尚不具备的经济实力。它只需要一种政治意识、一种政治意愿。这取决于我们的勇气和我们渴望真正独立的强烈程度。

相信下届不结盟大会将会特别考虑经济自立和经济合作的问题。我们要坚定不移地重申这些事实——对反抗殖民主义和种族主义真正行动的需求,解除核武器的需求,支持联合国的重要性,等等。本次会议还应做得更多。它必须认识到国家对立和经济倒退在当今世界是不可能同时实现的。它还要拿出一套各国协商过的解决方案,解决危害到我们组织中每个成员国真正独立的贫穷问题。

尊敬的阁下,女士们,先生们:我谨代表坦桑尼亚的每一位公民,衷心祝愿本次预备大会取得圆满成功!

25 《阿鲁沙宣言》议会

尼雷尔总统于 1970 年 7 月 6 日在本届议会（1965—1970）最后一次会议上发表了讲话。他回顾了本届政府所做的工作，讨论了社会主义社会选举的重要性以及坦桑尼亚体制的要求。

议长先生，各位尊敬的议员：

1965 年 6 月，我在议会宣布解散独立议会，同年 9 月我们根据一党制国家宪法进行了第一次选举。从那时起，我们就在坦桑尼亚进行了多项改革。这最后一次例会，我们也许可以称之为《阿鲁沙宣言》议会，我要带领各位审视我们的目标，回顾我们取得的成就，同时注意还有哪些事情需要我们去做。

我国的宪法

1965 年的选举——像今年进行的选举一样——是根据我国宪法进行的。这部宪法由我们自己起草、制定，以满足我国的需求和国情。它标志着巨大的变革。坦噶尼喀在 1961 年 12 月取得独立，并起草了宪法，此时坦盟只专注于一件事情——独立。出于该原因，我们将注意力放在了总督的权力，政府对公共服务、警察和军队的控制，以及司法部、群众和政府之间的关系上。此外，我们制定宪法还必须要取得英国政府的同意。出于这些方面的原因，坦噶尼喀独立宪法既不适应我们发展的需求，也不完全是我们自己的宪法。但是它实现了我们的目标，保障了我们彻底的政治独立，使得我们在不受任何外部势力的干扰下起草了一部完整的共和国宪法。宪法于 1962 年 12 月生效。

到 1963 年初，坦噶尼喀一直在由国家政府制定并经议会和人民同意的宪法指导下运作。但是我们逐渐对这部宪法感到不满，因为我们越来越清醒地认识到坦噶尼喀真正的民主不是通过我们建立的机器来寻找表达方式。因此我们任命了总统委员会，委员们在全国巡视调查人们对宪法的看法，听取他们的意见，然后起草了一份实现民主一党制国家的意见报告。这份报告由坦盟国家执行委员会斟酌和修改。同时由于该意见涉及桑给巴尔，因此也要由非洲设拉子党通过。1965年7月，议会通过了在报告的基础上形成的宪法。从那时起坦桑尼亚共和国的宪法就是一部由坦桑尼亚人民起草和制定符合本国历史和现实需求、真正获得人民认可的宪法。

这部根据我们的需要修订的宪法叫作"临时宪法"。但是我们不能被这个名称迷惑，因为它不能反映我们选举制度和党的构成的任何问题。像宪法所有其他的条款一样，如果议会三分之二以上的议员同意，那么就可以修改。但是我必须要说，目前没有任何迹象表明有必要对一党制选举制度做出修改，除了为实施领导资格做出的有必要的修改，和已经做出的修改。

事实上，宪法被称作"临时宪法"的唯一原因是1964年坦噶尼喀和桑给巴尔联合，是出于我们认识到只有通过双方联合才能实现统一的梦想，由此做出的快速举动，成立了联合共和国。我们也认识到这一过程过于仓促，难免存在问题，由此决定将这一做法看作是暂时的。同时，我们要积累必要经验，解决相关问题。如果有必要，两党中任何一方或双方可以提出要求，重新考虑这一决定。需要补充一点，事实上我们一直在讨论迄今取得的进步和出现的问题，因此议会已经通过了宪法修订案。

联合的时机和环境也解释了为什么国民大会的选举是在大陆而不是桑给巴尔。彼时桑给巴尔正在进行长达几个月的暴力流血革命，这也是这个岛国历史发展的必然趋势。桑给巴尔在1963年12月取得独立，之前它一直处于殖民政府和素丹政府费尽心机制定的宪法的管理之下，这部宪法的目的就是为了压迫广大人民的自由和发展。桑给巴尔独立前进行过两次选举，但两次都只不过是形式上的选举而已，根本无法产生能够反映民意的政府。桑给巴尔人民不承认它的合法性也就不足为奇了。一有机会，革命者便推翻了素丹政府，建立了新的政权。在此过程中，无数人在艰苦卓绝的环境中付出了生命的代价；革命者也清楚地认识到有人企图推翻新政权，将广大人民重新置于少数人的统治之下。因此，适用于大陆人民的选举制度却不为桑给巴尔接受。不仅桑给巴尔的人民出于经验对选举抱以怀疑的态度，他们也知道那个时候进行选举会被某些企图愚弄人民的人利用。这些人借机使新生的人民政府陷入瘫痪。

稍后我会讨论我们两个主权国家的联合。此时我只想指出宪法名称中"暂时"这个词并不意味着国家运转的不稳定，人民无法掌控自己的命运，更不意味着联合共和国过了某个时间点后就岌岌可危。它只是达成的一种共识，即使当双方都已经准备就绪，我们仍然要再次审视联合共和国现在的局势，看看是否需要做出改变。目前我们还没有感受到需要迫切改变什么，但是在下次议会，坦盟和设拉子党会就这个问题展开讨论。

我们现有的宪法指导了我们如何进行自我管理。它规定了不同政治机构的权利和义务，是国家的基本法，必须人人遵守。议会规定了党、议会、法院和总统各自的作用，规定了什么是总统可以自行决定的，什么是他必须与议会合作的。它确定了人民至高无上的地位，明确了他们应当以何种方式通过坦盟、法院、常务咨询委员会以及他们选举出来的代表保障他们的权利。换句话说，我们的宪法是坦桑尼亚有序发展的基础。遵循宪法才能保障人民的团结和权利不会被轻易践踏，保证政府有效开展发展活动。

我们的成就

过去五年间，我们在宪法的指导下取得了多大成就呢？答案是：巨大成就。我们首先看看联合共和国。

(a) 联合共和国

毫无疑问，坦噶尼喀和桑给巴尔联合的方式是坦桑尼亚政治发展过程中最受人误解的一方面。如果是外国人误解还不要紧，不幸的是，很多时候连坦桑尼亚人自己都不理解！

根据宪法，联合共和国有两个政府：联合政府和桑给巴尔政府。宪法规定了每个政府的权力；但是双方联合时明确规定联合政府的权力，正如桑给巴尔政府应当履行的责任一样，是逐渐生效的。事实上，两个政府协商一致后联合共和国事务才实现一体化，并不简简单单由总统说了算。我们采取这种程序是因为坦桑尼亚是由两个平等的国家自愿结合在一起的，不是一个国家占领另一个国家。实际上，所有《联合法案》中的事项基本都已合并。不仅如此，宪法修正案也将桑给巴尔政府的某些事务转移到联合共和国的管理范围内。因此，整个共和国就可以遵守《东非合作条约》，并从中受益；同时，与矿产资源有关的问题也转移到联合共和国的职责范围内。

出于上述原因,现在不只我们的敌人在说"联合共和国只是名义上的而已"。我们已经到了联合共和国是我们人民必然选择的阶段,所以一旦出现问题,我们自然而然会在共和国的背景下想出解决办法。我们将它的存在看作理所当然的事情。也许我要加一句,这也存在危险!每一个新生事物都要在成长初期受到呵护和保护。

我在1960年说过,如果东非的国家想要联合起来,在独立之前比独立之后要容易实现。因为独立就带来了这个国家自己的问题。现在我们可以明白这句话的合理性了,我不必在非洲统一这个问题上再展开来谈。但是坦噶尼喀和桑给巴尔的联合证明,无论存在多大困难,联合一定可以实现。过去五年我们共和国的不断发展壮大就是一项巨大成就,这极大地鼓舞了渴望整个非洲实现统一的人们的信心。

(b) 东非共同体

自从1965年以来,我们梦想实现非洲更大范围的统一,这是我们发展的另一个方面。1967年12月,《东非合作条约》生效,其中规定了肯尼亚、乌干达、坦桑尼亚建立共同市场,并对三个国家在东非地区公共服务的共同控制做了部署。我不需要讲述条约的细节,在座诸位都很了解。我只是要提醒议会,《东非合作条约》是三个国家的主权政府认真制定的,希望使每个国家能从合作中获得最大的收益。现在的发展情况表明这个目标能够实现。

当然,东非统一运动并非一帆风顺,每个参与其中的国家都碰到过问题,而且执行的困难还会不断出现。但是,这就是国际合作的本质,经验表明能够轻易做好的事情是不值得去做的。无论如何,我们的《东非合作条约》已经取得了足够大的成功,备受各国人民瞩目,成为了加强非洲大陆合作的表率。或者说,比起其他地方类似的合作来说,我们开创了先河。我相信,东非地区的合作在未来几年将逐步扩展到非洲其他地区,它的作用范围也会不断扩大。这是我的愿望,也是我们政府一直努力的方向。

(c) 坦桑尼亚的政治发展

过去五年国内发生了很多大事,我们再一次取得了可喜的成就。

首先,我们成功地完成了第一个五年发展计划。无可否认,并不是计划内的所有项目都已圆满完成,但是我们确实取得了一定成就,这些成就在大的发展目标和现有人力财力资源上来说也是极为显著的。尤其在计划结束时,我们发现在正式采取自力更生政策之前，我们很早就在追求自力更生了！各位都知道，我们在第一个五年计划里投入的资金远远超过我们制定计划时的预算。70%多的发展开支来自坦桑尼亚国内，远远超过当初我们预计的22%。对于这一成就我们感到非常满意。

在某些方面，过去五年里最重要的成就（也是我今天唯一一个要重点讲的）是导致了《阿鲁沙宣言》的产生，以及随之发生的变化——议会的议员们在这些变化中充分发挥了重要的作用。

《阿鲁沙宣言》过去是，现在也是政治宣言和经济宣言。这两方面同等重要，密不可分。《宣言》关乎我们如何在国内实现人人平等，如何让公民当家作主。

自从《阿鲁沙宣言》三年前实施以来，我们工作的重点一直是推行公有制经济，掌握经济命脉。这需要我们立刻采取行动，因为这牵涉到要对1967年以前就存在的机构进行大幅度调整。但是银行、保险、食品加工厂、批发业、进出口贸易等的国有化只有让人民自由选举出的代表来管理国家时，国家才会是社会主义的。《阿鲁沙宣言》特别强调了这一点。没有民主就不可能实现社会主义，同样，如果不能抛开种族、部落、宗教信仰或者性别等等的差异，完全接受人人平等，那么社会主义也无从谈起。

国家对经济中关系到国计民生部门的所有权和控制权，在国家不能完全由人民来掌控、并非人民代表自己的利益来管理的情况下，很容易造成更大的独裁统治。社会主义并不是政治民主的替代品，而是政治民主的进一步发展。通过社会主义制度，政治自由才能在人民的生活中成为现实，因为谋生的手段掌握在他们自己手中。换句话说，社会主义制度意味着政治民主和经济民主，无论缺乏哪种民主，社会主义制度都不能成立。如果人民无法通过自己的能力来选举领导人，那么就不能说他们在掌管了经济机构的同时还掌管了政治机构。人民对政治和经济的管理权不可分割。

我认为强调社会主义的这两个组成部分非常重要，这样议会就可以理解它自身的地位和它行动的重要性。国民议会是一个人民机构，它接受并帮助《阿鲁沙宣言》的执行。从1967年2月起，议会工作中很重要的一部分就是通过必要的立法，监督发展进度，确保我们的政策能够以最快的速度在最大程度上惠及人民。

没有人能说议会或政府在这些事情上没有过错;这明显是夸大其词。如果有人说我们已经实现了所有目标,那么很明显他没能理解我们的目标。我们正努力建设社会主义。目前我们还不是社会主义国家,但是我们仍然有很多可以为之骄傲的东西。

首先是我们的领导人,包括议会的议员们,认同了《阿鲁沙宣言》对领导人的要求。一开始有人对此不满,甚至有些议员说这些要求对于刚刚享受资本主义成果的他们来说过于苛刻。无独有偶,除了议员之外,还有其他领导人做出了这种反应——任何知道自己将要参加1967年2月坦盟特别会议的领导人都会做出这种反应!这种职责需要做出自我牺牲和艰苦努力,如果有人因此不愿意去承担这种责任,也是人之常情;重要的是这些职责已经得到认可,它是正确的,我们应当去履行责任。在这方面国民议会表现得很好。已有一个议员因为这个问题离开了议会,还有一个议员逃到国外,出逃的原因也包括这一点——尽管他找了其他的托辞。顺便提醒大家不要忽略或者忘记:那个不肯遵从社会主义领导人要求的议员,平时恰恰比其他人更加经常地将社会主义挂在嘴边,更爱引用社会主义理论著作!也许这一点可以帮助我们认识到将社会主义挂在口头上,与成为一名社会主义者来建设社会主义是两件完全不同的事情。

除此之外,议会一直在与政府和党合作,通过了大量重要的立法。这里提到的法案与很多问题相关,包括对经济的公有制、教育制度的改革、薪资政策、国家图书馆服务、重组政府部门使它更加符合我们新的目标、强制性国家服务和所有必要的经济援助来尽可能多地重视农村地区。

议会发现一个有趣的现象,1965年以来,除了很多与国家预算有关的法案以外,议会每年平均通过42个法案。当然,这并不是说通过立法的速度快就一定意味着国民议会工作做得好。速度是必要的,但是有时速度快意味着对工作缺乏兴趣,对政府提交给议会的议案没有深入思考,认真准备。一般说来,我认为议会所提出的提案和法案,除去某些技术性的提案、法案之外,并没有表现不当。有很多次议会的讨论帮助政府完善了法案,促使政府提高了提案的质量。

我并非说议会在督促政府进一步考虑提交的法案时一直是对的;相反,我认为有时候政府的提案有时因为议会错误或不充分的理由而被否决掉,但这也是可以理解的。如果议员们没有被说服,那么他们确实应当迫使政府重新考虑相关提案。这意味着政府没能解释清楚为什么它认为该提案会实现这些目的。

如果不能说服议会,那么政府也无法让群众信服。议会只是在履行它的一项职责。1965年10月12日,我在议会做的演讲中列举过议会的作用。那时我就说过,如果政府和国民议会的代表们都能"开诚布公地就他们的观点展开争论,人民就会因为提议被反复考虑而不是机械性一致同意而从中更加受益"。所以即使政府和国民议会的代表们在某些场合观点不一,我也相信议会和宪法是在更好地为人民服务,它们是我们的骄傲。

但是政治发展远远不止是议会法案、国民议会上对白皮书的讨论或议员的意向。就我们的人民而言,重要的是,我们的政策和管理对他们的日常生活产生的影响。他们关心的是关乎切身利益的事情,不是我们的目的,也不是传达那些目的的法案。人民不是上帝,他们不会根据我们的愿望或目的来衡量我们,而是根据我们行动的结果。不幸的是,在这方面我们的工作仍然存在着严重的不足。

常设咨询委员会年度报告表明我们的党、政府和法院里有些官员在滥用职权,严重损害了坦桑尼亚农民和工人的利益。最近的一次报告表明人民在这方面的抱怨正在减少,如果这是我们取得进步的结果那就可喜可贺了。但是我们不应该忘记常务委员会只是从受过教育、有法律意识、精力充沛、敢于直言的公民那里得到的反馈意见;因此它的报告对问题只会估计不足,不会夸大其词。这意味着当我们为咨询常务委员会——它本身即是议会成立的——的存在和工作成绩感到骄傲时,我们不能自满。我们要不懈努力,让全体人民能够真正享受法律赋予他们的尊重和自由,这是作为我们国家的公民理应享有的。只有当各级政府和法官、党员为持之以恒地将自己的聪明才智用于服务社会时,才能够实现这一目标。在这方面我们负有重大责任。党和政府以及议会的官员们的工作就是要向人民解释我们的政策,倾听他们的意见,公开回答他们的问题,保障这些政策得以恰当公平地执行,体现人民的尊严,打击那些违反法律的行为。

希望我没有留给诸位一个错误的印象。我们有过失误,在我们打算做的事情上很多方面我们都失败了。但是我们一直都在努力,做了很多惠及农民和工人的变革。因此,虽然我们有必要怀着谦虚的心态,时刻意识到有工作还未完成,但是当我们来到人民面前时,没必要穿得破破烂烂,不修边幅。我们有很多可以为之骄傲的事情。在过去五年里我们取得了很多发展,人民生活水平得到极大提高。供水、公路、桥梁、学校、诊所、医院、日益完善的农业技术服务、不断改善的工作条件——所有这些工作都不亚于非洲任何国家取得的成就，甚至比大多数欠发达国家做得还要好。

我们开了一个好头。而且，我们已经开始了大量新的工作，这将在未来带来巨大回报。比如，银行、保险和所有主要的工业部门等的国有化的重要性在坦桑尼亚的农村地区还未凸显出来，因为这些机构要花好几年时间才能达到我们的要求。关于这些方面的经验的重要性也许可以跟乌贾马村开办一个新农场的经验相提并论。人们种植一些像玉米、大豆和花生这样的粮食作物；但是如果他们足够聪明，他们就会种植像茶叶这样能在短短三年后就为他们带来收益的经济作物，或者只消五六年就能收获果实的果树。如果他们把眼光放长远，他们也会种植一些在十五到二十年之后为村子盈利的软木材，甚至在四十到五十年后为他们带来稳定收益的硬木材。种植所有这些作物——无论是长期的还是短期的——应当是村子建设者们的任务。尽管有可能在几年之内看不到成果，但通过长期规划和投资，他们会为子孙后代留下了一笔遗产。

但是如果社员们不明白有些工作不可能带来直接效益，或者他们并没有全心全意认同为他们的后代准备一笔遗产，那么在开始的一两年，劳动的回报非常少的时候他们会很不高兴。这种情况的一个负效应就是一旦有机会，他们就会替换掉现有领导人！乌贾马村的社员们确实有权利换掉他们的领导人，但这是他们在自己理解的基础上做出的选择，而不是因为某些前来指导的经济学专家的意见，说他们的工作长远来看至关重要。因此这些社员们换掉领导人是因为现有领导人无法带来快速的经济发展。但这样一来他们就犯了错误。尽管如此，他们还是有机会定期选举他们心目中的领导人。如果社员们对领导人没有信心，那么他们就不会努力干活，也不会配合村社的计划，这样的话，村社将一事无成——无论是从长期还是短期效果来看。

下一次选举

同样，坦桑尼亚的成年公民有权利以相同的方式，每五年选举一次议会的代表。而且他们的选择是建立在现有的经验，以及对当前议会所做的工作及其出发点的理解之上的。我们会在几个月后进行下一届总统和（大陆）议会选举。选举是项开支浩大的工程，对每一位领导人的政治生涯来说都充满了变数。但是选举对于国家至关重要,对每一个愿意承担人民公仆角色的领导人也是如此。

首先,拥有定期选举或反对某位代表的权利,是人民保证议员和总统会忠实地为人民的利益、需求和愿望负责的唯一方式。第二,只有通过定期选举,议员们才会知道他们仍然受到人民的信任。只有这样,人民才会拥护和配合国家制定的发展计划。

这是我们每五年进行一次大选的两条非常实际的原因,但是还有一个更为本质的原因。

国家政府——其中总统和国民议会都是它的一分子——是人民实现自我管理的机制。我们的工作之所以存在,是因为政府的工作不可能直接由人民来做。我们是人民选举出来代表他们的意志的。只有当领导人和人民都知道,他们有机会决定谁能更好代表他们讲话时,人民才能通过我们实行管理。这是人民的信心,是人民对政策的愿望,也是大选希望能反映出来的。而且,对他们来说,至关重要的是,他们将来想要做的工作,而不是我们已经代表他们做了的工作;他们既不会、也不应该出于感激选举他们的代言人。

我知道,即使在坦桑尼亚,也有人认为定期大选太危险。有人说大选给了人民和我们政治制度的敌人一个机会来制造混乱;有人说大选会被别有用心的人利用破坏我们的团结,借机换掉优秀的领导人,换上不称职的领导人;有人说大选给了反对社会主义制度和自力更生政策的恶势力可乘之机;等等。我知道有这些疑虑的人出发点都是好的,他们不想让我们的国家招致横祸。其实,我也意识到定期大选会带来这些危险,但是我不确定有什么更好的方式来代替它。

我们一直反对通过看人的出身来选举领导人的做法——就是说,一个人仅仅因为他母亲的地位就成为领导人;这是继承制——是苏丹王国的做法。假如我们说,只有当我们的国家领导人是人民选举出来的时候,我们才能让他终身坐在领导人的位置上——这意味着我们将他们的任期长短交由上帝来决定。这种制度在坦桑尼亚被提出来过很多次,尽管只是针对我们几个领导人,但是我们一直都对这种观点持反对态度。也许在宗教制度中这种做法是适当的——我不敢保证,但是对于当今世界来说,这一制度与我们反对的继承制并无太大区别。

我来解释一下。如果素丹的妻子生出的孩子长大后会成为非常优秀的国家领袖，这样的话那再好不过了。但是也许她生出来的是一个暴君。在继承制度下你就只能等上帝带走这位暴君，指望他的妻子再生出一位出色的国王。但是如果下任国王仍然是个暴君——就像他的父亲一样，人民会有多么失望！选举出来的领导人同样如此。也许你会选出来一位非常优秀的领导人，这非常好。但是也许你会错选出一个暴君。那时候你该怎么办？你无能为力。我这样说是经过反复考虑的。因为无论从逻辑上还是从法律上来讲，你都不能废除一个你自己选举出来的终身制领导人，无论是通过投票还是动用武力。如果实行领导人终身制，一旦你选出来某个人，你就等于放弃了撤换他的权利。你只保留了第一次选举的权利。很明显这种制度对我们没有好处。

我们领导国家不能像教会那样：牧师们和主教们在选举领袖时互投支持票或反对票，信徒们没有任何机会选择或者罢免他们的领袖。教会有理由实行这样一种制度。但是政府如果这样做就很难给出一个合理的解释，它所处的世界是以同样的方式来运转的。俗世的人民领袖必须要取信于人民，这是他们得到人民信任的唯一方式。领导人之间互相选举的制度存在于领导人互相信任的基础上；但是事实表明领导人并没有取得人民的信任。

总之，只有这种可以不断选择的机会才给予人民信心，他们自我管理，而不是别人管理他们。只有保留人民的这种机会，我们作为人民的代表才能不断克服自身的懒惰和自私，全心全意为人民服务。一个独立的国家不进行自由选举，人民就不能实现自我管理；他们是在被主人管理。他们的主人有好有坏，也许是本国人，也许是外国人；但是主人就是主人，你只能听从主人的命令。如果你的主人是好人，感谢上帝；如果他们是坏人，愿上帝帮助你！

我们国家的选举方式

然而，关于国家领导人的选举方式，我们还必须认识到一件事；如果我们选择西方传统的多党专政的选举制度，结果将完全不同。要让竞选制度充分发挥作用，实现它的目的，我们的选举制度必须满足两个要求。首先，必须有利于人民选出能实现民意的称职的政府；其次，在满足上一个要求的同时，不能损害社会利益，不能影响人民的长期目标。

我们相信，我国一党专政民主主义制度完全能满足以上两个要求。人们已经认识到坦桑尼亚人民已经紧紧团结在坦盟的周围。更进一步说,这种团结统一正是我们与贫穷作斗争、抵御外敌最强大的力量。我们的选举制度给予了坦桑尼亚人民机会,从两个候选人中选举坦盟领导人。这两位候选人产生于党内的民主竞选。这种竞选制度能够确保挑选出来的候选人品行优良、忠诚于党,并且符合《阿鲁沙宣言》对领导人的要求。同时,国会成员或者地方委员会委员都是由全体人民选举出来的,这就降低了党脱离群众的危险。议员席位绝不能被当作奖品来嘉奖某个工作人员过去的出色表现,不管这个工作人员现在有多优秀。坦盟没有任何分配议员席位的权力;议员的选举是每个选民的工作。我们国家的社会主义体制决定了国会或地方委员会没有任何"安全席位"!

我要补充的一点是,我们的选举制度可能会导致某些表现出色的工作人员仍然不能当选为领导人,即使坦桑尼亚人民可能依然受益于他们在国会或政府机构提供的服务。但是,我们的选举制度仍然能够确保不称职领导人会下台;每个选区的选民都有权利选择他们自己的代表。除非存在某个人对民族发展至关重要,却未当选为领导人的情况,此时,总统有权对他进行破格提拔。但宪法规定,总统不能随意使用这种特权;更不能利用这种特权来嘉奖官员过去的出色表现。只有当涉及整个国家未来命运时,总统才能使用这种特权。

坦桑尼亚竞选活动的规定反映了民族团结对我国的重要意义。关于竞选,还有非常重要的两点需要强调。首先,坦盟统一组织竞选活动并负责所有的费用。所有候选人都结伴同行,竞选演讲使用的讲台也是完全一样。在竞选活动中,任何一位候选人都不能以个人名义举办私人活动;确实,我们必须谨防这种"私人小团体"混入国家领导阶层。私人活动可能导致贪污受贿行为,这必然使经济富裕或者品德败坏的候选人更具有优势。这种私人活动还会导致社会分裂。

这让我想到了竞选活动的第二个重要规定。任何参与竞选的人都不能谈论可能导致社会分裂的种族、部落、宗教或者性别的问题,或者存在可能导致社会分裂的举动,这是最基本的一点。坦桑尼亚的每一个公民都具有同等地位。人们的社会价值在于他们做了什么,而与他们的肤色和信仰无关。然而,如果我们以人们的出身、他们父母的出身、他们所属的部落或者他们的信仰为标准,来判断他们是否有资格参加竞选,那么我们就无法真正贯彻坦盟的宗旨。只要是坦桑尼亚的合法公民,他们就有参与竞选的资格。因此,仅此一点已经足够,人们参与竞选的权利无需受到其他的约束。真正决定一个公民能否成为候选人的关键因素是其品格、能力、诚信度以及社会主义信念！至于他父母的出身、他的社会关系或者任何不相关的事情都是无关紧要的；我们无法控制别人的行为，只需要决定好自己的生活方式和行为。

结论

议长先生：我的讲话时间已经很长了，但我还想总结一下。坦桑尼亚未来五年的发展将以我们现在所付出的努力为基础。正如谚语所说，"一事成功百事顺"，我想我们应该满怀信心、壮志凌云。

我们正开始着手建立一党专政的民主政权。尽管仍然有许多人对这种制度表示怀疑，但到目前为止我们都是成功的。我们不断巩固由坦噶尼喀、桑给巴尔组成的坦桑尼亚共和国。尽管我们已经料到会有重重困难，尽管许多人对此都持悲观态度，我们仍然取得了巨大成就。我们正努力将这一命题变成现实——即使贫穷落后的国家，也要坚持抵制恃强凌弱的大国，掌握自己的命运。坦桑尼亚共和国正在朝这个方向努力；我们不从属于任何一个国家，不依附于任何国家，我们依然能独立存在。

最后，我们要坚定不移地秉持建设自力更生的社会主义国家的崇高理想。我认为我们目前取得的成功给了别的国家很大的鼓舞和动力。

我们的工作仍然没有结束。尽管我认为自己没有必要再次当选，没有机会再在这里发言，我希望能代表政府、党和所有的坦桑尼亚公民，表达对议员们在过去五年中所做工作的感激。

一些现任议员会努力去鼓舞人民的信心。你们中有的人会再次当选，而有的人会落选。但是我希望无论人民选举谁做他们在未来五年的代表，议会将一直忠诚地为国家服务。每一位议员都可以骄傲地对他的子孙后代们说："我曾经是《阿鲁沙宣言》议会的一名议员。"

议长先生：祝愿您和每一位议员能够愉快地继续为坦桑尼亚的人民服务，为社会主义信仰服务。无论在哪个领域，只要对人民有利，我们就值得为之努力。

26 向匈牙利学习

1970年8月23日,尼雷尔总统在达累斯萨拉姆举办了国宴,热烈欢迎匈牙利主席洛松齐。尼雷尔总统先是高度赞扬了他的客人,接着讲述了他1969年的匈牙利之行,随后又提到了与匈牙利农场合作的经验。

……我们对贵国农业合作所取得的成就尤其感兴趣;我们在短暂的访问期间所看到的情景,使我们不禁提议坦桑尼亚是否有机会与匈牙利合作,看看高度合作的农村怎样运行。我很高兴匈牙利政府能对我们的要求做出回应,我们29个年轻的农业指导员正在匈牙利学习农业合作的许多实用知识。回国时,他们会参与到坦桑尼亚社会主义农村合作建设中来。

我们非常感激匈牙利对我们的帮助,尽管匈牙利都是机械化的农业合作,在一定程度上,还不太适合我们的国情,决策制定人员却发挥了巨大作用。确实,农业合作是我们农村社会主义发展的基础。正如我在匈牙利作客时,总统先生向我指出的——经验告诉我们:通过武力或者威胁是不可能建设社会主义农业的。我们必须说服农民,让他们信任新的组织方法;他们必须主动参与其中,自己为农场决策。我还想说的是匈牙利的成功已经告诉我们这是一条可行之路,农村的保守主义也只是夸大其词。他们小心谨慎,注重实际;但是,这与抵触改变是两个概念。再补充一句,经验告诉我,我们两国人民在这方面是一样的。我们处于社会主义农业发展的初级阶段,但是农民的人数,从单独生产到合作生产再到共同生活,正不断增加……

27 关联性和达累斯萨拉姆大学

1970年8月29日,在现场的众多工人、农民、教职工和学生的注视下,达累斯萨拉姆大学举行了落成仪式。大学距离达累斯萨拉姆市中心约八英里。仪式在大学校园举行,内容丰富多彩。尼雷尔总统作为大学校长在仪式上发表了讲话,借此机会讨论大学的功能所在,以及大学被不断要求具备的"关联性"的含义。

今天是一个值得高兴的日子。很荣幸来到达累斯萨拉姆大学主持落成仪式。达累斯萨拉姆大学的前身,东非大学附属达累斯萨拉姆大学学院,为我们学校今天成为一所独立的大学打下了坚实基础。在此,我号召所有教职工,请你们继续为学校做出新的贡献和努力。塑造这所大学的重担落在了我们肩上,我们要让它为坦桑尼亚人民,为实现我国社会主义目标做出最大的贡献。

为此,我们首先要明确大学在当今世界上发挥什么作用,作为坦桑尼亚的第一所大学,我们学校又承担着什么特殊使命。只有这样,我们才有可能避免两种危险:一种是用高不可攀的"国际标准"来衡量我们学校;另一种是将我们封闭在学术的象牙塔里,与外部世界隔绝开来。

主席先生,大学是高等学府,是人的思想得到锤炼的地方。要在更高的层次上培养清晰的思维、独立思考能力、分析判断能力以及问题解决能力。这是"大学"在世界上任何地方都公认的含义。无论它被冠以什么名称,只有符合了这一定义的机构才称得上是大学。

根据这一定义,在我看来,大学有三个重要的社会功能。首先,大学在一代又一代人之间传承先进知识,这些知识可用作行动之根本,也可用作深入研究之跳板。第二,大学是推动前沿知识发展的中心:一群知识渊博的学者聚集在一起,不为日常管理或工作琐事缠身,借助大学的图书馆和实验室设施进行研究。第三,大学通过教育提供社会所需的高级人才。

这三种功能的相对重要性在某一所大学里会随着时间而变化,它受到社会分配给它的资源、社会对它施加的压力和教职工品格与能力的影响。三种功能相互联系;如果有哪所大学试图扼杀它其中的一项功能,它必将走向没落——它没有资格再被称为大学。

因此,如果大学试图同社会的其他领域隔绝开来,逃避承担高水平教育机构的职责,这种孤立将很快导致人才的匮乏。因为一旦它的学者们失去了研究活动的目标——即社会中的人,它将不可能继续吸引人才。另一方面,如果大学成为一个纯粹的培训机构,它的学者们没有任何机会去拓展各自领域的知识,探索未知世界,那么它也不再是高水平的培训机构。因为它将无力对日新月异的社会做出新的贡献——它只会尘封在历史中。

基于这一定义以及三种功能,落后的新国家正致力于建设他们自己的大学——坦桑尼亚也不例外。从本质上来说,建立和维护一所大学是件耗资巨大的事情,而大学的全部价值只有当它与为之服务的社会有机联系在一起时才会实现。一个国家如果没有大学,也可以由海外留学归来的学生服务国家;专项研究可以由知名的外资机构的学者来开展。坦桑尼亚有过这些方面的经验。但这些只是权宜之计;当一个社会建立或提升它自己的教育机构时,外力可以帮忙,但是绝对无法取代这些教育机构。

我们了解这些有一个目的,就是增强人类掌控自己与他所在的环境的能力。换言之,学习的作用是实现每个人乃至全人类的发展,而发展必须立足于现实。你无法教目不识丁的农民算术——他首先要学习读书识字,认识数字。同样,如果一所大学无视它的学生成长的社会环境,不顾他们只学习了初级课程的事实,它就会白白浪费时间和精力。

学习是生活的一部分;它不能脱离社会而单独存在。一个儿童在入学之前首先从父母那里学东西——入学后他又继续从他在外界的经历来学习。成功的学校教育建立在学生的所有学习经验上;它会在已有知识的基础上传授新知。儿童被教会怎么写他的名字,怎样读他认识的事物名称的文字——母鸡(kuku)、母亲(mama)、牛(ng'ombe)、房子(nyumba)等等。就这样,新事物和新奇的概念不断被发现,发现的过程也就是成长的一部分。只有使用这种方法,新知识对学生来说才有意义,对他熟悉生活和将来工作的社会有用处。如果社会本身在改变,那么学校教育必须要跟上步伐,帮助学生同时改变。只有通过逐步扩展学生已有的知识范围,让他们认识到,新知识是与教室外面的世界获取的经验相互联系,才能实现这一目标。

这就是为什么当很多年轻人被迫进入到一个新的社会接受高等教育感到困难的原因所在。新知识是以一种难以融入他们以往知识体系的形式教授的。甚至当他们设法战胜了这些困难,掌握了学术知识,返回祖国后仍然不得不继续做出调整以适应环境。如果一个学生的生命和学习是一个有机的整体,你中有我,我中有你,那么事情就简单得多了,对社会也更加有利。学生在将知识应用到服务社会的过程中遇到的问题就会在学习中体现出来,而他服务的社会里人们对他学习的学术知识的态度也会更加理解包容。

除了学习过程之外,还有另一种大学教育与社会相互联系的方式,这种方式以整个社会为代价。我知道我们这些受过教育的人不喜欢听到别人一再提起这一点,但是我们提醒自己胜过别人提醒我们。工人和农民为学生和教师提供食物、衣服和住房;所有教学设施也是他们提供——书本、试管、机器等等。社会提供这些东西是因为它希望能得到回报——它是在对人才进行投资。他们相信学生在接受教育之后会对社会做出更大的贡献,能够帮助实行有利于人民的计划和政策。

如果学生被要求做出贡献时却没有做好充分准备,那么社会的投资就失败了,大学也没有顺利完成它的任务。同样,如果学生毕业后社会没有给他更多的优待,他就不愿履行服务社会的职责,那么社会和大学也会面临投资和教育失败的境地。我再重复一遍,学习的目的是推动人的进步。脱离了人民的知识,或者被少数人利用剥削他人的知识就是一种背叛,是在知识的伪装下一种恶毒的偷窃行为。学生接受农民们的供养,承诺将来回报他们。但是如果他在这一时刻来临时却没有能力或不情愿服务人民,那么他就像在半夜里偷走农民的麦子一样在窃取他们的劳动果实。

因此,新国家建立自己的大学,是因为他们需要一种能够解决他们的问题、满足他们愿望的高等教育。这并不是说知识不是普世性的。化学规律到处适用,经济分析无论在哪里进行都是有效或无效两种结果。但是在大学里研究的问题的类型、教授先进理论知识的方法却是会根据学生的背景和预期要求而各有不同。是不是将更多的时间用在了学习冰的形成过程或者火山喷发的成因上?经济分析的工具主要是针对发达国家还是发展中国家?是针对资本主义社会还是合作性社会的呢？一个地处热带地区、致力于建设社会主义社会的新国家，其大学的侧重点是与位于温带地区、高度工业化的资本主义国家的大学大相径庭的。

教授和练习的知识技能只是建成全国性大学的原因之一。此外，虽说大学和周围社会的思潮会自然而然、不可避免地对学生产生影响，教育过程仍然必须鼓励某种社会态度和信仰的发展，必须鼓励学生独立思考。

我们应该鼓励学生积极讨论，还是让他们仅仅安静地听课呢？若不加以纪律约束的话，学生就会完全无视大学里其他同学的兴趣？或者大学的结构本身就会让学生相互之间开展合作，甚至与更大层面上的社会合作呢？学生们会被不断引导并相信自己是未来社会的主人还是仆人呢？这些情况会像饮食结构一样影响学生的成长。当然，有些人会比其他人更容易理解大学和社会的气质，而有些人会与这种气质背道而驰。但是教育过程的重要性随处可见，因为一个努力在它自身文化基础上建立社会主义社会的国家无法无视学生们接受教育的社会氛围。他们得到了难能可贵的教育机会仅仅是因为社会需要他们提供先进的服务才能实现建设目标。他们培养的技能和态度同样至关重要。

这是坦桑尼亚决定建立它自己大学的社会背景。我们的国家已经决定将发展的资源脱离其他潜在的用途，因为我们期待从中受益。我们相信国家有了高等教育机构，我们就能拥有建设社会主义所需的高级人才。我们要将重心放在调查当前面临的特别问题上。换句话说，我们期待大学具有这样一种特质，即让进入大学深造的人不仅做好知识储备，而且愿意全心全意为社会服务。

因此，达累斯萨拉姆大学在教学活动和科研活动方面的目标必须要满足坦桑尼亚这个发展中的社会主义国家的需求。这一目标决定了学科设置、教学内容、教学方法和大学的组织形式，以及它与整个社会的关系。

因此，我们的大学就像其他当之无愧"大学"这个称谓的地方一样，必须为当下最先进知识的探索提供设施和机会。它必须鼓励学生，让他们勇于培养创新性思考的能力。它必须要鼓励它的学术队伍进行原创性研究，在促进人类深切关注问题的深入探讨方面充分发挥作用。这些是它义不容辞的责任，因为它们是大学的组成部分，是大学根本之所在。

因为这是坦桑尼亚的大学，因此它的活动应该服从和推动坦桑尼亚朝着社会主义的发展，达累斯萨拉姆大学必须是所真正的大学，必经是所我们自己的大学——它与坦桑尼亚的现在和未来息息相关。

对于这种联系,我必须补充一点,我们要纠正犯过的错误,避免潜在的危险。我们一直认识到哈佛大学为了更好地服务美国,非常注重与美国社会的相互理解与沟通;伦敦大学、莫斯科大学同样如此。而我们最近才意识到非洲也有类似的需求。我们的大学过去一直致力于与西方社会达成理解,显然是认为这样做我们的学生和大学就会更好地为非洲服务。

这一错误看法已得到认识,并在一段时间以来整个东非范围内——尤其是达累斯萨拉姆——开展纠正思想认识的活动。但是现在出现了一种可以理解却又很愚蠢的倾向,就是非洲的"进步"大学努力取得俄罗斯、东欧和中国社会的认同。他们自欺欺人地认为这样就可以更好地服务非洲了。但这无疑是再一次上演不同角色的老戏码。大学应当理解的是坦桑尼亚,是非洲。而坦桑尼亚和坦桑尼亚的人民也必须理解我们的大学。只有深刻理解了这些,达累斯萨拉姆大学才能正确地服务社会。达累斯萨拉姆大学不是为了培养右倾或左倾的高智商机器,而是为了建设一个自尊自立的社会主义坦桑尼亚。

大学的相关性是什么?

仅仅这样说是不够的。我们的大学是为了培养坦桑尼亚未来的建设者和接班人;它传授的内容要在几年甚至几十年后发挥作用。但是我们无法准确地预见未来;只能预测人们现阶段目标、现有知识和现实情况可能出现的结果。当然,坦桑尼亚并不是孤立地存在于地球上。它是非洲的一部分,也是世界的一分子。它越来越多地受到外界的影响。我们可以尽情享用人类几千年来智慧的结晶,同时也承担着充实人类知识宝库的责任。如果我们出于某种理由——无论是地理空间上的还是意识形态上的——在知识领域与世界隔离开来,那么我们就愚蠢到了极点。即使我们做到了,我们也无法真正摆脱别人的观点、新的知识和动态对我们的影响——事实上,因为我们的无知,我们很可能连这一点都做不到!

因此,如果我们在大学研究过程中狭隘地定义"关联性"这个词,我们就是在自取灭亡。知识无国界,它是个有机的整体。我们要尽可能多地去懂得,去理解;我们需要向地球上各个国家和地区的历史和当下学习。所有的知识都与我们有关,即使我们只把自己看作坦桑尼亚人,无视自己的人类同胞。

从这个基础上,我们才能避免因为盲目而犯下危害国家的大错。

我们说了这些,也接受了这些,但是仍然要选择;我们必须要决定我们的政策。因为我们不可能什么都懂。受到资源的局限,我们也不可能在大学里传授一切知识。计划就意味着选择。那么,我们应当在什么基础上决定大学里应当教授什么规范和知识呢?大学的教学大纲应当建立在什么基础上呢?

这些问题的答案可以从理解我们当今国家的环境和全国目标而推断出来。坦桑尼亚是一个贫穷落后的国家,大部分人民生活在农村地区。我们的经济依赖农业,但是我们要使经济来源多样化。我们的目标是改善人民的生活条件,这样可以保障人人得到生活必需品,能够生活得体面有尊严。但是我们不仅要努力发展,还要下定决心在人人平等的社会主义制度基础上做这件事。我们想要建立一个自由的社会,人人享有公平公正。同时我们要保卫国家独立,打击一切外部颠覆活动。

接下来,我们就要在大学里研究和传授我们现有的条件和远大理想的内涵。学生们必须要学会对这种条件和愿望下出现什么问题做出预判,并思考怎样解决这些问题。思考后必须付出行动,大学教育必须要对我们国家未来将会出现的困难设计出积极富有建设性的解决方法。而且,当学生掌握了这种理解能力和解决问题的方法之后,必须学习执行政策所必需的技能。解决一个欠发达地区问题的途径是建造一座特别的桥梁,仅仅理解到这一步是不够的。我们必须要有能力——有技能——来建造这座桥梁。

因此,大学的"关联性"并不是指起草一个教学大纲,大纲里通篇谈论"坦桑尼亚"如何如何。它涉及有思想有见地、有文化有知识的师长们,如何将他们的要求与学生和社会的过去、现在和未来期许的体验联系在一起的问题。它是一个教给学生思考解决坦桑尼亚面临的困难的问题——无论是当下的困难,还是将来可能出现的问题。

至于大学是否要开设特殊的课程,它应该问问自己:"这个学科的研究会对坦桑尼亚的未来做出什么贡献?"同样,当一位讲师准备他的教学大纲、讲座或讨论课时,他应该首先问问他自己:"我想让学生明白什么,或者说,我要努力传达给学生什么新的信息?"他要接下来问:"我们的社会中什么知识与此相关?"最后他还要问:"这种关联人类知识的传统教给了我们什么?"如果大学里的领导人、教授和讲师时刻铭记大学存在的原因、社会建立的原则、政策制定的目的,那么他们的课程就与我们的社会有关联,大学本身也会如此。

最终,某一学科、课程或讲座的关联性问题只能由那些熟悉这些科目、同时了解我们社会发展目标的人来决定。当然,学者们必须向外行人解释某一项研究的重要性和它与社会的关系。但是我们必须避免落入被外行人指挥的陷阱,不能让不称职的人来决定是否大学应当开设这门课程。他们仅仅看了课程的名称或教学大纲就断言"这科我们需要,那科我们不需要"。行人知道他目的地的方向,但是真正熟悉森林的人才是那个能引领他走最简短平坦的路径到达目的地的人——如果没走多远,你并不能从走过的路途中预测接下来会走过什么样的地形,或者这条路最终通往何方。

这意味着大学里所有的教学和研究计划不能留给学术人员去自行决定。因为这关乎大众的切身利益,所以不能置于任何个人或集体的完全控制之下。我们需要什么、能做什么,这方面的认识很大程度上既来自大学教职工,也来自社会。某一课程是否对我们的发展有益、是否适用于大学而不是某些其他的(很可能没那么昂贵的)教育机构,教育资源的利用是否参照它在经济部门的其他用途后仍然得出合理的结论等等,大学必须在思考这些问题的前提下决定是否开设它。这些必须由整个社会的代表根据专家们给出的可以从某项研究中有什么收获的建议来做出决定。一旦课程被决定下来,必须由教师决定怎样讲授。如果他们连这一点都做不到,那么大学就不能聘任这样的教师。

最后,社会要用成果来衡量大学的成就。当农民种下了一棵果树,他能看出来是否它招了害虫,是否会缺水或缺乏营养成分,是否它的枝芽长得健康。他也可以从叶子上看出来这是他要的那种水果,还是他不小心播错了种子。但是只有当这棵果树年复一年结出满树个大味甜的果实时,他才知道这是一棵好树。如果他想看看树根是不是一直在长,或者每年给它换一个地方,他只能毁了这棵树,而不是栽培它。

我们的大学也是同样的道理。在弄清楚了为什么我们要成立大学,对它抱有什么期望,并一直在尽我们最大努力选择能实现我们愿望的管理人员和教师,我们就必须信任他们,并信任我们选拔进入大学的学生。我们可以关注他们,提醒他们。我们可以要求他们应当解释在做什么,为什么那么做——如果有必要,我们可以让他们调整!我们可以督促教职工每年对自己和自己这一年的工作进行反省——在每门课程的最后与学生们进行"盖棺论定",利用从中获取的经验。但是如果我们试图束缚住教职工们的手脚,像木偶一样摆弄他们,那么我们就太愚蠢了。

我们要允许大学去实验,去尝试新的课程和新的研究方法。我们要鼓励教师们激发学生和社会进行讨论,为坦桑尼亚在平等和尊严的基础上建立社会主义社会提出新的建议。而且,我们要允许,或者说期待他们挑战科学领域和其他方面知识的正统思想——我们都会记得伽利略①第一次提出地球围绕太阳转时,没有人接受他这一说法!我们聘请的教师必须要引导学生基于服务、事实和思想进行自由讨论。只有给予了我们的大学教师这种自由,我们才能在坦桑尼亚拥有一所名副其实的大学——达累斯萨拉姆大学。只有我们接受这些我们聘请来教学生思考的教师们自己的思想,允许他们自由地思考,表达自己的观点,达累斯萨拉姆大学才能为社会主义建设服务。

尾声

主席先生:今天我尽力列出了我们这所新大学的基本目标,并阐述了我们对在这里工作和学习的师生们的期许。大学生活和工作有很多重要方面,我没有一一涉及,因为仅凭一次简短的讲话无法将所有要做的工作面面俱到——我们会在发展的同时领会这些工作的要义。

总而言之,我只想说每一个工作或生活在这所大学校园里的人,同很多校外人员一起,要在将来的工作中发挥应有的作用。只有当这个群体里所有成员认识到他们对彼此、对社会的紧密联系和相互责任,我们才能把这所大学建设成社会主义国家的社会主义大学。而这个群体的成员从看门人、洗碗工、打字员到副校长、教师和学生,统统包括在内,无一例外。

当然,并不是今天的仪式过后,我们就建成了一所社会主义大学,正如我们不会因为发表了《阿鲁沙宣言》就建成了社会主义社会;如果大学所在的社会不是彻底的社会主义社会,那么这所大学也不可能是纯粹的社会主义大学。但是我相信达累斯萨拉姆大学会用它的实际工作做出表率,帮助人民实现目标。让我们致力于实现这一目标所需的态度、组织和实际行动吧。

---

① 应为哥白尼,但原文如此。——译校注

28 联合国大会

1970年10月15日，尼雷尔总统与许多国家元首一道出席了在美国纽约举行的第二十五届联合国大会并发表讲话。他首先呼吁允许中国获得联合国合法席位（一年之后，即1971年10月25日，中国获得了联合国合法席位），然后继续探讨了南部非洲问题以及相关国家的责任。

我知道，通常一个组织顺利走过四分之一个世纪时会举行庆祝仪式。然而，对于我来说，作为坦桑尼亚联合共和国的代表，前来庆祝联合国成立25周年，这种做法总有几分奇怪。联合国并不是什么抽象的东西；它的管理者也不是外星人。联合国其实就是我们自己——联合国成员。没有我们，也就没有所谓的联合国；它能做的事情，只能是作为成员国的我们一致乐意去做的事情。这意味着，我们对联合国的祝贺，也就是对我们自己的祝贺——这是非常危险的！暗自庆贺非常容易导致自满自得——我认为，作为联合国成员的我们，目前没有任何理由自我陶醉。

主席先生，我这样说的目的并不是有意贬低已经取得的成就，也不是低估联合国走过四分之一个世纪的重要意义。必须阐明的是，我并不是想要贬低历届联合国秘书长以及其他工作人员所做的贡献。联合国工作人员所付出的努力，对维持世界和平来说意义重大；那些致力于将联合国宪章的崇高理想付诸实践的工作人员面对的困难是无法衡量的。

因此，主席先生，我想通过你来表达对联合国秘书长及相关工作人员取得的硕果累累的成就，以及他们在推进人类和平与公正的事业上所做的努力表示感激和祝贺。同时我要感谢在联合国领导下奋战在一线的维和部队全体官兵。正是他们的无私奉献挽救了千千万万的生命，也给了我们——联合国大使们——更多的机会解决威胁到世界和平的问题。

当然，我们是否能把握住这些机会，并不在联合国工作人员的职责范围之内。他们时刻提醒我们还有未完成的任务，替我们准备参考文件。但是真正思考并做出决定的还是联合国成员。所有失败——如果有的话——责任也在于我们。今天上午，我正想就其中一个问题发表看法。这正是联合国秘书长在一直不断提醒我们加以防范，而我们却一直未能采取实际行动的问题。

然而，在谈及这些问题之前，我不得不提另一件事情，即联合国成员席位问题。

主席先生，当一个国家经历过革命性的巨变之后，确认哪个是该国的合法政府实在不是一件容易的事情。因此，在确认该国合法政府之前——我自作主张地认为——联合国通常将现任政府认定为法定政府。但有时候，拒绝承认已经改变的事实只会让我们更加可笑——不管我们接不接受这个事实，它已经客观存在。这一点正是中国目前面临的问题。

中国领土和人口——面积达370多万平方英里，当前人口总计7亿——从1949年起，就一直处于中华人民共和国政府的有效治理下——到现在已经21年。然而拥有联合国合法席位的所谓的中国政府，却始终是一个仅仅控制台湾地区的"政府"——一个面积达13,900平方英里的岛屿，人口将近1500万。即便如此，还是在某个国家的暗中支持下，台湾"政府"才得以偏安一隅。

联合国还打算让这种荒谬的状态持续多久？由于这种状态仍然有可能持续下去，我建议，我们应当以承认中华人民共和国在联合国的合法席位这种形式，来庆祝联合国成立25周年。只有这样做，我们才能结束这种荒谬的状况——我们在讨论世界和平与战争问题时，世界上人口最密集的国家却未参与其中。

主席先生，在明确这一点之后，我想回归我今天的主题——南部非洲的和平与战争问题。

南部非洲和平与战争的问题是与本次大会最密切相关的重大议题。众所周知，联合国的宗旨是维护世界和平，而不是保护邪恶势力。相反，联合国宪章明确规定，维护世界和平是唯一宗旨——也应该成为唯一宗旨；世界和平"建立在对人权的尊重和每个人人身自由的基础上，与种族、性别、语言或者宗教无关"。

因此，联合国的任务不仅仅是阻止人与人之间、国家与国家之间的暴力行为，还应该倡导人类的正义与平等，杜绝任何不公正、不平等的现象。

联合国尤其应该采取措施反对种族主义和殖民主义。种族主义和殖民主义是暴政和压迫的象征，它们会摧毁人们所有的希望，迫使人们通过武力来呼吁人性。人们若想改变宗教信仰是完全可以做到的；他可以接受一个截然不同的政治信仰——或者假装这样做——如果这能缓解他的痛苦。但是肤色和种族是没办法改变的。如果有人因此而遭受虐待，那么他要么堕落消沉，要么奋起反抗。人类的本性无论善恶，都不会允许他们在低人一等的处境中忍气吞声。"宁为玉碎，不为瓦全。"他们宁可打破这表面的平静，也不愿继续苟延残喘。

这正是目前南部非洲的真实写照。南部非洲的种族隔离政策——目前也在纳米比亚实行——以及葡萄牙在莫桑比克、安哥拉以及几内亚比绍实行的殖民主义，让人们感到深深的绝望。

谁也不能否认这些地区的人们尝试通过和平方式进行变革所做出的努力——甚至有些运动的初衷就是为了争取公平正义。他们尝试过不同的组织形式——政治组织、工会以及部落福利组织，也曾向统治者与国际组织请愿，还曾组织过和平集会，通过国际出版社揭露种族主义和殖民主义的罪恶行径。确实，也许正是因为从前他们没有认清形势，一直坚持以和平方式进行斗争，殖民主义和种族主义的势力才不断膨胀。他们的每一次抗争，都会面临更加严酷的压迫，从而加诸他们身上的苦难也更为深重。

但现在局势已经非常明朗。南部非洲为实现和平变革所做的努力全都付诸东流——惨不忍睹。

因此，就南部非洲人民的立场来看，他们只剩下两个选择：要么沉默面对所受的屈辱，接受外部力量对本国的控制，成为第三世界成员；要么为争取人格尊严而英勇奋战。他们选择了后者，选择为自己而战，选择以现在的牺牲换取未来的美好生活。

世界上有哪个独立的国家或民族敢于指出南部非洲、罗得西亚、纳米比亚以及葡萄牙殖民主义者的错误？谁又能告诉那些每天生活在压迫之下的人们，他们应该沉默应对每天所受的侮辱？当然，联合国不能这么做。这是有悖"人人生而平等"这个基础原则的，也违背了我们相聚于此的基本前提。

即使是真正信仰"人人生而平等"这一原则的人，也无权要求南部非洲人民不得以战争的形式对抗种族主义。但是,如果我们全力以赴,给他们以人道主义支持,南部非洲人民就能免受战争之苦。联合国各成员国应该团结起来,采取一致行动,向非洲南部殖民主义和种族主义国家施压。这样,消除种族主义和殖民主义便胜券在握。只要我们坚持不懈,就一定会获得成功;维护世界和平,根除非正义行为,对我们来说非常重要。如果我们能坚持不懈地向非洲南部殖民主义和种族主义国家施加压力,世界和平指日可待。如果不能,那么战争将愈演愈烈。

到目前为止,虽然我们一直都在谴责种族隔离和殖民主义,但却从未采取任何措施制止这种行为。南部非洲人民依然生活在水生火热之中,看不到任何希望。因此,他们不得不武装起来保护自己——维护自己的人格尊严,保护自己作为有血有肉的人的最基本的生存权,而不是像行尸走肉一样活着。然而,到目前为止,南部非洲人民的斗争已经开展起来。这是对压迫者们的威胁,更是对全世界的警告——尽管前者已经对此感到惊慌失措。

然而,南部非洲人民开始反抗压迫者的斗争已经是一个客观存在的事实。世界上其他国家——所有联合国成员——不得不直面目前的严峻形势。我们再也不能装作南部非洲殖民主义和种族主义与我们毫无关系。必须调整思路:我们是否应该支持他们为自由而战;或是支持南部非洲和葡萄牙的殖民主义和种族主义;又或者我们采取一种新型的不干涉主义,重现 20 世纪 30 年代时助长欧洲法西斯政权嚣张气焰的局面。

非洲人民别无选择,必须支持自由斗士们。他们的斗争是我们独立斗争的延续。正是因为独立斗争,我们 41 个非洲国家才得以出席联合国大会。民族自由、人人平等,不仅是非洲各国坚持主张并最终赢得的权利,也是非洲各国作为独立国家存在的基础前提。例如,坦桑尼亚作为一个独立国家的地位之所以被认可,是因为联合国以及联合国行政机构认可民族自由权,而且它们也认同坦桑尼亚坚定不移要求的民族自由,而不是因为坦桑尼亚军事力量、经济水平以及高素质人才。

如果坦桑尼亚拥有自主决策权,那么南部非洲人民也应该享有同等权利——如果南部非洲人民不能享有自主决策权,那么坦桑尼亚也就不应该享有自主决策权。南部非洲人民和坦桑尼亚人民都认识到了这一点。这是非洲各独立国与南部非洲种族隔离政治体制冲突的根源。种族隔离就是现代意义上的奴隶制度——就像美国一样,非洲也不可能同时存在自由和奴役两种生存状态。种族隔离制度的存在阻碍了自由平等社会的建立。然而,我们为争取自由和人权所付出的努力,丝毫没有动摇南部非洲与葡萄牙的种族主义。

主席先生,这就是为什么谈及南非和坦桑尼亚之间建立互不侵犯条约时显得这么荒谬。我们两国之间的冲突并非边界问题,而是人性与种族隔离的对峙。事实上,种族隔离制度本身就侵犯了人文精神,殖民主义更是侵略行为的直接后果。我们坦桑尼亚以及其他非洲各国,曾经是——现在依然是——侵略行为的直接受害者,绝不可能与侵略方签署互不侵犯条约。任何视非洲国家为友好伙伴的国家,都不会劝说非洲人民与人类刽子手签署互不侵犯条约。一个堪称非洲慕尼黑的地区会像1938年欧洲的慕尼黑一样带来动荡和惨案。坦桑尼亚若与南非政权友好相处,必将被视为背叛行为,也会影响世界各地的正义斗争,但是它最终无法阻挡人民争取自由的斗争。

尽管非洲别无选择,只能与南部非洲的自由斗争统一战线,然而到目前为止,非洲没有多少能力去影响结果。非洲各国都比较贫穷,经济力量薄弱。况且,我们不具备生产武器的能力,不能给他们提供武器,帮助正义之师获取自由。我们所能做的非常少,只能在我们的领土上给予南部非洲人民援助,利用我们的土地为他们修建指挥室、医院等,直到他们能收复失地。我们能做的就只有这些。我们这样做完全是因为在之前所尝试的非武力方式都徒劳无功。

其他国家——非非洲国家——又何曾采取过行动?它们都声称反对种族隔离、殖民主义。然而可悲的是许多国家不但不支持正义,反而在出席联合国会议时,继续给予南非种族主义和葡萄牙殖民主义更多的支持。

难以想象,作为欧洲最贫穷的国家葡萄牙在没有任何外援的情况下,竟然能同时在三个国家挑起殖民战争,而这三个国家的面积加起来是它本土面积的20倍!相反,葡萄牙作为北大西洋公约组织成员可以无视本国的国防需求,不断往非洲派遣军队。葡萄牙加入欧洲自由贸易联盟以后,经济实力不断强大,这更有利于葡萄牙负担额外的开支。类似于卡布拉巴萨项目[①]的外国投资,更加剧了葡萄牙对我们的剥削。

同样的模式也在南非上演着。尽管许多国家都宣称反对种族隔离制度,外

---

① 20世纪60年代末,葡萄牙在其殖民地莫桑比克兴起的一个水电工程。

国投资仍然源源不断地流入南非，帮助南非改善外汇逆差状况。许多大国仍然想方设法扩大与南非的贸易往来，而忽视整个赞比西流域以北的非洲国家。法国更是变本加厉，公然违背联合国的禁令，继续为南非提供武器。其他欧洲国家也有类似行为，只是比法国略微收敛。确实，对于法国来说，友谊与和平只能是单向的。许多说法语的非洲国家轻易不敢批评法国；鉴于欧洲各国实力雄厚，它们选择与欧洲保持友好关系，不会出言不逊。但是法国似乎并不在意它的非洲朋友，从不避讳让非洲各国难看。即使涉及它曾经公开允诺让非洲人民享受自由，与它团结一致的美好愿望时，它也从不考虑自己的态度。现在，另一个欧洲大国又重新开始对南非出售武器——并以法国类似的行为为借口。

主席先生，国家领导人最忌讳的就是陷入诚信问题。因此，请允许我这样说，非洲以及那些为自由而战的战士们只能通过判断各国的行动来甄别是敌是友。

然而，偶尔我们也会听到这样一些解释。它们声称向种族主义国家出售武器装备也是维护世界自由的一种形式，并不意味着支持种族隔离。主席先生，难道仅仅这些言辞就能改变它们的行为所带来的后果？南非人民的自由、南非当前的政权与其他国家是什么关系？如果给了杀手武器，你还能声称不是在助纣为虐吗？

还有更重要的一点，这关系到全世界人民的未来。如果东方集团给予自由战士们武器援助，同时西方集团向南非和葡萄牙出售武器，这将导致怎样一个局面？非洲将成为冷战的前线。这场本来与南非无关的两个大国集团的较量将模糊了南部非洲自由之战的初衷；随后，西方国家将发现，由于太过于关注被它们视为威胁的共产主义，它们选择了南非与非洲其他国家站到了对立面。非洲其他国家最终也会发现，它们的对手竟然是那些与它们一直保持友好往来的国家，而最终与它们并肩作战的却只是保持普通关系的国家。

然而，尽管我们已经认识到了世界和平存在的威胁，我们还是不能退缩。我们不能让南部非洲人民继续任人宰割而默不吭声。我们必须支持他们。种族隔离意味着对有色人种人性的否定，这对每一个非洲人民来说都是一种侮辱。事实上不论什么肤色，这对每个人来说都是一种侮辱。人性和自由不能实行双重标准。

南部非洲战争已经开始。然而，如果我们仍然支持正义，恢复世界和平的可能性依然存在。如果全世界都真正认识到种族主义和殖民主义的可怕,并采取行动孤立那些支持种族主义和殖民主义的国家,世界和平指日可待。或许消除种族主义和殖民主义的道路会比较坎坷,但胜利终将属于我们;怀抱着必胜的信心,南部非洲人民必定斗志昂扬。南非种族主义政权和葡萄牙不可能脱离世界而存在,否则它们将无法生存。这一点,它们很清楚——这也正是它们想要通过各种努力获取所谓的"声誉"的原因。

坦桑尼亚人民也非常明白,迅速改变一国贸易和经济政策是很困难的;我们也很清楚,一个国家传统投资模式和贸易模式是不可能突然发生改变的。我们也都不是傻瓜,更不是理想主义者。但是当你已经开始着手改变时,第一件事就是必须认识到传统贸易模式的存在,另一件事是加强同南非这种国家的友好贸易关系模式。不管我们怎么说,到目前为止这种贸易格局一直在持续。坦桑尼亚人民建议全世界人民——尤其是欧洲各国和美国——应该转变方向,采取行动,孤立南非。只有这样我们才有望实现和平变革。

主席先生:联合国会议频繁讨论南部非洲问题,有些成员国已经对此感到厌倦,甚至会质问为什么联合国反复讨论这个问题。但是南部非洲人民却无力改变遭受压迫的境况;他们正因此而遭受折磨。他们不厌其烦地重复诉说他们的遭遇,这是他们求助的呼声。

南部非洲问题是一个原则性的问题,我们决不妥协。一旦对某个人权问题妥协,也就意味着对所有人权的否定。"人无完人,金无足赤。"我从不认为坦桑尼亚完美无瑕,或者坦桑尼亚从没有人权问题。我们会不断努力,让自己少犯错误。但是把社会建立在对人权的否决上就完全是另外一回事了。如果生活在那种社会里,我们必将自食其果。因此,我们最终还是要回归人性。

主席先生:联合国的初衷就是维护世界和平。众所周知,没有正义就没有和平。争取公平正义的斗争越是声势浩大,赢得和平的可能性就越大。我希望所有联合国成员都能够采取正义的行动,为南部非洲的和平不断努力。

29 教会和社会

> 1970年10月16日,尼雷尔总统参观了美国纽约市郊外的玛利诺传教会总部。这个宗教组织的很多成员仍然在坦桑尼亚工作,应他们的邀请,总统先生(他本人也信奉天主教)为那里的修女们做了一次演讲。这个演讲被译成多种文字,广为传阅。

贫穷并不是现代世界的真正问题。我们有知识,有资源,这些可以帮助我们摆脱贫穷。真正的问题——那些催生不幸、挑起战争和仇恨的东西——是将人类划分成富人和穷人。

我们可以从两个层面看到这种贫富差距。从国家层面上来看,少数人掌握着巨大的财富,这些财富给他们带来了无上的权力;而大部分人民却在遭受不同程度的贫穷和剥削。甚至在美国这样的国家,这样的贫富悬殊也存在着。在印度、葡萄牙和巴西这样的国家,少数特权阶层的富人和广大贫苦的百姓之间的贫富差距,更是这些国家极大的耻辱。

从世界层面看,如果把这个世界看作是所有国家的总和,我们可以看到相同的情形上演。几个经济发达的国家控制了整个世界的经济和政治;而多数弱小贫穷的国家的命运只能掌握在别国手里。

贫富悬殊不单单指有的人大腹便便而其他人食不果腹;有的人绫罗绸缎而其他人衣不蔽体;有的人豪宅美院而其他人无家可归。也不是指富国有足够的资源为它的公民提供舒适的生活,而穷国甚至提供不了最基本的服务设施。这个问题的现实性和深刻性在于富人有权力操纵穷人的生活,在于富国有权力操纵穷国的政策。更重要的是,我们的社会和经济体制,无论是国家的还是国际的,都在维持这种差距,并使它不断扩大,结果富的变得更富,更有权力;而穷的变得更穷,甚至不能决定他们自己的未来。

无论说再多人类的平等、对贫穷的斗争、发展的方法，贫富差距还是会继续存在下去。一个国家里的富人和世界上的富国，不断地变得更加富有，速度远远超过穷人和穷国摆脱贫穷的速度。有时这是富人刻意为之的，他们运用财富和权力来达到这个目的。但是往往它是"自然而然"地随着人类自己建立的社会和经济体制的正常运转出现的。就像来自地球上最干旱地区的水最终会流回汪洋大海，来自最贫穷国家和穷人的财富最终会流向那些本来已经富得流油的富国和富人。一个人已经穷得只能一天买一块面包，他买面包的钱还在为面包店主积累财富，即使店主早已赚得盆满钵满。一个国家穷得要靠在国际市场上出售初级商品来购买发展所需要的设备，却发现这些设备的价格是那些"自由市场上的巨头"制定的，在它们面前，它只是个侏儒。

"因为有的，还要给他；凡是没有的，连他所有的也要夺去。"[①]

但是国家和国际范围内，极少数富人和绝大多数穷人之间的贫富悬殊，正为大多数人越来越不能容忍——确实如此。世界上的穷国和穷人已经在反抗；如果不能巩固变革来扩大社会公平，那么这种反抗会成为爆发点。不公与和平在长时期内会难以调和。在一个动荡的世界里稳定必然意味着以公平为目的的有序的变革，而不是对现状唯唯诺诺。

在这种环境下，发展已经成为了和平的另一个名字。正是这种环境，显示了审议人民发展问题的紧迫性。

以人为本

发展的目的是为了人。正是物质条件和精神条件的创造，使得人作为个人，作为物种日臻完善。基督教徒对此很容易理解，因为基督教要求每个人应当渴望通过基督与上帝合一。尽管教会——作为它专注于人的结果——避免了将发展与建立工厂、增加产量或者更漂亮的国民收入数据等同起来，事实表明它通常会犯相反的错误。教会的代表和宗教组织通常表现得好像人的发展是一种个人的和"内在"的事情，可以脱离他赖以生存的社会和经济。他们宣扬顺从；他们接受当今世界的社会、经济和政治格局，认为它们是不可改变的。他们试图通过爱心和善良来改变难以容忍的环境，用爱心和善良帮助救赎的"目

[①] 此话引自《圣经》"马可福音"第四章第25节。——译校注

标"。但是,当这些贫穷和压迫的受害者勇敢地站起来,努力改变这些环境时,教会的代表们却袖手旁观。

今天我的目的是建议教会应当接受这个事实,即人的发展意味着反叛。在历史的某个决定性的时刻,人民下定决心,奋起反抗那些束缚他们人身自由的条件。我的意思是,如果不能积极参与到反抗这些把人打入贫穷、卑微和堕落的社会结构和经济组织的活动中去,那么教会就与人毫无关系,基督教也只会堕落成为恐惧者信奉的封建迷信。如果教会、它的成员和它的组织不能传达上帝对人类的爱,不能参与和领导反抗目前人类生存的恶劣环境的建设性工作,那么它就与不公和迫害无异。如果是这样,它就灭亡了——人道地说,应该灭亡——因为它对现代人来讲毫无用处。

人类生活在社会里。只有当他成为社会一员的时候,他才对他自己,对他的同胞有意义。因此,谈到人类的发展,并致力于人类的发展,一定意味着为人类服务,提升他的生活水平,捍卫他的尊严的社会的发展。因此,人类的发展包括经济发展、社会发展和政治发展。在人类历史的这个时期,它必然意味着不满足于现状,坚定不移地寻求变化。人类目前的情形对于所有那些认为每个人是造物主独一无二的作品的人来说实在难以接受。我们说人是按照上帝的样子被创造出来的。我很难想象上帝的形象是贫穷、无知、迷信、恐惧、饱受压迫、悲惨不幸的——而这正是当前大部分他按照他自己的形象创造出来的人类的形象。人类是他们自身和环境的创造者,但是在现在的情形下,创造我们的不是上帝,而是我们其他人类同胞。

对于基督教徒来说,这些当然都是无可争议的。人类从来没有如此团结又如此散漫;从来没有过这种行善的能力,也从来没有在这么明显的不公平下受尽折磨。人类的能力从未如此清晰、如此明显地被蓄意否决掉。

从技术的角度讲,世界是一个整体。人类从月球遥望地球,看到它是一个整体。我可以乘坐喷气式飞机在几个小时以内从坦桑尼亚飞到纽约。无线电波使我们彼此能够交流——无论是赞美还是辱骂——不过是几秒钟之间的事情。商品的制造材料和技术来自世界各地——然后在离产地千里之外的地方出售。

通过技术的发展人类之间的相互依赖不断增强,人类之间的差距也在以前所未有的速度在扩大。据说美国人的年均收入是3200多美元;坦桑尼亚人的是 80 美元左右——也就是说,一个坦桑尼亚人要花 40 年的时间才能赶上一个美国人一年所挣的钱,而且我们还不是世界上最贫穷的国家。据估算富国每年人均收入增长大概 60 美元,而穷国每年不到 2 美元。今天世界上多达 5 亿人口在遭受饥饿,食不果腹,而且每两个人中有一个正营养不良——缺乏蛋白质和其他必需的营养物质。最后,让我提醒一下大家,即使在世界上最富裕的国家,仍然有成千上万甚至更多的个人、家庭和集体在遭受贫穷的折磨。

所以,世界并不是一模一样的。它的人民被分为三六九等,而且人们从未像现在这样意识到这种差距。有人吃美食吃到腻烦,而有人在饥饿中挣扎;有人手握重权,而有人无权无势。他们是统治者和被统治者的关系;他们是剥削者和被剥削者的关系。只有少数人锦衣美食,掌控着世界上的财富,操纵着他们的百姓。而且,通常情况下,这一小部分人有着鲜明的特征,就是肤色和种族。他们所在的国家有一个更加鲜明的特征——信奉基督教。

这种情况不能再持续下去。基督教徒首先要反对这一现状。人类的发展,各民族的发展,都要求世界是一个整体,社会公平应当取代目前的压迫和不公而存在。

人是社会的一员

为了达到这一目标,经济发展的同时财富必须平均分配。贫穷的国家、地区的人民必须得到帮助,增加他们的产量;通过公平分配,他们才能得以增加维持体面和自由所需的消费品。

我们需要的不仅仅是贫穷国家国民收入数字的增加,也不是某种粮食或工业产量的巨大增长。新工厂、新马路、新农场等等,是必需的;但是仅仅靠它们是不够的。经济增长必须是这种增长,必须是这样组织起来:它要对饱受贫穷的国家和人民有益。这意味着社会和政治的发展必须伴随着经济的发展——甚至超越它。如果社会不是以人民控制他们的经济和经济活动的形式组织起来的,那么经济发展会导致不公平的加剧,因为它将导致国家和国际上的不平等。那些控制了人民生计的人控制了人民。当一个人不得不依附他人才能得到工作和食物时,他的自由就是虚构的,他的平等也荡然无存。同样,如果一个国家的经济资源被另一个国家操纵,那么它也没有真正取得独立;如果一个国家无法控制它的人民的生活来源,即使它取得了政治独立也没有意义。

换句话说，人类的发展是伴随着经济的发展而发展的，而这要建立在所有人的平等和尊严的基础上。人的尊严无法通过别人的仁慈赐予另一个人。相反，来自慈善行动的仁慈会摧毁一个人的尊严。因为，人类的尊严包括平等和自由，以及人与人之间的相互尊重。而且，它依靠责任而存在，依存于积极参与到人类的社会生活活动中来。

国内社会和国际社会的整体结构与人民的发展相关。可是，现在却没有社会能说它服务于这个目的。没有或者只有少数社会能接受和组织这种服务，于是社会主义就呼唤期望日益上升的革命。

很难说天主教控制和影响下的社会是为了社会公平组织起来的。要证明这些社团服务于社会公正是不可能的。在资本主义制度下，技术和经济发展取得了极大进步。但是生产什么产品，怎样生产却是由少数控制着土地和资本的人决定的。而他们决策中的决定性因素，在于这项活动是否能给他们带来金钱利益、权利或者名声。即使人类的需求被考虑到，它也是第二位的。因为建造廉价房"无利可图"，所以不建这种房子；同样"没钱"建学校和医院。但是豪华公寓可以建，六条车道的高速公路可以建，因为这些东西能带来利润。结果就是，少数人住在豪华公寓，挥霍人类创造的财富，显示他们的显赫地位，巩固他们的权力。同时，大批的男人、女人和儿童被迫沦为乞丐，生活在脏乱不堪的环境里，忍受疾病的折磨，毫无保障可言的生活简直可以摧毁人的灵魂，而这些都源于他们身不由己的贫穷。

让我们讲得更明确一些。如果教会对作为个体的人感兴趣，它一定表现出对个体所属的社会感兴趣。因为，人类是由他们所生活的环境塑造的。如果他们像动物一样被对待，他们会表现得也像动物。如果他们被否认了尊严，那么他们也会毫无尊严地活着。如果他们只是被看作可有可无的生产工具，他们会变成没有灵魂的"双手"，生活对他们来说不过是逃避劳动，通过卖淫等手段满足幸福和虚荣的幻想。

因此，为了实现将人带给上帝的职责，教会必须要保证人活得有尊严、劳动得有保障。教会必须变成促成社会公正的一种力量，并与其他社会公正的力量一起努力，无论它在哪里，无论以什么形式。而且，教会必须认识到人类只有通过自身劳动，通过为了共同的利益的团结协作，实现有尊严的发展和进步。教会无法提升一个人；它只能提供环境和机会，帮助他与他的同胞合作，实现自我提升。

对于那些为了教会的事业而献身的人来说，这意味着什么呢？

首先，它意味着仁慈是不够的；虔诚是不够的；慈善也是不够的。那些现在遭受贫穷的人，无论他们身处第三世界还是发达国家，需要得到帮助；他们需要建立信心，相信他们有能力掌控他们自己的生活。他们需要得到帮助，并按他们的意愿来掌控自己的生活。他们需要获取自由，有意义的自由。这对教会和人类来说同样重要。只有人处在能做出有效选择的地位上，他们才会成为真正的基督教徒，否则只是名义上的基督教徒而已。他们皈依教会仅仅是另一种逃避不幸现实的方式；如果你愿意，宗教成为这些人的精神鸦片。

所有阻碍人活得有尊严有体面的东西必须受到教会和它的神职人员的猛烈抨击。事实上，身不由己的贫困没有任何神圣之处。尽管圣人也许会生活在贫民窟，但是我们不可能因此将贫民窟作为培养圣人的圣地保存下来。一个人被迫过那种绝望无助的生活，对他自己，对他的家人，对他的国家都没有好处。而他是否对上帝有好处，我就不做评价了。

教会要以最有效的方式帮助人类摆脱贫民窟的处境；但是，大部分教会必须公开反抗那些机构和那些权力集团。因为它们无不助长和维持了实实在在的贫民窟和精神上的贫民窟——无论这对它自己和它的成员造成什么样的后果。教会必须和人民一起积极地建设建立在社会公正基础上的未来。它必须积极参与到发起、巩固和缔造这些既必要又不可避免会发生的变革中来，无论身在何处，无论环境如何，都要将这种变革变成可能。

只有通过这样做，教会才能有望减少仇恨，笃行它将爱赠予每个人的信条。它的爱必须通过它爱憎分明的行动表现出来。如果教会对现有的罪恶采取默认的态度，它就是把自己和基督教同不公正等同起来，任由它持续存在下去。

其次，教会的成员必须和人民共同努力。对在座的玛利诺修女们这么说也许你们会感到奇怪，但是有一点很重要，就是我们必须强调要共同努力，而不是为之效力。宗教领袖们的任务不是告诉人民该怎么做，而是在平等和共同人性的基础上分享。只有通过分享劳动、苦难、知识、迫害和进步，教会才能为发展做出进步。这意味着在各个层面的意义上"互相作为成员"而分享。如果教会不是我们贫穷的一部分，不是我们反抗贫穷和不公的一部分，那么它就不属于我们。

我认为,宗教成员的另一种变革功能与社会服务有关。在世界上很多地方——尤其是在非洲——天主教建立了自己的学校和医院。这些都是无价的财富;他们提供了教育和医疗卫生服务给了那些一穷二白的地区。但是我相信,这种援助只是暂时的,一旦有可能,教会的成员们应当与人民公办的组织协同合作。兄弟姐妹们应当在公立学校和医院工作;他们应当做国家、地区或城市机构里的地区巡回护士。通过采取这种政策,教会可以表明它的意图是为人民服务,而不是控制人民。教堂要将这种服务与传道活动区分开,这样一来教堂才会清楚,它希望人们皈依基督教是出于信念,而不是出于接受恩惠的感激之情。

最后,我相信宗教组织的成员必须鼓励和帮助人们在为发展而必须采取的行动中团结合作。在实际情况中,国家与国家不同,地区与地区也不同。有时候这意味着帮助人们成立和管理他们自己的合作村。有时候这意味着帮助人民形成自己的工会——不是仅限于基督教徒的工会,而是不分宗教信仰的工会。有时候这意味着教会领导人参与到民族自由运动中去,成为运动中的一分子。有时候这意味着与当地政府和其他机构合作;有时候这意味着与当权的权威机构和统治者作对。但无论哪种情况,宗教总是要站在社会公正这边,帮助人们为了共同的利益而和平共处,团结合作。

我们必须承认,到现在为止,教会在这些事务上的表现并不那么令人满意。在那些信奉天主教的国家也并不是人人享有尊严,社会公正盛行,经济发展迅猛。教会在拉丁美洲并非毫无影响力。我听说世界上三分之一的天主教徒生活在次大陆。但是我们不会将那部分地区与进步和社会公正联系起来。相反,拉丁美洲地区生活的贫穷、剥削和悲惨却是我体会最深刻的。西班牙的教会势力庞大,但它也不是自由和公正的楷模。与此相关的还表现在意大利和法国有西方国家规模最大的共产党组织。所有这些都反映了天主教会、领导人和它的成员们的失败。

在拉丁美洲的很多国家有教士(有时候是主教),在西班牙有很多耶稣会信徒和世俗教士,在罗得西亚和南非有教士和主教,还有其他国家的教会成员们,他们与人民共同努力,为人民代言。这些神职人员有的被暗杀了,有的被囚禁了,有的饱受酷刑折磨,不幸的是,有的被教会的等级制度驱逐或者下放。但是他们所有人都在挽回天主教和基督教的声誉,让我们看到什么可以做,什么必须做,即使是付出巨大牺牲的代价。他们的工作是无价的,但是我们必须承认这样的人太少了,有太多的偏差要弥补。

长期以来,教会都在人类社会重大问题上保持沉默,甚至与那些利欲熏心的人为伍。即使现在,尽管教皇约翰和教皇保罗三令五申,第二次梵蒂冈会议也做出了规定,但是通常教会的作为还是维持已建立的秩序——不论它的宗旨是什么。现在我们需要改变的就是这种做法。这些为了社会公正而努力的神职人员在他们为宣扬基督的教义而遭受苦难时,需要整个教会的慰藉和支持。他们听从良知的召唤,在此过程中,他们让我们看到了前进的道路。但是他们往往发现他们只是在孤军奋战,没有得到教友们的支持。他们发现整个教会还没有为世界上的公平公正承担起应有的责任。

在非洲的葡萄牙殖民地,我们看到了同样的一幕。几个世纪以来,教会未加任何反抗,就接受了奴役、折磨、剥削和外国统治。即使现在,教会也不肯站出来反对莫桑比克、安哥拉和几内亚比绍的殖民统治和压迫。没错,近几个月来,教皇已经接见了三个民族主义领导人;但这仅仅是个开始。除非接下来他能够发表公开演讲,采取实际行动,否则天主教会还是在继续支持葡萄牙的暴政。

我不是说教会应当放弃它本身的职能,或者支持某个政党或政治学说。相反,我所说的是教会不能再继续支持多行不义的政权或财富大亨们。教会应当支持对社会公正的追求。这才是我想让你们提高的地方。穷人和被压迫的人不应来向你们寻求施舍,而是获得援助,反抗不公。

与非天主教徒的合作

我们必须要认识到,其他人——非天主教徒和基督教徒——也会致力于促进社会公正;我们没有垄断美德!我们不必害怕这个。相反,我们应当欢迎其他人士投身于公正。我们不必认同别人相信的一切东西,即使是为了和别人在某个项目或者活动上开展协作,也没有必要。教会必须支持它所认为是正确的东西;这才是它的立场和目的。但是它应当欢迎所有与它站在同一战线上的人,即使它那时正在反对那个人或者组织,它都要继续这样做。

好的东西,如果共产党说它好,它也不会变坏;坏的东西,即使法西斯支持它,它也不会变好。同样,剥削穷人的行为,不会因为共产党说它是错误的就能变得正确;为攫取利润而不是为了满足人类需求的生产活动,不会因为共产党说它导致了不公正,而变得更加公平。为了人民的共同利益来组织社会,人民一起生活,一起工作,虽然这是社会主义,也不会因此变得邪恶。建立在贪婪和利己基础上的体系不会因为它标榜为自由企业而变得高尚。让教会根据基督教教义自己甄别是非对错,不要让它受到其他团体或个人言行的影响。让教会欢迎所有赞同它的判断的人与它合作。

> 于是王要向那右边的说:"你们这蒙我父赐福的,可来承受那创世以来为你们预备的国;因为我饿了,你们给我吃;渴了,你们给我喝;我作客旅,你们留我住;我赤身露体,你们给我穿;我病了,你们看顾我;我在监里,你们呢来看我。"
> 义人就回答说:"主啊,我们什么时候见你饿了,给你吃,渴了,给你喝?什么时候见你作客旅,留你住,或是赤身露体,给你穿?又什么时候见你病了,或是在监里,来看你呢?"
> 王要回答说:"我实在告诉你们,这些事你们既做在我这弟兄中一个最小的身上,就是做在我身上了。"①

我们知道,人都会犯错误,我们的任务是服务,不是做判断。我们接纳那些创造和维持现有政治和经济体制的人加入教会(假如他们只在每周日来到群众中间,尽一份他们的职责,或者为传教活动出点力)。但是正是他们维持的体制导致数百万人忍饥挨饿,衣不蔽体;正是这种体制使得一个国家里一部分被其他人孤立,仅仅因为他们贫穷,无权无势,而备受欺凌;正是这种体制迫使数百万人身染本可以预防的疾病,使得那些有勇气抗争的人身陷囹圄。那么,我们有什么权利拒绝那些为人民服务的人,而拒绝的理由仅仅是他们不肯接受教会的领导,不肯承认耶稣的神圣和上帝的存在呢?我们有什么权利认为万能的上帝会对那些全心全意为他的子民们服务、苦苦追寻公平公正的人置之不理,而理由仅仅是他们没有以上帝的名义来做这些呢?如果上帝要问世界上悲惨不幸的人们,谁是他们的朋友,我们能信心满满地说我们知道他们的答案吗?而

---

① 此文引自《圣经》"马太福音"第25章。——译校注

这个答案难道与那些一心为上帝服务的人无关吗?

> 凡称呼我主啊、主啊的人,不能都进天国;唯独遵行我天父旨意的人,才能进去。
>
> 当那日必有许多人对我说:"主啊、主啊,我们不是奉你的名传道,奉你的名赶鬼,奉你的名行许多异能吗?"
>
> 我就明明地告诉他们说:"我从来不认识你们,你们这些作恶的人,离开我去吧!"①

不止是这些。我们不必担心和不同宗教信仰或者没有宗教信仰的人一起工作,也不必被新的观点、新的计划或新的项目吓倒。世界需要新的观点、新的组织,就像它需要践行基督教的真理一样;没错,在这个二十世纪技术先行的世界,我们需要新的方法来践行这些真理。教会应当担起这份责任,找出前进的新道路,当别人指出这新的道路时要承认它们。恐惧未来,恐惧未来的需求,绝对算不上"我们基督教是一种生活的信仰":如果你喜欢,可以把它叫作革命的信仰,因为没有行动的信仰是毫无结果的;没有信仰的行动是毫无意义的。

> 我来了,是要叫羊(或作"人")得生命,并且得的更茂盛。

教会扮演的角色

所有这些,是要呼吁教会认识到社会变革的需要,并在其中扮演领导角色。几乎所有成功的社会变革都是由那些本身就在他们想要取代的体制中获益的人领导的,历史上向来都是如此。特权阶层的人常常会加入革命,并领导穷人和惨遭蹂躏的人奋起反抗社会不公。这一时刻现在必须来临了。

在世界上富裕的国家里,受到良好的教育、身体健康、安全有保障的人必须准备站出来,为那些无权享受这些的人们争取公平的待遇。在穷人已经开始争取社会公正的地方,至少特权阶层应该有一些人要帮助他们,鼓励他们。在穷

---

① 此文引自《圣经》"马太福音"第7章。——译校注

人还没有开始抗争的地方,恰恰是那些有更多发展机会的人应该激起穷人的抗争意识,摆脱因贫困导致的麻木冷漠。我想说,基督教徒们应当成为这里面的中流砥柱,教会应当努力壮大那些拒绝在现有的不公正秩序中保持沉默的队伍。

上升到国际层面,道理仍是如此。贫穷落后的国家正开始呐喊,抗议他们的生存条件。他们从斯堪的纳维亚半岛上的国家和加拿大这些国家那里汲取了力量和效力,这些国家的人民正开始意识到,他们的财富在一个贫穷的世界里既不安全,也不公正,他们在促成变化发生的过程中发挥了带头作用。

我是说,教会应当和这些国家一起,如果有可能的话,帮助扩大这样的国家的队伍。我是说,教会应当成为反对富国统治,反对为富国谋取利益的国家或组织中的一分子。富国的教会成员们应当壮大这支队伍,来反对世界范围内富国剥削压榨贫穷落后国家的行径。

只有通过在这些方面开展活动,教会才能证明它与当今世界息息相关。教会的目的是人——人的尊严、人在自由中发展的权利。为了人类的发展,任何国家的任何机构有必要的话都要为之做出牺牲。所有的人类社会机构,包括教会,是为人民服务建立起来的。教会机构应当由它的成员领导,攻击那些压迫人民、剥夺人民作为仁爱上帝的子民所拥有的生活权利或权力的经济、社会和政治机构。

在贫穷的国家,教会也要扮演同样的角色。它要积极地与穷人保持一致。它必须加入到人民反抗不公和剥削的活动中去,领导人民走向虔诚。它必须与那些参与到这项事业的人紧密团结在一起;它不能与拜金主义者为伍,而要与人民的公仆结伴。它的成员们必须作为世界的仆人,乐于将他们的知识和能力与那些他们在基督教中看作是兄弟姐妹的人们分享。

朋友们:曾几何时,基督教遭受迫害,它的信徒们饱受歧视和嘲弄。今天天主教所在的社会,是否如此倡导公平,如此为上帝和人类服务,以至于不必在追求社会公正的过程中冒着类似被拒绝的危险呢?我想不是的。我相信泰亚尔·德·夏尔丹所说的:"一个基督教徒能愉悦地忍受迫害,为的就是让世界变得更好。他无法接受的是,他的死是因为别人指控他是'人类前进道路上的绊脚石'。"

尊敬的主席:在此引用教皇保罗六世的《道通谕》中《论人类的发展》中的两

段话来结尾再合适不过了：

如果拥有世界上财富的人，眼睁睁地看着他的兄弟陷入危难，却将他的心门关闭，上帝的爱怎么会跟他同在呢？

……我引用圣安布罗斯的话："你并非是将你的财产赐给穷人，而是把他所拥有的东西交给他。因为你所给予其他人的，不过是你冒领的……"

这种私人财产，并不表示绝对的无条件的占有权。没有人可以名正言顺地将他不需要的东西占为己有，而其他人却缺乏必需品……

这封信后面写道：

对不幸的生活发起战争，反抗不公正，是要促进所有人类物质和精神上的进步，同时改善了生存条件，因此也促进了人类的共同利益。和平不仅仅是没有战争发生，那只是不同势力取得极度危险的平衡的结果。不，和平是在追求上帝心目中的规则的过程中，日积月累建立起来的，这意味着人类之间要构建起更为完美的公平形式。

30 代表的选举

> 1970年10月,坦桑尼亚举行总统大选,议会和委员会选举也在大陆举行。10月24日,尼雷尔总统在广播讲话里谈到选举的重要性和坦桑尼亚一党制的意义。

……选举人的选择是切切实实的,也是至关重要的。坦盟的政策很广泛,涵盖了政治和经济的方方面面。因此,每一位候选人和选举人都必然只会关心坦盟政策的某一方面。这无可非议;相反,这是件好事。我们的议会和委员会需要有不同的兴趣、多种知识结构的人才。我们决定了要在自力更生的基础上建立社会主义,但这仅仅是一个开始;它只决定了我们前进的方向。然后,委员会和议会将制定决策,指导我们该如何走向社会主义……

……通过仔细考虑不同候选人对政策不同方面的兴趣,有助于帮助你决定谁才是议会选举或地方政府选举中最能充分表达你们的兴趣和愿望的候选人。但是我希望两位候选人都能明白,没有什么事是一蹴而就的,世上也没有免费的午餐。事实是,如果有人竭力主张要有更多更好的公共服务,他可能也在要求你们选举人支付更多的税,或者要抬高当地物价。如果他们承诺,一旦当选将会实行很多改革,且所有的改革都不会损害你们的利益,甚至不需要你们付出努力,那么他们或者是在故意误导你——认为你是傻瓜——或者他们自己就是。我们能够实现自我发展,但不可能不奋斗、不牺牲,也不可能一夜致富。

当你考虑该如何投票时,还有一件事必须铭记于心。一个忠诚的坦盟支持者或者一个优秀的候选人一定要忠于党,接受根据坦盟宪法制定的决策。但是这并不意味着,他必须认同每一项由坦盟领导人甚至是国家执行委员会提出的建议;也不意味着他要为我们所做的一切工作欢呼喝彩——因为我们难免会犯错误。坦盟成员的行动必须与坦盟决策保持一致,但是他们仍然可以主张有些决策需要修改。只要坦盟成员和候选人能够对坦盟政策的执行、对目前为止我们给予这些政策不同方面的优先权提出宝贵的批评意见时,坦盟政策才能保持旺盛的生命力,才会积极响应人们的需求。我们需要由诚实、忠诚的人组成的议会和地方委员会;但是我们也希望议会和委员会成员们有自己的见解,有能力对我们如何更好地实现社会主义目标提出真知灼见。如果委员会或议会里都是些只会人云亦云、随声附和的人,这对我们取得进步、实现民主毫无帮助……

在一党制的体制下,只有两个人可以获得提名,因此坦盟地区委员会和全国执行委员会必须选出两名在它们看来最有能力、最合适的人选。即便如此,当你听了候选人的演讲时,根据你现有的知识来判断,你可能会觉得某个候选人比另一个更真诚、更无私。也许你会认为,一个人在通过国家管理机构为他的监护人或选民以及我们国家服务的过程中,能更好地表达他的观点,更好地开展他的工作。这时你就会想到我们制定的竞选政策。

当一个选举人决定要选谁时,这些都是他应该考虑的。但是投票是秘密进行的。你不需要告诉任何人你想把票投给谁或者你投了谁的票。当然,如果谁用钱贿赂你,你应该立刻举报他;同样,如果谁想给你好处来拉选票,你也要用同样的方式来对待他。而且,如果任何候选人私下为自己拉选票,选举人就应该慎重考虑,这种人是否足够诚实,是否有能力担任委员会或议会的职务。我国的政治体制规定,候选人只能参与坦盟组织的官方竞选活动,只能通过公开演说和发放由坦盟发行的书面材料的形式为自己拉选票。

只要你乐意,你随时可以和朋友讨论不同候选人的情况。并且,在你听了两位候选人的演讲后,你可以给其他不在场者解释为什么你认为这个候选人比那个更优秀,这是你作为公民的权利。但是你也有权利拒绝讨论候选人的情况,拒绝透露你会投谁的票。投票是秘密进行的……

当10月30号这天,你将选票投进投票箱时,你并不是在为候选人过去的服务投感谢票。你是在为将来为你服务的候选人投出信任的一票。在你看来,也许某个以前很优秀的候选人现在年老体迈,疾病缠身,恐怕很难像过去五年一样做好下一届的工作。但是,过去只是个人能力的一种体现,并不代表全部……

但是我们不能像对待穿着那样,随随便便对待领导问题……

选举不是挑选新款坎嘎布。你的选票是为全国人民选出未来五年的领导人。如果你对前任领导没有信心,你可以选出另一个你更信任的人选。如果前任领导在任期内出色地完成了工作,那么你没有理由去怀疑未来他能否继续胜任领导工作;如果他的对手并不一定比他更出色,千万不要仅仅为了改变而更换人选……

# 31 坦桑尼亚—赞比亚铁路

> 1970年10月,连接坦桑尼亚达累斯萨拉姆至赞比亚卡比里姆波希的坦赞铁路先后在两国举行开工庆典。赞比亚总统卡翁达出席了在达累斯萨拉姆举行的典礼仪式并发言。10月28日,坦赞两国总统以及中方人员飞赴卡比里姆波希参加在赞比亚举行的庆典,在庆祝仪式上,尼雷尔总统发表了如下讲话。

……终于轮到赞比亚和坦桑尼亚这两个已获独立的国家收获工程硕果了。这个项目我们已商讨数年,因为早在1947年我们就计划修建一条连接赞比亚(当时称"北罗得西亚")与坦桑尼亚(当时称"坦噶尼喀")的铁路。早在1952年,修筑铁路所需的费用、工程量等方面的报告即已完成。其中的一份可行性报告出自"东非铁路公司及海港协会"之手,报告认为修建坦赞铁路是可行的、值得的,然而计划最终却不了了之。直到受到坦赞两国民族解放运动的压力以及坦噶尼喀获得独立后,事情才逐渐有了进展。那时,当感觉到即将执政的赞比亚联合独立民族党很快会将铁路建设工作提上日程时,北罗得西亚的殖民政府便敦促世界银行对筑路一事给出一份调研报告。然而,世界银行委员会拿到的调查项目参考实际上已经做出预判,结果就是世界银行发表了一份关于坦赞铁路从经济意义上不可行的报告。

幸运的是,无论是坦桑尼亚还是赞比亚从来都没有对修建一条贯通两国铁路的至关重要性有过犹疑。我们两国政府都决计要把坦赞铁路修建起来。我们认识到,着眼于未来,非洲统一后也需要有一条贯穿非洲大陆南北的铁路;我们还认识到建设一条连接赞比亚及其北部各国的铁路对保障非洲的安全十分重要,对我们坦赞这两个"前线国家"而言尤为如此。

南部非洲的局势,尤其是罗得西亚史密斯政权的单方面宣布独立,确实使得建设这条铁路变得更为迫切,因为拥有一条连接达累斯萨拉姆港口的铁路,对赞比亚全面实施其连接本国与自由非洲国家乃至其他北部各国的政策十分重要。在殖民统治时期，赞比亚仅仅同南部非洲国家打交道。尽管坦噶尼喀当时也归英国政府管辖，但是我们两国之间没有任何铁路相连，就连两国之间的公路交通也只适合旱季时的轻型货运。因此，当1965年12月史密斯叛乱政权因宣布独立而遭遇经济制裁时，新独立的赞比亚国家首当其冲，立刻便面临着许多困难。

不过，尽管因历史遗留问题引发的经济及交通运输等方面的困难，赞比亚始终全心全意地支持非洲国家抵制罗得西亚的政策。当然，赞比亚未能立即对罗得西亚进行经济制裁，也未能使其所有的制裁都百分之百地有效；当然，暂时从罗得西亚尽可能少地进口货物却不得不相应地从南非增加进口这些货物，但是，在赞比亚总统卡翁达以及联合民族独立党的领导下，这个国家的人民付出了其他国家难以想象的代价，做出了局外人至今无法想象的牺牲。事实上，我对那些致使赞比亚国家陷入困境的人们深恶痛绝；对那些现在置身千里之外，胆敢指责该国政府及人民长期以来所作所为的人们深恶痛绝。没有第二个国家能够像赞比亚那样在没有引起国内骚乱及政权更迭的情况下做么多事情，对自由信念的坚信使得这个国家做到了这一点。

卡翁达总统阁下：那些胆敢批评贵国人民在抵制罗得西亚及南非方面未曾发挥作用的人们是为人不齿的。他们不但忽视而且否认赞比亚在克服历史遗留问题方面所做的各种努力，他们总是以赞比亚和南部非洲有贸易往来为口实，这种做法只会增强赞比亚国家敌人及自由敌人的力量。如此，我们的感受就远非言语所能表达。

当然，铁路建成后，获益的将不仅仅是赞比亚，坦桑尼亚也能从中获得直接和间接的益处：我们将从不断增加的商贸方面获益；我们将从赞比亚使用我们的达累斯萨拉姆港口而非现在的葡属贝拉港口方面获益；我们还会从其他方面获益，因为坦赞铁路的建成将会使两国的同盟关系更加巩固，这有助于我们抵挡非洲尊严和非洲自由的敌人向我们施加的压力。

我们的获益远不止这些，整个非洲都会受益于这条铁路。我们获益是因为该条铁路将会增强赞比亚的力量，因而也就增强了我们获取自由的力量；我们获益是因为非洲各国间的贸易活动将会变得更为便捷，这样无疑会促进坦赞两国及各国之间的商贸发展，尤其是促进东非各国间的商贸发展，因为铁路运输使得近距离的商贸接触成为可能。我想再补充一句,我认为铁路建成后,赞比亚将成为"东非共同体"①中更为自然、更加注重互惠合作的一员,比现在的情况要好得多。

然而,尽管有上述诸多益处,我却注意到国际社会对这项铁路工程的反应非常奇怪,那些指责我们修建坦赞铁路的国家,正是那些对赞比亚仍旧同南部非洲保持有限商贸往来颇有微词的国家!这些国家公开承认我们有权力修建坦赞铁路,它们偶尔也承认只有这条铁路建成以后赞比亚才有可能选择其商贸对象以及选择合作国家来运输国内的货物。在舆论的压力下,它们承认拥有一条通往非洲北部的铁路将有助于赞比亚获取自由,然而它们同时也不忘指出,通过修建现在这条铁路,坦桑尼亚与赞比亚将无法摆脱中国的影响!

对于这样的成见,我只想从以下几个方面来予以回应。首先,在1918—1961年间,坦桑尼亚和赞比亚是否为同一个殖民主义国家所统治呢?难道它没有足够的时间来实施它们至迟于1942年就商讨修建的一条连接两国的铁路吗?事实上,一直到1965年时,西方国家本可以满足我们的援建坦赞铁路的请求,然而却没有一个国家愿意这样做。而更有趣且多少有点令人惊讶的是,西方国家的非难中包含着自我暴露,因为这种非难包含着在它们看来援助从来都是一种控制工具的观点。这种非难是出自过去控制过非洲、现在还在不同程度上控制着非洲的那些人之口的。中国无论是在非洲还是在世界其他地方都未曾有过殖民地,并且他们国家的政党,当然不限于这些人,在反帝方面非常智慧且旗帜鲜明。我们又何尝不是如此?

因此,允许我说得再透彻些,我是代表我们两国政府及人民来说下面这些话的:我们非常感谢中华人民共和国来帮助我们建设坦赞铁路,感谢你们在援助我们时所表现出的气度,感谢你们提供援助的方式。铁路就是铁路,我们非常希望有人帮助我们修建铁路,中国人正在帮助我们修建这条铁路。不过,事情也不只是这么简单。这条铁路将是我们的铁路,它将不是中国人的铁路,原因就在于中国人正在帮助别人建设铁路!当前,中华人民共和国正在给我们提

---

① 东非共同体(East African Community)成立于1967年,初始成员国有坦桑尼亚、肯尼亚和乌干达,1977年解散;其后在2000年由坦桑尼亚、肯尼亚、乌干达在阿鲁沙重新组织成立;2007年,布隆迪与卢旺达加入,东非共同体成员国增至5个。——译者注

供一笔价值 28.65 亿先令①，相当于 2.865 亿克瓦查的无息贷款，用来进行铁路建设及购买火车机车。还款期开始后，坦桑尼亚和赞比亚将共同偿还这笔贷款。不过，直到这条铁路建成并为我们的经济发展做出贡献后，贷款的还款期才会开始。因为根据协定，我们的还款期到 1983 年才会开始，届时，我们将分批偿还贷款，直到 2012 年才最终偿还完毕！还款条件非"慷慨"一词所能形容：贷款是无息的，偿还期为 15 年，从 1968 年开始计算，总还款期超过 30 年。这是真正的"援助"！因此，至少可以这样说，中国人并不想靠修建坦赞铁路来获利。事实上，这条铁路是他们送给我们的礼物，因为假如通过商业贷款去获取这笔资金的话将需要支付极其高昂的利息。允许我再清楚地说一遍，我们很感谢这笔贷款，感谢它是无息的，我们十分感谢中国人为我们建设坦赞铁路所提供的各种帮助。我再次重复一遍，中国人没有因为这笔贷款来要求我们成为共产主义者！他们知道我们在任何条件下都不会出卖我们的独立自主，尽管我们很需要这条铁路。他们从来没有因为在帮助我们修建这条铁路而要求我们改变我们的国内外政策，他们只是很慷慨地在资金及人力方面向我们提供援助。

今年 12 月份的时候，大约会有 7000 名中国工程技术人员在坦赞两国工作，其中的 4000 余名工作人员此刻已经抵达。请允许我对那些已经或即将在铁路建设中艰苦工作、身先士卒的来自中国的男、女工程技术人员表示热烈欢迎，因为有了这些工程技术人员，不论铁路沿线地区的施工条件多么困难，这条长达 1900 千米②的坦赞铁路一定会在 6 年内顺利建成。

我刚才说过，我们欢迎这些工程技术人员，现在我仍要强调这一点，因为我们并不担心来此工作的中国人。虽然受长期以来的教条主义的影响，但是我们坚信中国人也是人，不是什么妖魔鬼怪。

当然，我们需要向这些前来帮助我们的中国工程技术人员学习，我们希望能够学习他们的技术与经验。坦桑尼亚的近期实践证明，中国工程技术人员很乐意向我们传授他们的知识技能。此外，我们还希望学习他们的历史及思想观念，因为世界的多样性是世界统一性的基础，不同背景、政治信仰、宗教及历史的人们，能够也需要相互理解、彼此包容。事实上，我们相信赞坦两国人民及在

---

① 约合人民币 9.88 亿元。"先令"、"克瓦查"分别为坦桑尼亚、赞比亚货币单位。——译者注
② 坦赞铁路的正线实际长度为 1860.5 千米。——译者注

此工作的中国人民都能在彼此身上找到值得学习的东西。随着接触的增多,中国这个大国和我们坦赞两个小国间的友谊将会不断加深,我深信一定会是这样的结果,因为我们非洲人需要和中国建立友谊,就像我们非洲人希望和其他各洲人民建立友谊一样。

如果认为坦桑尼亚和赞比亚将会采取敌视西方国家的政策,那将是十分荒谬的。铁路现在不会,将来也不会影响坦赞两国同欧美各国之间的关系。我们对某一国家的态度取决于该国在对待非洲国家事务及世界和平方面的态度,而非取决于它们是否满足了我们的援助需要以及是否在其他方面给与了帮助。正如我们在坦赞两国多次说过的那样,我们希望和各个国家保持友好关系,我们决不允许任何人为我们选择敌人。

不过,我们在非洲确实有自己的敌人,我们的敌人是现存南部非洲的种族主义与殖民主义。我们反对南非、罗得西亚的种族隔离制度,我们也反对葡萄牙的殖民主义政策,这条铁路的建成既不会增加也不会减弱我们的反对程度。当然,南部非洲尚未获得自由这一事实确实使这条铁路多少显得不同寻常,因为,如果南部非洲已获独立的话,它们今天一定会派代表参加我们此刻进行的开工庆典,分享我们的喜悦。实事求是地说,我们知道南部非洲的种族主义政权正竭力反对我们修建坦赞铁路,因为这条铁路的建成将会使赞比亚、坦桑尼亚以及整个非洲联合起来,它们不希望我们变得强大,它们希望我们成为它们的傀儡。

由于上述原因,我们明白很重要的一点,那就是南非当局很有可能会破坏我们的自由以及铁路工作,因此,在坦赞铁路建设过程中及建成通车后,坦桑尼亚和赞比亚两国人民都有保护铁路的义务。我们必须保护它免遭破坏,我们也必须抵制那些不怀好意的宣传带来的影响。南部非洲当局很可能通过政治施压、挑拨离间以及直接炸毁铁路等手段来实现它们的目的。我们要确保上述破坏活动不会发生,尤其重要的是,我们要确保赞比亚和坦桑尼亚的团结一如既往地牢固,我们要确保没有人能够在坦赞两国以及两国与中国之间挑拨成功。

我不相信那种试图离间我们的人能够取得胜利,因为多年的经验已经证明了这一点。南部非洲企图在赞比亚引起骚乱的活动无一例外地遭到失败,它们想让赞比亚和坦桑尼亚关系不和,结果也以失败告终。有鉴于此,我相信它们会继续失败下去。这帮人也曾诋毁过坦赞两国与中国签订的多边协定,在这方面,它们"目前"仍然是失败的。为什么说是"目前"呢？因为它们还会通过其他或粗暴或温和的方式竭力在两国与中国之间制造麻烦,它们肯定会继续失败下去。

1967年9月,当三国政府首次达成《关于修建坦桑尼亚—赞比亚铁路的协定》时,中国政府提出需要进一步对拟修建的铁路沿线地区进行详细勘察。尽管官方直到1968年4月才对外宣布勘察工作,实际上协定达成的当年9月,中方就开始根据协定内容进行了勘察工作。1970年上半年已基本完成了勘察设计任务,不久,坦赞铁路开工建设的各项准备工作都已大体完成。

事实上,虽然我们今天才正式举行坦赞铁路的开工庆典活动,虽然无息贷款协定直到1970年6月才正式签订,但是坦赞铁路的前期建设工作早在1970年4月就已经开始。中国人与我们自己都欣赏"先做再说"的口号,三国政府都赞赏这种做法……

我刚才说过,坦桑尼亚和赞比亚从中国那里获得了28.65亿先令的无息贷款。不过,我也说过这笔贷款必须予以偿还。我们对此有清醒的认识十分必要。中国正在帮助赞比亚及坦桑尼亚,但是铁路的责任权仍然是我们的。修筑铁路的贷款最终需要由两国人民来偿还,需要偿还多少,如何尽快地偿还,这将取决于建设这条铁路的工人们。因此,我们的工作人员能否全力以赴地工作,并且尽快地学会筑路技术,保护好筑路设备使其免遭偷窃及不当使用,将显得十分重要。坦赞铁路对促进我们的经济发展至关重要,谁要是对我们今天正在从事的工作进行破坏,他将会被视为是对坦桑尼亚及赞比亚两国国家的破坏……

迄今为止,我们做得很好……

不过,当然了,无论我们两国人民多么努力,要不是毛泽东主席领导下的中国政府及人民的热情、大力地帮助,今天的铁路开工庆典活动便不会进行。中国并不是一个富裕的国家,它是一个发展中国家。毫无疑问,中国所给予我们的各种设备及技术本可以在其国内的经济建设中发挥重要作用,本可以用来改善它本国的国计民生,我们很清楚这一点。我们所获得的帮助让中国承受了较大的民族牺牲,我们所学的知识让我们更加感激中国人的慷慨,他们是如此大度,完全不附加任何政治条件。

部长①先生，我们希望您能转达我们对毛泽东主席、贵国政府以及所有中国人民的感激之情。我们接受了中国的援助，并赞赏援助所代表的象征意义：它象征着一个穷国与更穷国家的合作；象征着中国与非洲的团结。我希望你们能够明白，语言无法充分表达我们的感激之情，我们将通过实际行动来证明这一点。我们将把这种感激化作尽力加快铁路建设的进度以及利用好这条铁路的决心，使其恩泽全非洲的工人与农民。

朋友们，让我们一起努力，让我们共建美好的未来。

---

① 此处"部长"当指方毅。据查证，出席此次仪式的中方代表有：方毅（时任中国政府代表团团长、对外经济联络委员会主任）、郭鲁（时任中国政府代表团副团长、交通部副部长）以及秦力真（时任中国驻赞比亚大使）。——译校注

32 朝气蓬勃的东非合作

> *1970年11月27日,在乌干达为索罗蒂飞行员培训学校进行奠基仪式时,尼雷尔总统谈到,我们应该为东非合作取得的成功而喝彩。*

……事实上,东非共同体取得的主要成果并没有迅速显现出来,我们尤其不能通过建筑物来衡量它的成就。因为东非共同体并不意味着建筑成群。它涉及团结合作、共同规划、协调发展以及合作经营,并且所有这些都在一直持续不断地进行着。

的确,我们常常听到有关东非共同体的问题。这些问题也确实客观存在!问题多得足够学者们写本书了!但是这种谈论要达到什么目的呢?关于国际合作的问题,只要合作方有意愿合作,那么问题就迎刃而解了。在东非我们可以断言,联合的意愿是存在的,我们的问题也会因此逐渐被克服——新的问题又会出现!将部分国家主权交给东非共同体,这显然是很困难的;这就意味着各国之间需要谈判,讨论——并达成妥协。这些都是合作的组成部分,对此,东非人民一直非常清楚。

问题是,报纸上谈论的困难总是多于成功。为实现统一所做的工作困难而又稳定,毫无精彩之处可言——因此也上不了头条、成不了新闻。一封封长信、一次次长会、一场场讨论、一轮轮谈判——协商在三个国家中的哪个国家境内设立特别总部,或者在它的管辖范围内设立特别机构——所有这些都是异常艰辛又具体的工作。如果会议达成了一致意见,就不会成为报纸上的新闻——最多在新闻栏底部有几行不起眼的报道。但是当会议争论变得白热化,最后谈判破裂,没有取得任何成果,此时谈判方之间的争论将成为热点新闻。如果你一定认为有问题,这才是真正的问题所在!

千万不要让这些新闻误导。东非共同体正在不断地取得胜利。它在日常实际工作中取得了成果,有时这些成果是看得见的。学校的建立、东非无线电通信的开通、散射网际通信的连接、东非各城市新修建的高楼大厦、阿鲁沙的新总部、三国共同服务的分级管理,所有这些都是东非共同体成功的表现。确实如此,1969年的东非各国之间的贸易额也在增长——呈不同水平增长——我相信1969年的增长局面将在今年重新上演。贸易的扩张对一个国家来说起着决定性的重要作用,这也是东非合作条约产生的直接结果。因此,东非各国之间的贸易趋势越来越稳定,这能让所有东非共同体的成员国受益。

总统先生,所有这些都是我们取得的胜利。为什么我们不能更多地谈谈东非共同体的成就呢?成功孕育成功——但前提是必须认识到我们的成功之处!

我们应该将这一点牢记于心,东非公共服务部门也不能忽略这一点。这些成就都是我们的。有时候,人们谈到东非航线、铁路、邮局无线电通讯服务时,他们的语气仿佛这些不属于任何人——它们只是客观存在而已!这是很荒谬的。这种观点也很危险。因为东非航线的飞机都属于我们自己;当它们飞往全球各个机场时,飞机上印的是我们的名字。东非铁路——拥有刚预订的70个新的柴油发动机——是我们自己的铁路;铁轨、引擎、车厢都是我们自己的。整个东非的研究工作站都是我们自己的。发展银行也是我们自己的银行,它正在帮助三大地区建立了工业基础。所有这些都是我们的成果。我们应该对它们全权负责,同时也得益于它们的工作。认识到这一点对我们来说非常重要。

以上我所提到的——以及其他没提到的——都值得东非人民自豪。因此,让我们为取得的伟大成就而自豪吧!为什么我们要低估自己的成就呢?事实上问题本身就是一种成就,因为它是生活的组成部分。如果在完成某件事情的进程中没出现任何问题,那么这件事是不值得做的;新的形势出现后却没有任何问题随之而来,也就意味着没有取得任何成就。东非合作前景一片欣欣向荣;合作中出现的问题正是合作本身的组成部分,也是合作取得的成就,更是我们的进步。

33 南非与英联邦

1971年1月，尼雷尔总统造访新加坡，出席了英联邦会议。会上，他将一份文件分发给了所有英联邦政府领导人，并强调英联邦国家有义务阻止其他国家向南非出售武器。会议就这个议题讨论了很长时间，几乎所有国家都强烈反对英国向南非出售武器。尽管会上英国首相不愿做出丝毫让步，但随后英国政府发表声明，仅要求保留出售一定数量直升机的权利。这是《西蒙斯顿协议》赋予英国的权利。事实上，直到1973年4月这些直升机都没有售出去。

1970年12月，英国首相希斯在美国一个新闻发布会上说道："英联邦一直存在，并以成员国相互尊重各方利益为原则。"英国广播公司也参与报道了此次新闻发布会。坦桑尼亚从未质疑希斯对英联邦的这一描述。这句话不仅暗含了英联邦成员的共同责任，同时也强调了每一个独立主权国家维护本国利益的要求。换句话说，每个联邦成员都充分享有自主决策权，然而在最大限度地追求本国利益的同时不能损害其他成员国的利益。

这种独立主权国家充分享有的自由，与各成员国共同责任的融合，是联邦成员关系的基石。联邦成员国之间还有一条被各成员国普遍认可的基本原则，即如果我们不主张反对种族主义，那么就没有权利出席这个由世界上各个种族代表组成的联邦会议。

英联邦是建立在各成员国相互平等的基础上的，尽管各国的财富、实力和历史都不尽相同。但由于历史原因，直到现在，英国仍然在联邦中保持着它的特殊地位。联邦政府以英国女王为首脑。英国不管是在经济上还是政治上都是最有实力的联邦成员国，也是成员国中唯一的联合国安理会常任理事国。所有联邦成员都曾一度成为英国殖民地，然而，很多成员国已经成为独立主权国十多年了。现在各成员国都拥有平等的地位，在做决定时必须考虑别国的利益;但是我们有理由相信,最有实力的成员国,也是对其他成员国最可能有影响力的国家,不会尽心尽力地协调本国与联邦成员国之间的利益。

正是在这种环境中,英国向南非出售武器的议题才被提上日程。

南非和英联邦非洲国家

南非政府是少数白人选举产生的,代表少数人的利益。其他五分之四的南非公民都被排除在整个国家的政治经济权利之外。他们每一天都生活在水深火热之中,日常生活中的各个方面都在忍受着羞辱和歧视。他们之所以有这种遭遇,不是因为犯了什么过错或者因为他们的信仰,而仅仅因为他们的身份。南非国内,只要是非洲人、印第安人或者是有色人种就要遭受不平等待遇。

毫无疑问,南非国内非白种人必然会有这种遭遇。这都是因为由南非白人当局坚持实行种族主义的结果。"白人至上"是南非政府信仰的教条——这是一种意识形态。大量非白种人从国内的一个地方搬迁到另外一个地方,非白种人不能从事任何技术性的或者是半技术性的工作,南非政府的"流动控制"政策使得许多非白种人家庭支离破碎,种族居住法,通行证制度,占南非总人口70%的非洲人却只拥有全国13.7%的土地(200万有色人种以及60万印第安人完全没有土地)等等,所有这些更加剧了南非的暴政,这与世界其他地方完全不一样。这种暴政完全建立在种族主义基础上。南非白人当局通过严苛的种族主义立法和残酷的行政管理维持统治秩序,情报局和警察部队充当它们的爪牙,它们的暴行自从纳粹德国盖世太保以来无人能比。

这意味着南非国内绝大多数人民——约占总人口83%——都反对这种政体。这83%的人都别无选择。即使他们自己本身也是种族主义者,也不能加入国内统治集团;他们永远都无法摆脱非洲人、有色人种或者印第安人的身份,因此,根据南非国内政权制度,他们也就永远都属于下等人,只能服从白人领导的决定。

正是因为这个原因,非洲国家尤其仇视南非政权。纵然我们生活在自由的国度,也无法接受否认人性尊严的这样一个政权体系,因为它否认了兄弟同胞共有的人格尊严。我们决心将沃斯特总理以及他的支持者置于世界舆论的被告席上,他们将受到世人的谴责。

我们并不会因为迫不及待想要看到南非白人当局的瓦解而心生内疚。我们希望南非国内的治理能建立在人道主义的基础上,每个公民都能享受同等待遇,不论种族或肤色。换句话说,我们希望出现一种新的政权替代南非的种族隔离政策,这种政权遵循人类平等的原则,并为实现实践这个原则而不断努力。如果某人不能深刻地体会种族隔离加诸非洲人民身上的痛苦,那么他就一定无法理解种族隔离的真正含义,以及那些遭受过种族歧视的人为什么会有如此大的反应。事实上,对于非洲而言,无法理解那些真正反对种族歧视的人们为什么不能像非洲人一样谴责南非白人当局,即使他们并不准备采取行动,反对南非政权。

由于南非位于非洲大陆,因此南非问题仅仅是一个特殊的非洲问题。确实种族隔离制度的受害者大多数都是非洲人;但是受害者中仍有60万印第安血统,上百个华人血统和大约200万非洲、印第安和欧洲混合血统。另一方面,那些实施种族隔离的欧洲人,声称他们的行为是为了保护欧洲基督文明,以及欧洲和美洲白人血统。因此,关于南非实行种族隔离制度的罪恶,我们希望所有英联邦成员国都能感同身受,因为英联邦国家公民享有的平等地位正遭到了质疑。

上述说法还不全面。英联邦各成员国实力相差悬殊,各国之间的关系与南非的情况不同。在经济和军事实力方面,即使所有的英联邦非洲成员加在一起也无法与南非相比,更不要说与南非国际影响力相比。同样,英联邦非洲国家在经济、军事和政治方面的实力相比于英联邦从前的白人成员国,就更加微不足道了。即使是单个白人成员国的实力也强于南非或者至少和南非持平。因此,如果我们主张反对种族暴政和种族歧视传播,那么我们更有理由期待白人英联邦成员采取更多的行动来对抗种族主义,非白人联邦成员国可以充当锦上添花的角色。

在这个问题上,英国尤其需要尽职尽责。针对20世纪初英国政府的行为来斥责英国现任领导人是荒谬的。但是如果我们忘记历史的教训,那也是荒谬的。20世纪第一个十年,随着英南战争的结束一方面英国政府一心一意致力于与南非布尔人(南非籍荷兰人后裔)建立良好关系,另一方面又与南非籍英国人建立良好关系。这样一来,非洲人民的利益只能交由刚性宪法条款的保护,并且指望更加"自由"的开普省的影响。结果我们都知道;这一结果也是我们正在面对的。这并不是我们当中任何一个人的错误,甚至那时我们可能都还未出生！但是我们所有人，尤其是英国人都有义务不再让同样的悲剧上演。这就是非洲各国坚持要求英国不能在罗得西亚独立问题上妥协的历史背景。除非罗得西亚国内实行多数决定原则，否则英国坚决不能承认罗得西亚独立的合法地位。这也是为什么人们期待英国不要再有任何会巩固南非白人当局政权的举动。南非白人当局之所以建立，就是之前英国政府支持的结果。事实上，每个国家都希望英国政府去帮助南非结束种族主义对非洲人民的伤害。这并不是出于对过去的愧疚（有时可能是愚蠢的），而是仅仅秉承着一种精神，一种纠正错误的精神。

当然，坦桑尼亚人民非常清楚，英国以及英联邦其他一些成员国可能与我们的外交政策不一样。每个政府首先考虑的都是本国公民以及领土的安全。但是，我们希望这些国家的政府能将反对种族主义列入它们的政策之中，即便不能排在它们政策的榜首。然而，对于坦桑尼亚来说，虽然我们与白人统治的国家接壤，但是我们必然将反对种族主义列为首要的外交政策，而南非是最大的种族主义国家。不仅因为联邦各成员国应该尊重其他成员国的利益，而且，所有英联邦成员国都与种族主义问题相关，所以，我们认为我们有权要求其他英联邦成员，至少应做到不能让非洲人民在与南非的对峙中地位更加恶化。只有在其国家独立地位受到南非政权的直接威胁时，我们才能理解，其他成员国怎么会认为支持南非政权的行为与它的联邦成员国身份可以兼容下去。

当然，这一态度同样适用于武器供应。只有当某国需要巩固政权时，另一国家才能出售武器给该国。不管武器销售的限制条件是什么，出售武器给某国的这种行为就是对武器购买国的一种支持，暗含着某种同盟的意味。你可以与你不喜欢的人建立贸易关系，也可以与你反对的政府建立外交关系，同样可以与你深恶痛绝该国政策的国家代表一起开会。但是，一旦你出售了武器，就相当于宣布："根据购买国的现有政策、朋友和敌人，我们最终加入进来，在任何斗争中站在他们一边，并且希望他们击败敌人。"

英国急需建立西蒙斯顿基地

英国政府表示正在考虑出售武器，因为英国政府需要建立西蒙斯顿基地来保卫好望角航线。英国政府进一步表示，南非也对好望角航线有着浓厚的兴趣，并且表示如果英国不同意出售武器，南非可能终止英国使用西蒙斯顿基地的权利。

英国需要西蒙斯顿基地这件事只有英国可以决定，因为只有英国知道它自己的国防机密。据说目前并没有英国船只驻扎在西蒙斯顿，这里只有三个海关官员和六个海军士兵，他们负责保护好望角航线。协议签订后，西蒙斯顿即可作为英国军事基地投入使用。这两者之间并无关联。然而，不知情者可能会误认为英国并不急需这个军事基地。那些不习惯军事思维的人很难想象，如果英国与苏联之间发动战争，南非会与苏联站在一边，甚至不会向英国和其同盟国出售任何它们需要的武器装备有力地攻打苏联。

然而，《西蒙斯顿协议》还有许多其他需要考虑的方面。第一，这个协议制定于1955年——当时所有英联邦非洲国家仍然是英国殖民地。在英联邦的非洲成员中，加纳、尼日利亚和坦桑尼亚分别在1957年、1960年和1961年获得独立，其他国家甚至更晚。1955年时，所有人都没想到各殖民国会发展得如此迅速。然而《西蒙斯顿协议》涉及英国与南非在非洲国防上的合作；与此同时，它也曾被认为与英国远东殖民地有关。但是英国已经无需再对非洲国防负责。南非是除它自己外所有非洲国家的公敌，也是整个人类的公敌。

即使不考虑以上这些问题，事实上，英国义务提供南非某种海军武器，而南非义务从英国购买这种武器的协议已于1963年终止。南非不顾英国已经同意执行联合国呼吁的武器禁售令这个事实，默认《西蒙斯顿协议》从1964年延续到1970年。

政策的连续性

英国政府甚至认为，目前对南非武器供应政策仍然不会有大的变动，但这只是一种实践的合法延伸而已，此前，非洲各国对此都没有任何异议。据说，尽管1964年英国执行了武器禁售令，但事实上自1955年以来，它一直都假借《西蒙斯顿协议》之名向南非出售少量武器，并且曾与南非进行过联合军事演习。如果非洲从始至今都不反对英国的这种行为，那么就没有理由反对英国出售更多的海军武器以及英国打算用于保卫海上航线的武器。

当然，事实上非洲过去不赞同英国的这种做法，现在也仍然持反对意见。但是对于历史遗留问题，我们都非常清楚。从前的非洲政府签订了很多令现任政府后悔不迭的协议，但是目前他们没有能力叫停这些协议。确实，随着环境的改变、认识面的拓宽,之前签订的很多协议都开始让非洲政府悔恨不已。对于我们来说,在1970年或1971年抱怨英国不忠实地履行1955年与南非签订的协议已经不太现实了。然而,我们所期待的是,随着环境的不断变化,尽管历史遗留给某个政府的义务可能与它当前的利益相矛盾,它仍然能尽自己最基本的义务,努力完成过去的职责。

当前的环境已经发生了很大改变。现在的非洲与1955年的非洲已经完全不同了。南非已经退出了英联邦,12个非洲独立主权国家加入了英联邦。与此同时,南非白人当局变本加厉地损害占到人口大多数的当地人的利益,加剧了对非白色人种公民的压迫。

纳米比亚的情况有了新的发展。1966年联合国大会决议终止南非对纳米比亚的统治权力,建立一个11国理事会,其职责是将纳米比亚的治理权转交给纳米比亚独立政府。直到现在各国都没有采用具体的措施去执行这项决议,但这并不意味着未来仍然不会采取任何措施执行这项决议。不可否认的是,这个决议确实改变了1955年签订的《联合国托管领土协议》。并且,去年7月,联合国安理会(英国弃权)通过了一个决议,再次呼吁全体成员反对向南非出售军火及配套设配。自这项决议实施以来,加拿大已经停止向南非出售军用设备配件以及新型武器。

目前,首要问题是罗得西亚局势问题。罗得西亚反对英国的统治;国家的治理权掌握在一个非法独立的政权手中。英国要求并已经得到联合国的支持,对罗得西亚进行经济制裁。但是,由于它有来自两个白人统治的邻国——葡萄牙和南非的支持,罗得西亚政权已经有能力承受联合国的经济制裁带来的影响,并且仍然负隅顽抗。并且,尽管英国政府也公开声讨南非的行为,南非政府仍然驻军于罗得西亚。不无讽刺的是,英国政府不顾南非故意损害英国和英国人民利益的行为,竟然还考虑向南非出售武器。人们本以为新罗得西亚的局势本身就足以让英国政府以怀疑的眼光重新审视南非,一旦有了这种怀疑,两国之间只可能剩下最为正式的外交关系。

换句话说,当前的提议,是在新形势下给予新的承诺。但它忽视了自1955年以来国际环境发生的所有变化,忽视了其1955年的承诺已经兑现的事实,甚至忽视了南非武装力量已入驻英国殖民地这个与其愿望相背离的事实。

因此,不管1955年以来南非和罗得西亚之间发生了什么;也不管南非并不支持英国政府反对种族隔离和暴政；以及英联邦合作伙伴将反对南非种族主义条例置于国际问题第一位这一系列事实，英国仍然支持南非。

英国政府认为，它所出售的军舰武器都只是用于防御，这并不会损害非洲人民和国家的利益。在这种联系上有三点需要说明，首先，谁也不能保证英国出售的武器只用于它计划的用途。潜艇既可以用于跟踪沿海岸航行的为自由而战的战士们，也可以用于反恐、反间谍活动。很显然，英国无法保证出售给南非的任何武器都不会被用于对自由斗士的镇压活动。这些自由斗士正在罗得西亚、莫桑比克、安哥拉和纳米比亚为争取自由而不断奋斗，终有一天他们也会在南非的领土上进行自由斗争。

其次，英国政府出售给南非的军舰也可以用来拦截其他国家的军舰。南非海军舰艇用于拦截东非港口船只的几率非常高，这些船只可能给南非自由斗士运送军备。如果这种情况真的发生，我们还能说英国出售给南非的武器与非洲和南非政权之间的冲突无关吗？

最后，南非是非洲大陆上军备开支最大的国家。正如我们所知，南非可以从其他国家获得武器。它急切地想从英国获得武器供应的原因是希望得到英国的公开支持。正因为这样，英联邦非洲国家才如此关心这件事情，要求英国停止为南非供应武器。尽管到目前为止，我们仍然没能阻止南非从其他国家——比如法国购进武器，但我们也不希望看到一个公开承诺奉行非种族主义的国家，比如英国，去支持种族主义。英联邦成员国以及首相的任职宣言都承诺不实行种族主义。

国防需求

英国已经对此做出解释，说它考虑这个提议原因是担心其在印度洋海域的国防安全。它指出，苏联海军舰队数量的不断增加以及苏维埃的存在使它感到不安。这种担心在军事方面和政治方面都有明显的表现；也就是说，苏联可能干涉英国航运，或者说出现在印度洋的苏联船只会给予那些印度洋边境上的国家政治压力。碍于苏联的政治压力，这些国家都会减少在印度洋海域的船只。

首先非洲国家不得不问的是，英国对于苏联构成的威胁有多少担心，这种担忧是否足以使其采取防卫措施，或者这种担心甚至可以使其不考虑英联邦成员国的利益？其次，也是最重要的问题，英国选择了哪种途径解决这个预期的威胁？它是否调整了本国的海军部署？有没有与不涉及南非军备出售事件的同盟国讨论过这个问题？有没有要求与英联邦商讨这个问题，用其他的方法解决这个问题而不是向南非出售武器？

例如，坦桑尼亚是一个不结盟国家。但是我们都很清楚英国和许多其他英联邦国家都分别属于不同联盟的成员国。我们不得不承认，很多英联邦国家都将苏联甚至中国看成一个威胁。我们自己没有这种担忧，并不意味着我们不能理解他们或者其他英联邦成员采取这种措施的原因。我们的问题是，英联邦国家采取措施对抗那些他们所害怕的国家的同时，不应该声援那些阻挠非洲获得自由的国家。坦桑尼亚就是南非现任政府的敌人；我们惧怕南非是因为我们反对南非政府当局。

不管是南非或是英国政府关于武器用途所做出的承诺，都不能消除我们心中的疑虑。南非存在的最基本的争议就是有关其国内人民和人道主义的问题；非洲各独立国家卷入其中的原因是南非人民和非洲人民同为非洲后裔。南非和其他非洲国家之间的互不侵犯条约简直是无稽之谈，或者就是非洲各国对南非国内非洲人的背叛。非洲各个独立国家可以肯定的是，即使与南非之间没有互不侵犯条约，南非也不会向我们发动进攻。南非希望我们能默许种族主义和政府贬低黑人和有色人种的地位的行为。事实上，签署互不侵犯条约，对于我们来说就相当于是做到了这些事情。

我们应该整合各国利益

英国考虑与南非之间的协议，这将增强南非军事实力。英国政府指出，考虑该协议的原因是想要阻止苏联扩大在印度洋海域的影响力。但是两个非洲国家濒临印度洋，还有四个国家濒临大西洋东岸，这些都属于好望角航线的另一部分。至少这些国家的外交政策是建立在对南非的反对而不是其他原因的基础上的；对所有国家来说，这是一个非常重要的因素。如果被我们视为友好伙伴的国家，对于南非问题的态度从中立转向支持，那么我们将重新审视与这些国家的外交关系。因为我们绝不会在南非问题上妥协。我们也不可能采取不作为的态度来应对那些促使南非实力不断强大的国家的行为。

如果英国政府能尽力把本国利益与非洲国家以及那些坚持反对种族主义和殖民主义英联邦成员国的利益结合起来，那么英国必定能更好地维护本国利益。我们相信,做到这一点并不困难。英联邦成员国的一个基本出发点就是相互同情、理解各国的问题,即使我们最后可能不能得出同一结论。由于我们的历史和现在的境况,非洲国家想要一个安全和自信的英国,希望英国能像我们一样,意识到自己在现代世界所扮演的角色。我们所要求的就是它不能以牺牲我们的利益为代价来获取利益。

简单地说,问题如下。英国认为自己在印度洋海域存在国防安全问题。非洲国家强烈反对南非的种族主义。英国和这些非洲国家都是英联邦成员,正如希斯先生所说,英联邦是建立在各国相互尊重基础上的。这样说来,摆在我们面前的问题就是如何协调这两部分相互交叉的利益。我们非洲国家相信,这是能够协调的。如果英国能够接受非洲反对南非坚定不移的态度,那么非洲国家也会满足英国的国防需求。

但是如果英国不愿意协调这两部分利益,坚持向南非供应武器,这就意味着相对于英联邦成员国,它获得了更多的利益。那么,英联邦国家利益的损害以及英国与非洲各国关系的恶化的主要责任,必须由英国负责。我们共同生活在这个世界上,对于别人的恩情,必然涌泉相报,而对于别人的恶意侵犯,也必定不会坐以待毙。正如希斯先生所说,一个国家的一次行为很容易引发连锁反应。这种情况下,我们完全可以忽略其他联邦成员国对这个提议的重视态度而采取行动。

但是,我认为各国之间不会发生任何足以产生连锁反应的事件,因为这足以摧毁我们所有国家——至少会摧毁部分国家。如果我们愿意,我们是可以协调各方之间的利益的。我们希望与英国建立友谊关系,坦桑尼亚非常重视与英国之间的关系。我之所以向英联邦请愿是因为我们相信它并且也需要它。

但是,不管出于什么目的,我们不能也绝不会减少对种族歧视的反抗力度。我们从巴西人民身上学到了一种态度——即使孤军奋战,也不能放弃反对暴政的斗争,而且我也不愿意相信英国人所说的"当受害者是黑色人种时,暴政就不能称之为暴政"。

非洲人民以及其他反抗种族歧视运动者已经取得了一些成果,他们让世界人民了解了种族隔离的罪恶,以及国际社会反对南非政权的必要性。联合国支持军火禁运也是所取得的成果的一部分,同时,实践中未能执行这项禁令的某些情况给予了我们一个判断标准,告诉我们应该加强哪些方面的工作。然而,英国在军火禁运政策上的扭转,对反抗种族主义的事业来说不仅仅是一个挫折。英国的实力非常强大,它的行为非常具有国际影响力。毫无疑问,其他发达国家也会发现不执行禁令的好处。在这之后,非洲人民以及其他非种族主义者将会发现,在他们反对法国行为的同时,军火禁运令已不复存在。我们又得重新来过。但是时间已经不允许我们从头再来;在这种国际协议再次达成之前,由于冷战而将世界分割成两个力量集团,它们将永久地分割非洲大陆。英国政府也许并非有意要破坏"限制性军火供应"协议,并为冷战引入制造新的前线,但是英国的这种行为必然导致这个结果。

最后,请允许我再次重申这个老生常谈的话题。英国有权向南非出售武器,这是毫无异议的。没人质疑它的这项权利。这是它自己的决定。任何人都未曾对此提出质疑。这篇文章以及坦桑尼亚就这个问题上与其他国家的沟通目的,都是希望英国能寻找其他方法解决它所面临的问题。我们并不是要求英国政府放弃本国的利益。只要求英国坚持反对种族歧视,再在这个前提下解决其所面临的问题。我们相信英国完全能做到这一点。在我们的基本原则得到贯彻的前提下,我们非常乐意向英国提供帮助。英联邦成员与英国坐在一起,共同商议解决问题的办法,此时我们不需要考虑南非这个非英联邦成员国的信仰,它的行为与英联邦成员的主张相背离。我们一定能做到这一点,只要我们愿意这样做。

34 印度洋——坦印的纽带

1971年1月,尼雷尔总统参加完新加坡的英联邦会议后,直接开始了对印度的国事访问。1971年1月23日,吉里总统在总统府举行了国宴,接待了尼雷尔总统,尼雷尔总统也祝酒答谢,称赞了印度在联邦会议上原则性的立场。他还论及发展两国之间贸易及其他关系的必要性。

由于乌干达政变,这次国事访问的时间不得不缩短。

……历史表明,早在殖民时期之前,印度人民就和东非各民族有来往。东非殖民时期,两国之间的交往逐步制度化。那时我们不过是殖民霸权谋取利益的工具,两国人民被动地联手合作。

尽管次大陆的印度人民是欧洲人出于他们的目的带到东非来的,但是我想,公正地说——并且现在才可能这样说——我们两国都从中获益了。坦桑尼亚正是如此。坦桑尼亚铁路就是德国人占领时建成的,印度人民也参与了铁路的修建。如今已经成为共和国的印度,当时商业和贸易非常发达,而那时的坦桑尼亚大陆仍然不得不屈服在它的第一个殖民国家的统治之下。

印度首先取得了独立,然后是坦桑尼亚,连接我们两国之间的纽带已经在形式上发生了变化。总统先生,正如你所指出的,我们两国之间的关系正按照我们深思熟虑后的共同选择,为了我们共同的利益不断向前发展着……

今天早晨我们进行了友好的正式会谈,促进了双方更大范围的合作,而且这种合作可能更加明朗化。我非常高兴地看到,我长期坚持的观点得到了印证,坦桑尼亚可以最大限度地借鉴印度的经验来实现本国的发展——印度也非常乐意帮助我们。

贸易方面,我们必须最大限度地寻求合作的可能。坦桑尼亚常常从欧洲进口的许多东西,现在可以从发展中国家进口——如印度——它们在经济发展上要领先我们几步……

……不发达国家总是抱怨发达国家掌控着世界经济,这是毫无意义的。我们必须内部团结合作,实现第三世界最大程度的自立。这并不意味着我们想要把自己孤立起来,坦桑尼亚"社会主义和自力更生"的政策也并不意味着断绝与其他国家的来往。这仅仅意味着我们认识到了,贫穷的国家应该关注自己贫穷的原因,并不断为自己的发展努力。

我认为这与坦桑尼亚和印度之间的经济关系密切相关。两国之间没有运河,不需要经过任何敌对势力的领地或海军基地。我们必须将印度洋视为连接两国的纽带,而不是他人眼中的两国障碍……

35 社会主义和法律

1971年3月31日,政府为首席法官乔治举办了欢送晚会。乔治是为坦桑尼亚工作了六年即将退休的特立尼达人。尼雷尔总统在晚会上向乔治祝酒,并就社会主义和法律的关系发表了讲话。

我谨代表坦桑尼亚的党、政府和人民,感谢首席法官乔治在过去的六年里为我们国家的发展所做出的巨大贡献。

我这样说并不是想表明首席法官是一个多么伟大的建造者、伟大的农民或者伟大的政治家。我用了"发展"这个词,它意味着一个民族在自由中的成长,意味着捍卫自由的社会的成长。我们知道,经济的发展只是社会真正成长的一方面,至少在坦桑尼亚是这样的;公平正义的同步发展与经济的发展同样重要。

因此,司法体系在坦桑尼亚的发展过程中扮演着非常重要的角色——而首席法官是领头人。法官和审判官的工作就是负责监督这个国家能依法治国。换句话说,他们必须以法律为依据来判断人们的行为,保证每一个个体都有权捍卫法律赋予的权利——同时也必须履行法律规定的义务!除非权利和义务都能顺利实施,否则我们就不可能进入社会主义社会;自由是不可能在没有法律的保证的前提下存在的,而社会主义和自由又密不可分,没有法律就不可能有社会主义。

但是仅仅靠法律法规来维护自由是不够的,对于社会主义来说也是不够的!我们很清楚——也可以看看当今的南非——法律可以用来限制自由,也可以用来施行暴政。事实上,法律法规是否促进自由和正义,是否促进社会主义,取决于议会通过的法律目的是否支持自由正义和社会主义。需要声明的是,法官们,尤其是首席法官对议会通过的法律不承担责任——至少在坦桑尼亚是这样。

然而，在坦桑尼亚，我们努力建立一系列为人民的平等自由服务的法律——也就是为社会主义服务。如果某项法律对人们是有益的，我们的司法体系必须从每一个细节去维护它，尤其是我们的法官们应该用通俗易懂而且人们乐意接受的方式去阐述这些法律。法官们不能随意改变法律——他们可以关注那些需要修改的法律，从而使正义得到维护。但是，他们能通过自己的判断来反思这些法律所属的社会，或者他们可以根据一些其他的社会道德准则来宣判。

在坦桑尼亚，我们希望法官们去反思法律所属的社会！这意味着法官们和审判官们必须了解这个社会和人们的愿望。更进一步说，法官们必须表现出他们的理解力和同情心；之前也提到过很多次了，我们不仅要维护公平正义，还要将我们的维护工作表现出来。人们要信任法官们和审判官们，因为法官们非常了解你们，他们也是你们中的成员——他们的正直是毋庸置疑的。

正是怀着这种对人民的深切同情，首席法官乔治带头做出了一些改变——这也改变了我们对首席法官的看法！他参与了各种大大小小的政治、经济、社会活动。他参观了乌贾马村以及其他的农村地区，与人们一起载歌载舞；他与人们单独交谈；与人们共同从事国家建设。他既引导教育，也孜孜不倦地学习。他听取了大量民众集会演讲，聆听了党的委员会会议上的报告——他听得已经够多了，可是今晚还得再听一次演讲！

事实上，首席法官已经通过自己的行动阐述了一个道理，即司法独立并不意味着将司法与人民的生活隔离开来。他让我们看到了司法真正的含义：即对任何一个案例的思考，任何一次审判的下达，法官或审判员都需要运用他的大脑，运用他在法律上得到的训练，以及他独立的判断能力去解决争端，还事实以真相。他无需有其他顾虑，因为他知道，人们需要他的正直无私……

36 独立后的十年

1971年9月，尼雷尔总统向坦盟国民议会提交了一份关于独立后第一个十年的长篇报告。这份报告陈述了十年来取得的成就，也讨论了失败的经验教训和存在的突出问题。

导语

1961年12月，我在巴加莫约发表了一个在很多人看来过于草率的声明。我说在接下来的十年里，在国家建设方面我们坦噶尼喀人民会比殖民者在之前四十年间所取得的成就还要高。到今年12月9日就整整十年了。我们证实了我的预言吗？更重要的是，坦桑尼亚的人民觉得他们的生活过得如何呢？在与我那天提到的"贫穷、无知和疾病"作斗争的过程中，我们取得了多大进步呢？在1971年我们又遇到了发展中的哪些新问题呢？

这份报告，就是要给这些问题做一个总结。其中列举了很多我们为之骄傲的成就，同时也有一些我们不满意的地方。我们要看到我们只迈出了一小步，还有很长的路要走。在过去的十年里，我们犯了很多错误，其中有些错误我们还没有来得及纠正。现在我们必须面对这些问题，必须认识到我们还要在哪些方面努力。在此过程中，我们不必灰心气馁，事实上，过去十年里我们已经做了很多。国家发生了巨大变化，我们进行了大量建设，为我们国家将来能够发展得更快、更自由，打下了坚实的基础。

当然，在1961年12月，我们的基础并不好。我们那时庆祝的仅仅是政治上的独立。这也是至关重要、关乎国家根本的大事。政治独立的国家才有合法的权利决定本国的事务。政治不独立，我们就不会取得任何进步，因此我们在1961年12月9日取得独立是明智的决定。我们也很清醒地认识到，我们所赢得的是开展工作的权利——仅此而已。

事实上,政治独立往往存在于一个国家在经济、外交和军事力量等方面的真正实力和在国际上的相对地位所构成的框架之内。换句话说,一个独立国家按照它自己的意愿来做决定的合法权利,在现实情况下会受到该国家真正实力的局限。它法律上的独立和真正的独立也许是两回事。1961年12月,坦噶尼喀没有经济实力——自然也谈不上取得了经济独立。我们取得了政权,可以决定我们做什么;但是我们缺乏能够让我们执行这些决定的经济力量和管理能力。比如说,我们想要多进口商品,但是没有足够的外汇;我们想要给所有儿童免费的书本,但是既没有教师和校舍,又没有足够的资金。一个国家真正的自由取决于它的实力,而不是国际上认可的主权给予它的法律上的权利。

独立之初

坦噶尼喀通过和平的方式取得了独立,新政府原封不动地接管了现有的中央和地方政府的管理机构。但是之前的宪法是仿照英国的宪法制定的,丝毫没有考虑到本国的历史、地理和文化实际。行政部门同样是仿照英国的形式设立的,而且它的目的是管制这个国家,而不是发展它。而且,它也算不上是本国的行政部门:到1960年4月,只有346名非洲人担任政府里的"高级"职务。到独立时,这一比重提高了一些;3282个高级职务有1170个是由本国公民担任的。

独立时坦噶尼喀的经济体系也是典型的殖民式的。它依赖于生产和出口基本生活所需的食品和初级产品;几乎整个财政体系都是按照外国人的需要建立起来的。因此,最大的单一出口产品是未加工的剑麻、原棉和咖啡。(这三种作物的总值占到国内产品总值的54%)。剑麻在外国人的种植园里种植,而4/5的咖啡和几乎所有的棉花是农民种植的。其他的经济作物,像腰果和各种油料籽,也是由农民作为副业在种植,这些已经开始出口创收;而茶、除虫菊和烟草已经引入我国了,但是基本上都是在外国人的庄园里种植。

坦噶尼喀大部分农民种植的作物仅能够维持生计。他们只将收成出售一小部分用来缴税。而且,基础农业基本上以轮耕的模式来维持,种植面积小,收成完全取决于天气状况,而且种地的农民在生产过程中的关键时刻身体要好。最终结果就是广大的人民生活贫困,没有保障,而少数外国公司或者欧洲来的私人农场主中饱私囊——通常是以剥削劳动工人为代价。

1961年12月坦噶尼喀经济中的工业体系太弱小,毫不引人关注。确实有小型工厂——比如说酿酒厂和卷烟厂,它们的所有权和管理权都归外国人,就像所有的经济机构和金融机构也归外国所有,由外国控制。唯一的区别是前者的市场是由合作联盟开发的,比如KNCU、BNCU、VFCU。其他的出口和所有的进口都操纵在私人企业主手里,其中几乎没有坦噶尼喀人。

因此,坦噶尼喀独立之初的财富总值只够人民维持很低的生活水平。超过这部分的盈余大部分出口到了外国公司或农庄主们的本土国家。

出于这个原因,那时的社会服务水平很低就不足为奇了。实际上,大量的医疗卫生和教育服务仍由志愿者机构提供——宗教的传教组织或慈善机构,他们的津贴来自坦噶尼喀的税收。这就意味着不但社会服务的总体储备少得可怜,仅有的一些还基本集中在基督教传教的活动范围内,而且通常这些宗教服务至少需要受益者心甘情愿地"皈依"。虽然有时候不需要这样做,但是非公立的中学通常规定只允许它们自己的信徒来上学。

公共服务同样明显存在不足,甚至用于经济发展的基础设施也不存在。比如,公路干道体系是外向型,它更多的是将本国和邻国联系起来,而不是将整个国家连接成一个有机的整体——公路的工程质量也不好。1961年在达累斯萨拉姆和莫罗戈罗之间、阿鲁沙和莫希之间、科罗圭和坦噶之间有沥青公路。除此之外,城外连柏油路几乎都没有。很多其他的"干线"在雨季几乎无法通行,只有在重要经济作物的几个产区,公路才勉强修成个支线的样子。

隐藏在这种小型的、基本上没有发展可言的经济背后,是一个重大的社会问题,即整个国家的政治、经济和社会结构是建立在种族分裂的基础上的。不仅经济支柱产业归外国所有,它们的经理、技术人员和熟练的工人基本上都不是非洲人,而私人企业和国有部门的报酬也有着种族差异。即使非洲人有机会进入私人企业或国有部门工作,非洲人得到的报酬比做同样工作的亚洲人要少,而亚洲人要比欧洲人少。最大的种族差异存在于技术工人和政府高层官员之间,前者每个月挣50先令,后者每个月5000先令。而在私人企业里最高的报酬比后者还要高。

城市里的公共设施也体现出了这种种族偏见:欧洲人住的地方有水电,还修了公路。在非洲人住的地方,这种设施——如果有的话——要少得多,尽管人口要多得多。在教育方面,欧洲人的学校、亚洲人的学校和非洲人的学校泾渭分明,虽然一些义务办学的亚洲学校开始接收非洲儿童了。在达累斯萨拉姆和其他主要的城镇,医院也分为欧洲医院和非洲医院。

这种模式涵盖到生活的方方面面。因此,尽管坦噶尼喀没有明确的种族歧视政策,不像它的邻国那样,遭受无孔不入的种族歧视政策的压迫,但是在殖民时期,整个社会的组织形式就是将人民按肤色划分的,给那些欧洲出身的人特权,使非洲人民感觉自己低人一等。到了取得独立的时候,坦盟主张非洲人的政治平等,自然而然也会消除社会中的歧视现象,但是种族意识和潜在的低人一等的感觉,仍然困扰着新国家。事实上,十年后的今天,这种痕迹仍然可以看到。

(一) 改革是必然的

在这种情况下,改革势在必行,长期以来改革都是独立斗争的主要目的。改革也是在所难免,即使取得了政权,也不代表坦噶尼喀的人民没有必要对社会进行改革。每个国家都不可能脱离邻国,或者在大的层面上脱离整个世界。即便是要搞国家孤立也需要改革,因为它已经与世界其他国家在地理、贸易和语言上息息相关。

摆在新国家面前的问题,不是要不要改革,而是要进行哪种改革。国家必须决定这种改革途径是否是经过慎重考虑的,还是只是其他地方发展的附带品。换句话说,刚刚取得独立的人民需要通过政府解决的首要问题就是,是否运用他们得到的决策权来发动、领导和控制社会的变革,还是被动地看着社会接受外部带来的变化,就像海绵吸水一样。

还有其他重要的问题有待回答。一个"国家"能做决定的说法是不确切的。国家即是它的人民。在我们国家,人民分布在 35 万平方英里的土地上。谁会行使独立后的决策权?他们行使这种权利来满足谁的利益,他们的目标和方法是什么呢?

回顾过去的十年,我们必须问问自己:坦桑尼亚的人民怎样利用了他们独立后的地位呢?我们的国家是如何被统治的,被谁统治的呢?怎样利用 1961 年 12 月国家的形势呢?国家形势既可以用作不作为的借口,也可以以此为契机,为设定的目标而努力。

(二) 坦噶尼喀的优势

尽管贫穷,坦噶尼喀还是有很多优势的,这也让很多其他新独立的国家羡慕。我们整体的贫穷并没有遮掩住公民间的贫富差距——除了坦噶尼喀之外的任何国家,几乎没有非洲人被认为是富裕的。尽管亚洲社区里有很多富人,那里的大部分人要么贫穷,要么是欧洲人中的中下层阶级。

而且,我们国家没有获得经济发展,意味着没有富裕的零星孤岛被贫穷的泱泱大陆包围。一提到富裕的地区,我们就会想到像乞力马扎罗这样的地方,而那里的人民只不过刚刚摆脱了贫穷,刚开始为孩子提供小学教育,刚为自己建造了体面的房屋。事实上,整体看来,坦噶尼喀人民之间的经济差距很小,因为殖民经济和殖民管理没有从这里吸收多少东西。有些人认识到我们可以从这些吸收中收获果实,但是他们有的是希望或者期待,而不是现有的财富。我们没有传统意义上的社会"阶级",我们有种族经济结构,在外国派遣人员和本国人民之间泾渭分明。非洲人民内部的其他经济差距就不那么重要了。

坦噶尼喀也有其他优势。它的一千万人口是由很多部落组成的——123个非洲部落和少数亚洲部落。但是无论在哪儿人们都能听懂斯瓦希里语,大多数人,至少大多数男人,会讲斯瓦希里语。这门通用的语言拥有不可估量的价值,无论是为了独立斗争,还是新国家的统一。

另一个优势就是它的民族主义政党绝对是非宗教的,它的成员来自城镇、农村等等所有地区。而且坦盟是一个有组织的群众性运动,它覆盖了几乎所有的农村地区,以及城镇里非洲人居住区的每一条街道。尽管在有的地方它很强大,有的地方它相对弱小,但是它无处不在。

所有这些都意味着坦噶尼喀在1961年有着很重要的优势。它的优势在于它的经济落后而人民团结。相对来说没有既定利益需要在制定决策时考虑。人民彼此之间不会充满敌意和猜疑,而是长时间以来就在为共同的目标并肩奋斗。独立之初,这些优势有待开发,为未来发展之用;否则就在争论不休中被削弱,而争论的内容却是怎样获得和利用新国家不具备的其他优势。

独立之后

毫无疑问,坦噶尼喀仍然有人相信,只要取得了独立,所有的问题都会烟消云散。但这不是大多数人的想法。多年来,坦盟的口号是自由和努力。到了独立的那一天,坦盟的领导人也一直在强调"我们赢得的是自力更生的权利,规划和创造我们自己未来的权利"。独立的真正承诺是"建设国家","为所有人树立尊严"。这意味着要投身到经济社会发展的工作中去,意味着要投身于国家取得真正独立的斗争中去。

独立之后的首要任务,就是所有坦噶尼喀人民对尊严的要求。出于这个原因,在独立后几周内,就出现了令人震惊的一幕:五个欧洲人因为公开冒犯了非洲人而被驱逐出境。这一举动旨在对整个社会产生心理冲击,效果确实达到了。这件事表明,当坦噶尼喀的国旗冉冉升起的时候,我们首先取得了作为人被公平对待的权利。

这仅仅是开始。终结医疗和教育服务体系、社会生活和薪酬待遇方面的种族歧视,才是更根本的。这些措施很快得到了推行。到1962年底,这一工作已经基本完成。全国实行一种教育制度;医院也被重组,变成了一个处理医疗问题,而不是种族问题的地方;私人俱乐部也正被强制结束其种族色彩,根据不同人种来规定工资的制度也很快就被废除了。

(一) 非洲化

同时,一项经过深思熟虑推出的公共服务"非洲化"政策正在被推行,人们也认识到这项政策本身就带有歧视性。但是在所有的公民被平等对待之前,有必要改变这个国家的行政部门被非非洲人控制的现状,使得它在一定程度上反映社会的人种构成。因此,1964年1月之前,非洲人被优先任命和升职,其中很多人的升职太快,甚至没有参照正常的资历和教育水平的资格要求。

这项政策不可避免地意味着有些人会被放到他不称职的岗位上,有些人会因为满足不了工作对他的日益增高的要求而被别人替换。我们要认识到,有一点很重要,即使那些后来被替换掉的人,也在早期为我们取得独立做出了巨大贡献;他们很多人为我们的需求所累,他们没有足够的时间和机会来适应工作的要求。事实上,有很多人虽然升迁得很快,但是新工作也完成得很好——有的人今天仍然在工作岗位上发挥着作用。

非洲化的紧迫性出自为坦噶尼喀人民树立信心的需求。我们曾经向我们自己和别人证明,非洲人不是只能做低级官员,在某些领域,我们可以毫不惭愧雇用那些符合需求的人。这种做法一直持续到1964年1月。之后我们恢复了原来的政策,即无论出身哪个民族,有能力者优先录用。这就是今天的政策。衡量每个公民的标准是他或她的能力,不论民族、宗教信仰和性别,这是每个公民的权利。

事实上，对于结束在坦噶尼喀歧视非洲人目标来说，我们已经非常成功了，成功到我们对这一成果已经习以为常，毫无察觉。今天，非洲人的人权和平等在坦桑尼亚境内不再被非非洲人挑衅。非洲人现在是——一直都是——在坦桑尼亚占多数。现在他们是坦桑尼亚的管理者。如果再出现种族问题，那就是非洲人自己的责任——就像在美国和英国这样的国家，所谓的人种问题其实就是白种人之间的问题。现在，纠正种族主义历史遗留痕迹的责任，落在了我们肩上。比如，我们医院里有些表格仍然询问病人的"种族"，这是我们的过错，应该由我们来结束它。

（二）早期的宪法修改

新国家的第二个任务是重新建立它的政治机构，使得它能够更好地反映我国的历史、地理和文化，而不是前殖民者们的。只有当人民真正参与到政府代表他们所做的决定中去，他们才能感觉到做决策的政府在各种意义上来说是他们的政府。影响这种联系的不只是我们的过去，我们的政治组织机构也要能够恰当地履行他们要承担的发展任务。

这就需要在两个重要的方面修改宪法。第一，所有的坦噶尼喀公民应当有选举权；坦盟多年来就在要求选举权，但是即使是独立后的议会也是在受到限制的公民权上被选举出来的。只有做出这项修改，坦盟承诺的人人平等才能在政治上变成现实。

第二，亟待做出的重要修改是结束由外国的女王来充当国家元首的制度，即使她在这个国家的代表是由坦噶尼喀政府任命的。问题不仅在于她是一个外国人，更重要的是，国家元首没有真正的权力，而首相手握实权，这一概念有悖于我们的传统，会让我们的人民感到困惑。

出于这些原因，独立之后新政府做的第一件事情，就是制定了一部宪法，规定了任期总统制和代表议会制度，两者要共同制定法律，直接对人民负责。第一次总统选举采取一人一票的方式，于1962年11月举行，而独立一整年后，坦噶尼喀共和国成立。从那时起，每个人都清楚这样一个事实，国家是由我们根据自身需要和愿望共同制定的宪法来管理的。

仍然是在1962年，坦盟章程被修订。在那之前，根据章程，坦盟的首要目标是"帮助坦噶尼喀的人民实现自治"。显然这已经过时了！修订之后，坦盟第一次明确了受社会主义学说指导，尽管具体内容没有详细规定。实际上，这次修订一般被看作为我们致力于人类平等的原则、为全体人民的利益建立一个坦噶尼喀共和国指明了大体的方向。

(三) 经济发展

独立之前——即在自治期间——政府已经制定了"三年经济发展计划",并采取措施,稳步推行。这项计划建立在世界银行所做的经济调查上,无非是一系列的公共财政支出计划。它也列出了那时被看作是首要问题的东西,包括农业和畜牧业发展、通信的进步和发展、高等教育和技术教育的发展。预算支出总计 4.8 亿先令,其中 3.8 亿先令有望获得国外援助。

尽管该计划在接下来的几年里得以实施,但它很快就过时了。教育得到大范围普及,加大了农业资讯服务方面的支出,道路和其他通信方面也得到了改善。但是,随着新国家迈入正轨,我们开始不满足于原定的发展速度,认识到要更广泛地参与到发展中去。1962 年,我们提出了"自助项目"的政治呼声,为响应号召,全国人民开始自发地兴建农村学校、诊所、公路等等。不幸的是,这项工作未加统筹协调,很快就出现了问题:教室建得过多,师资不足;诊所建设过度,药品不够;很多公路通向河流小溪,却无桥过河。但是,这些经验却表明了人民迫切想要自助,缺少的只是领导能力和技术支援。尽管出现了这样那样的问题和不足,新的公共服务机构——约合 6 千万先令——正是在人民的努力下,在独立后一两年间建立起来的。

这一时期的其他的建设其实也是社会主义建设,尽管仍然是在盲目的满腔热情和干劲下进行的。合作运动在全国迅速开展起来,但同时在合作性小组形成之前需要放低组织标准。结果,很多规模过小无法经济自立的小组也被看成是合作性小组,甚至给予了它们当地市场的垄断权——以牺牲农民的利益为代价。同时,缺乏监督意味着不诚实的人容易中饱私囊,损害新小组的利益。

对这一状况的不满累积到了一定程度,整个合作运动陷入了遭受质疑的境地,1966 年 1 月,总统委员会成立,调查这一情况,并提供建议促使情况得以改善。同年发表了调查报告,政府也接受了该委员会的主要建议。重组之后,合作运动得到了发展,为活动参与者和整个国家提供了越来越多更加完善的服务。

1962 年,政府开始逐渐将支出向贫困地区和贫困人口倾斜。同时税收也进行了重心转移,这样更多的税收由有能力缴税的人来承担。因此,在独立后的头几年废除了人民怨声载道的人头税,取而代之的是个人所得税制度。收入低于一定标准的人们无需缴税。

土地国有化也在1962年实施,尽管通过这项政策时几乎无人关注!这意味着土地永久产权被废除,而土地租赁权里增加了很多开发条款。通过这项议会法案,坦噶尼喀不动声色地实现了一个主要的社会主义目标,这是世界上很多其他国家雄心勃勃的社会主义共产党几乎放弃了的事情,因为难度太大了!正是因为之前坦噶尼喀缺少这方面的发展,使得我们从传统的经济结构直接进入了社会主义的经济结构,没有经历私人所有制转型的漫长痛苦过程。

独立之初的几年奠定的另一个基础是1962年7月坦噶尼喀发展公司的成立。建立国家工业基地的任务落在了它的肩上。但是两年半之后,该公司和坦噶尼喀农业公司一起被并入了国家发展公司,并被赋予了建设国营企业的社会主义任务。不过,为了投资最大化,新国家发展公司允许私人资本在适当的时机以小份额参与进来。在实际操作过程中,1967年之前它的重点都是为了扩大投资。

坦盟在早期也涉及了发展领域,建立了姆瓦兰奇发展公司,发起了各种形式的经济活动。但是渐渐地,人们认识到两件事情:一是坦盟不适合这类工作;二是坦盟无论如何都不应当参与这种发展活动。姆瓦兰奇发展公司大部分的活动和项目最后还是由国家发展公司接管了。

工会改革运动旨在使它适合坦噶尼喀的国情,独立之后,随着坦噶尼喀劳动者联盟和各个工会的关系不断加强,工会改革工作也很快开展起来。后来,坦噶尼喀劳动者联盟的进一步重组,被坦噶尼喀工人国家联合会取代,各个工会在里面成为了部门。因此,劳动工人运动逐渐为它在社会主义经济中扮演的角色做好了准备,这一进步早于这方面的其他进步。

在独立后的头一两年,有一个领域变化微乎其微——但是国家付出了惨痛代价。这就是军队。相比之下,警察真正成为了人民的公仆,不再是作威作福的主人,警察队伍的非洲化取得了很大进展,然而,在军队中却并非如此。当然,军队必然会发生一些变化——在坦噶尼喀取得独立之后,它不再是"国王在非洲的猎枪"!军官的训练也已经开始。但是总体来说,1964年1月的坦噶尼喀军队和1961年12月一样,脱离了社会,脱离了新社会的建设。1964年1月发生的兵变危害了整个国家,迫使我们不得不采取激烈行动。旧的军队被解散,新的军队从国家公务人员中选拔成立。我们牢牢吸取了过去的教训,从一开始,新的军队就被不断灌输要为国家和国家发展政策而献身。

(四) 一党制民主

在这些活动轰轰烈烈开展的时候,坦盟却跌入低谷。它在全国范围内的组织工作陷入停顿,因为党和国家都不确定坦盟能够扮演什么角色,而国家宪法规定了多党竞选制。尽管事实上其他政治组织都不过寥寥几人,也并不能改变宪法的精神,即国家和政党必须分开。

如果依照这个精神,国家就会浪费它仅有的少数资源中的一个——一个民众信任的庞大组织,通过这个组织,民意得以传达,人民开展合作,共同建设国家推行的项目。因此,1963年,坦盟呼吁建立一党制民主国家。但是这迟迟没有实施,因为早期的目标是建立东非联邦。最后在1964年初成立了总统委员会。委员会的职责是进行民意调查,就如何更好地实现一党制民主国家提供建议。指定的委员在全国各地进行小组巡视,并根据国外经验,提供了几种不同的模式供人民选择,还了解了群众对新宪法抱有怎样的期待。1965年初总统委员会做了报告,它提出的建议也大部分被党和政府采纳。

1965年9月,坦桑尼亚第一次议会选举根据新的一党制宪法由成人投票举行。坦盟提名了两位候选人,人民投票选举;这意味着机会主义者或者不能胜任者无法再像以前那样,打着政党的旗帜招摇撞骗;这也意味着在两位坦盟候选人中,人民可以选取一位在今后的五年里更能传达他们愿望和心声的领导人。很多人过去为党和国家做出过杰出的贡献,但是在竞选中落败了,然而我们不必担心这会影响国家的进步。有史以来,人民第一次能够就一个人未来的执政能力发表自己的观点。

(五) 联合共和国

1964年4月坦噶尼喀和桑给巴尔的联盟,在长远看来,也许是早期最重要的发展。在此之前,1963年6月到1964年初就成立东非联邦进行了初步谈判,1964年1月桑给巴尔革命爆发。

坦盟和非洲设拉子党长期以来保持密切诚挚的关系。素丹政权(通过在选举中弄虚作假获得政权)的推翻使两党合作向着寄予厚望的东非大统一迈开了第一步。

从一开始,联合共和国就遭到了国际上各方的误解,外部批评的声音也是不绝于耳。长期以来也存在不少问题。两个独立国家之间的联合永远不可能毫无阻力。两个近代史截然不同的主权国家的政策要合二为一,国际贸易规章制度、关税机构等等都要合并起来,必须要建立一种制度,使得两个人口和面积各不相同的国家能在同一制度里平等共处。尽管如此,联合共和国还是成立了,而且已经有了七年的历史,这对坦桑尼亚和整个非洲来说都实属不易。这是非洲历史上第一次两个国家合并成为一个国家,非洲的统一已经成为人民和领导人的政治愿景。

社会主义的发展

1966年,我们逐渐意识到,尽管在经济方面已经取得了一定进步,我们谈论的也是社会主义建设目标,但实际上整个国家还是没有方向感。国家政策和目标的不一致导致了现在的混乱状态;部分人已经开始泄气了;很多人开始倾向于求助他人改变这一状况,而不是努力集中我们自己的力量解决所面临问题。

这种状况已经表现得很明显了。尤其是贫富差距的扩大导致了社会不公。由于公共服务和私人企业都实施了非洲化的政策,贫富差距的扩大难以避免。但问题并不简简单单地是小部分受过教育的人居高位、拿高薪。真正的问题是他们这些人有能力获取贷款并能得到技术性建议,因此他们敢于冒险,进入高回报的行业。

人们并非不知道这些,但他们还是心生怨忿。这些受过教育的人可以从银行贷款来修建房子,然后将房子出租,或者将贷款用于创办一家巴士公司,又或者雇用一些劳动力为他们农场干活。因此这一小部分人利用了国家的资金和技术资源,为自己谋取利益。国家开始产生了一批经济和社会精英,他们首先关心的是他们自己和家人的利益,而不是社会大众的生活水平。一个真正的社会等级体系正在形成。

同时,城市地区迅速发展,迫切需要政府加强公共设施建设。且高楼大厦拔地而起的趋势愈见明显,尤其是在达累斯萨拉姆。由于每个人都热衷于追求宽敞的办公室、丰厚的收入,党领导群众工作效率越来越低。提高大众福利变成了一个空口号,而不是一项切实的政策。

(一)阿鲁沙宣言

1966年10月,由于大学生游行示威,抗议为国家义务服务一段时间,受此影响，所有的部长、高级和中级公务员都同意缩减工资，有的工资甚至缩减15%。但是这并没有解决根本问题，我们依然没有明确的国家目标，指引我们前进的方向。因此，尽管我们在某些方面取得了很大进步，但总体来说，我们逐渐背离了"人人平等、互相尊重以及人民当家作主"等社会主义基本目标。

1967年1月，坦盟国家执行委员会在阿鲁沙开会讨论这个问题，讨论的结果在2月5日出版发行，即《阿鲁沙宣言》。宣言定义了坦桑尼亚特色社会主义含义，规定了政治领导人和公职人员应该具备的资质，还要求国家在发展的过程中更加注重自力更生。

在坦盟的一次特殊国民会议上通过了这项政策，并按照程序，通过了其他政策细则，包括"为了自立的教育"、"社会主义和农村的发展"、"自由和发展"。这四个文件清楚地陈述了党在建设社会主义的过程中承担的责任，这种责任对于坦桑尼亚的含义，并对一些政策做出了解释。这些政策得到了全国人民的一致通过。

《阿鲁沙宣言》的重要性无需赘言。它为人民、政府以及党提供了指南，也让未来的决策有据可依。今后，再也不能有人利用任何借口，做出一些有悖于为全体人民服务的宗旨的决定，虽然这些决定可能在某些方面是有益的。

当然，如果我们不执行《阿鲁沙宣言》的规定，它将沦为一纸空文，变得毫无意义。宣言出版之后的第一周，重要经济部门被收归国有，原企业主将会得到一些补偿。银行、保险公司以及食品加工厂将首先被征收。八个进出口公司以及批发公司也被国有化，随后组成国家贸易公司的核心部门；之后将变成我国最主要的对外贸易和批发机构。除此之外，政府将控股为数不多的大型制造业，并且政府已经宣布将很快入主剑麻产业。

政府通过这些措施履行了《阿鲁沙宣言》第二部分（B）所规定的责任。《阿鲁沙宣言》颁布之前，坦桑尼亚几乎所有的工业都已经是国家所有或者由国家掌控。因此，土地、森林、矿产资源、电力、通讯以及铁路已经归属国家或者由国家控制，不需要再进行任何改造。

公有制成分的急剧扩张且没有引起经济混乱。即使是银行业也成功实现了改制，当时银行的所有者撤走了所有的外国专家，短短几周，我们就克服了重组的困难，国际间的兑换（这是他们唯一被延迟的业务）也恢复了正常。大多数由国家接管的企业都没有对消费者造成大的损失。

当然，这一系列举措的总体效果不可能在短时间内见效。但是国家已经积累了大量外汇，更重要的是，能够以一种原本不可能的方式推行经济决策。在国有化问题上，坦桑尼亚人变得积极果断，但是一旦牵扯到他们国家经济时，他们又会变得消极退缩。

当然，这也包含了其他层面的含义。在国内，经济不景气时，我们再也不能将责任推给其他人，怪罪于他们采取的措施或者他们没有及时采取措施。当然我们不可能不受世界市场的影响，但在1967年的今天，世界经济状况日益不景气，我们有责任采取适当的行动，将我们的优势最大化，尽量弥补我们的劣势。因此，我们通过国有化政策，逐步增强经济的独立性，即使在许多方面我们仍然受到力所不能及情况的限制。服务意识、创新水平以及坦桑尼亚人民的商业头脑都是促进我们发展的关键因素。

然而，《阿鲁沙宣言》所产生的另一个重要的结果是它促进了一种新的意识的产生，即一个国家的发展意味着本国人民素质的提高，而不是高楼大厦拔地而起，高速公路四通八达。当然，在一个如坦桑尼亚这样的国家，你的努力所带来的福利，如果分配给生活在36万平方英里土地上的大众人民，那么人民受益并不明显。《阿鲁沙宣言》产生后，工业和商业的发展似乎比农村地区的发展更明显。事实如此，在后阿鲁沙时代，许多资金都投入到了城市地区的发展，农村地区的投入明显不足。尽管我们已经做出了很多调整，但是我们的实际行动还没有完全与意识的转变保持一致。

即使是在乌贾马村，政策所带来的进步也很难量化。可以说我国8%的人口生活在乌贾马村。但是事实上，许多村子向目标"为了共同利益一起生活工作"仅仅迈出了第一步。并且很少有村子有过上了社会主义生活的迹象。要了解一个地方的进步，只有在它建成乌贾马村之前先行参观，建成后再次参观，对比之下才能了然于胸。事实上，我们已经取得了进步。当地人民变得更富裕了；供水量更充足了，学校也更多了。最重要的是，农民开始将命运掌握在自己手中，不再像以前那样听凭天气的肆虐、野兽的践踏、别有用心者的糊弄和盗贼的偷窃，也不再受肆无忌惮的领导者们摆布。

（二）坦盟的指导方针

尽管1967年以来，我们在许多方面已经取得很大进步，但是经验告诉我们，还有一件事，我们必须予以高度重视。即企业仅仅实现公有化是远远不够的。这些企业也许——坦桑尼亚的企业大部分都是——经营得很好,为坦桑尼亚人民服务。然而这些企业仅仅由部分人管理,经理人都由人民政府直接任命,并直接对人民政府负责。因此,公有制企业中,未处于管理阶层的员工仍然不会觉得企业是他们的。甚至工人们常常会认为他们在为管理阶层工作,而不是为他们自己。

这意味着公有制企业需要一套新的方法,让公众参与企业管理和运营。半国营政策的实施还需要更有效的公共监管机制。事实上,我们必须改变态度,并不是只有所谓的专家才能做出经济决策,"专家"称号的获得只需要一些常规的学历。相反,我们应该帮助人民,让他们掌握自己的命运。那些拥有相应技术知识的人应该进一步提升自身能力,乐意为人民提供帮助,为他们解释问题的实际情况,然后再做出切实可行、具有前瞻性的决策。换句话说,我们应该搭建一个平台,管理部门能够通过这个平台聆听公众的声音,公众也可以通过它来了解管理部门的政策并接受相应的建议。这样,人们才能做出符合自己长远利益的决定。

考虑到这几点,经过长期酝酿之后,坦盟终于在1971年二月起草了《坦盟指导方针》。《阿鲁沙宣言》实施之前,我们已经初步探索了国家正确的发展方向。《坦盟指导方针》出台之前,大规模的工人运动已经开始了。但是指导方针的要求远不止这些。它提醒我党要努力实现"为自由而艰苦奋斗"的建党承诺——为坦桑尼亚人民和全体非洲人民的自由而不断奋斗。指导方针强调要加强国家的建设和保卫。它还提出了在政治经济领域需要一个强有力的领导集团,以及为促进公众参与决策,我们需要有全新的态度和做法。

到目前为止,我们在这些方面取得的成就并不显著。领导层仍未组建,我们还停留在仅仅靠劝说人们相信专家和政治领导人"是为了他们好"的层面。但是,尽管进步速度缓慢,我们也不应该泄气。《坦盟指导方针》在很多方面都比《阿鲁沙宣言》更加严格。《阿鲁沙宣言》的实施靠采取具体的步骤——所有权的变更或者让渡私有活动产生的收益。《坦盟指导方针》需要整个管理层以及全体人民理解社会主义和民主的真正含义。这些理念要想真正深入人心是需要时间的。

然而,我们目前的情况是存在一种危险。处于权威位置的人已经知道,决策的制定将被公之于众,从前的那一套规则现在已经不适用了,从而他们变得无所适从。我们绝不能允许这种情况发生。指导方针要求公众参与讨论和决策,而不是要停止决策,更不能成为决策者拒绝承担责任的借口。就如标准银行的支行,在国有化之后依然在原有的基础上照常营业。因此,公众参与决策的新规则正在酝酿,并准备实施,从前的旧规则在新准则实施之前应照常继续。国家不能因为要准备下一阶段的改进而停止当前的活动。

我们所取得的成就:总体的进步

过去的十年里,我们取得了怎样的进步?要做一个全面的报告是很困难的。以下讲的是坦噶尼喀独立以后我们对取得的成就所做的调查。

(一)目标的定义

首先,我们对所理解的社会主义下了定义,全国人民共同努力,建设一个社会主义社会。这才使得我们的发展越来越接近一个明确易懂的目标。我们清楚地知道我们将去向何处,且已经制定好了总路线。

深入理解《阿鲁沙宣言》是成功的关键;这一点很快就要实现了。越来越多的人研读、学习并理解《阿鲁沙宣言》;它已经成为全民教育的内容。这是一项关键性的进步,有了《阿鲁沙宣言》,我们的政策建议将变得有章可循。如果人们提出的建议符合《阿鲁沙宣言》要领,那么将有助于我们在正确的道路上前进;如果违背了《阿鲁沙宣言》,那么不管它在别的方面有多大的益处都不适合坦桑尼亚。在提出新的建议时,从基层的角度考虑得越多,我们取得的成就就会越大。这只是一个开始,《阿鲁沙宣言》将成为人们衡量建议合理性的标准。

事实上,《阿鲁沙宣言》的精神已经渗透进我们的生活。人们以相对于其他发展中国家较低的价格,享受到更好的服务。更进一步说,虽然贿赂现象依然没有杜绝——保持警醒是必要的——我们已经广泛采取措施来遏制这种我们引以为耻的事情。除此之外,农村地区"乌贾马村"普及范围越来越广,它在城市地区也初现端倪。

因此,社会主义目标及这些目标的实现已经深入人心,置身于社会主义进步的人民正不断努力,这些都是值得坦桑尼亚人民自豪的。但是我们不能因此而骄傲自满,未能解决的问题还很多——甚至还有许多问题我们没有考虑到。

例如,我们还没有广泛认识到自律的重要性,自律有助于我们摆脱对纪律的恐惧感,摆脱挨饿的可能性。我们已经开始商讨有关工人的参与和管理的问题,但是我们是否已经开始教育工人们学会对人民负责?有的时候,答案是否定的。最近几个月出现多起工人罢工事件,主要原因是工人们对个别经理的不满,或者是他们想从工业生产中分得更多利益。他们忽略了一个事实,工业所有权属于整个国家,其产生的收益服务于公共利益。有些工人称,在没有经过合理调查之前,未加警告不能解雇他们,然而他们却不愿承认他们指控的人也拥有这些权力;相反,他们争论不休,导致整个国家深受影响。

怎样适当地惩罚那些破坏、浪费或者滥用公共财产的人?在资本主义的团团包围下,我们应该解雇这些行为不当的工人,以此来惩罚他们。我们知道,对领导的敬畏(大到经理级别,小到领班级别)是每一个员工的工作动力。但是我们却在与这种"对老板的敬畏"作斗争。因此,我们应该怎样确保公共财产的安全,怎样才能有效利用公共财产呢?事实上,我们如果不能改弦更张,所有的规则一成不变,我们将不能实现社会主义目标——最终只会导致暴政统治,国家进步、人民生活水平提高更是无从谈起。

许多问题仍然亟待解决,社会主义的建立不是单纯地反对资本主义理念和规则。国家决定走社会主义道路也并不意味着所有的人都如天使一样单纯。相反,事实上,我们在殖民主义和资本主义环境下成长,这意味着我们将把从前养成的不良习惯带入新社会。我们亟需接受社会主义教育来改掉不良习惯。人们应该通过身边的真人真事来自我反省,自我学习,而不能仅仅纸上谈兵。因此,我们必须寻找一些新的方法,确保人们能以"社会主义者"的身份严格要求自己,对工作认真负责,严于律己,即使他们——和社会——还未达到社会主义水平!

(二) 组织

我们的组织以"社会主义进步"为宗旨,必须不断对它加以考察,来确保它在每一个领域都促进我们往正确的方向前进。这种考察是有必要的,尤其是为了目标"非集权化"。然而,这并不意味着独立以来我们没有取得进步,这只能说明我们所做的改变不适合当下形势。

因此,经历过起初的犹豫不决,坦盟如今变得更富有生命力,更具有民主性。坦盟拥有十个分支系统,这使得它变得更有效率。我国已经建立起一个管理系统,它以全体人民的需求为宗旨,给予了人们一个真正可以充分表达愿望的机会。尤其是,我们一党执政政治体系使得中央政府强大而富有凝聚力,政府对于人们的意愿会迅速做出反应。同时,在必要的时候行使领导权。如果坦桑尼亚想要取得进步,并在全世界赢得充分尊重,这是有必要的。在公共工业领域,我们已经开始为工人实现民主而不断努力,并且已经开始建设乌贾马村层面的地方自治政府。

对国家经济进行重组,是为了实现我们的目标。所有大型的工商业组织机构已经基本实现国有化,国家的经济规模和形态不再由外部力量掌控。不仅在国家层面上是如此,地区发展公司已经组建,并且有些地区已经建立起高产能企业,成为了当地重点企业。另一方面,铁路、海港、邮局、通讯以及航线都已经被三个东非政府共同掌控;因此,如果没有国际间合作,它们就不可能在经济的基础上以合理的形式为三个国家的人民服务。

更进一步地说,农作物以及小规模生产的商品的营销合作已经被大范围推广;现在合作运动更加注重合作生产,合作存贷款。新的(目前还是新的)双赢合作模式是未来发展的趋势。这种双赢合作将建立在乌贾马村的基础上,所有合作成员将从他们的生产、商业合作活动中受益。

最后,我们要组织起来,利用国有金融机构,包括新兴工业发展和农村发展银行,扩大生产能力。

行政管理上,政府已做了适当的调整,比1961年时更有利于生产发展。早期地方委员会体系的发展促进了国家决策在全国执行,政府和坦盟能毫无阻碍地了解到特殊地区的特殊需求,并予以重视。地区发展基金和地区发展委员会的成立有助于我们伟大目标的实现。特定地区的人民从而可以决定他们当地优先发展的事情并执行他们自己的决定。

在全国层面上,经济事务发展规划部门、地区行政和农村发展部门都促进了我们发展力度和发展方向的协调,即我们应更注重人的发展。其他部门也进行了分工,促使我们能以发展的眼光看问题,执行国家政策。

(三) 与贫困作战

那么,我们在与贫困作战时取得了怎样的进步?在某种意义上,答案只能从人民的生活中找到;他们的健康、教育、衣食住行。但是这个问题还有很多有待考虑:要使得这个问题的答案有意义,必须考虑我们为建立国家经济体系以及经济发展所做出的多方面努力。就如同一个农民在收获之前,他在一大块土地上除草、耕地、种植,但他仍然与别的没有耕种过的人一样一贫如洗——事实上，他可能看起来贫穷，因为他把钱用于购买农具和种子。然而这两个人的真正贫富情况是完全不同的。耕种了的农民不仅仅在收获之后会变得很富有；他也为未来的收入增长奠定了基础。而什么也没做的农民来年的状况将和现在一样差。

因此，这个问题的两个方面是不可分割的。如果真是这样，十年之后，我们必须问问自己，人民的生活水平有了多大的提高，我们还要考虑我们为实现未来持续发展做了多少工作。

在全国层面上回答这个问题的另一个难处是，我们只能报告数据，并且这些数据必须是全国的总数或者平均数。它们能大体反映我们的现状以及为未来所做的准备，很难反映特定地区的真实现状。

最后，还有一点必须牢记，当一个坦桑尼亚人将目前自身财富与十年前相比时，他通常会想月底口袋里的钱有多少，能买多少东西。但是那种比较自身财富的方法是不对的，因为国家的财富在不断增长，国家的公共设施（医疗、教育、公路、供水等）建设开销不断增加。事实上，每个人都有两个钱包：一个钱包装的钱任由他自己消费在私人需求上；另一个钱包装的是可以享有的公共服务。因此，尽管十年来，一个人每个月花在食物、衣物、住所和消遣上的那部分钱没发生变化，他的实际生活水平提高了。经过十年的发展，人们进得起医院和药店，孩子上得起学，成人也上得起成人学校，有工作可做，买得到安全又实惠的药品等。这在十年前，国家未独立时是难以想象的。这些都是生活状况得到改善的表现——这比那些奢侈品如手表、车等重要得多。

所有这些意味着，尽管数据背后隐藏了国家在不断发展的事实，它们也揭示了当一个人在比较两个不同时期的财富时容易忽略的东西。了解了上述情况后，我们才可以考虑坦桑尼亚自 1961 年来取得的进步。

毫无疑问，医疗卫生状况和福利已在很大程度上得到改善。许许多多的人看起来更健康了；他们穿得更体面了；相对从前，更多的人穿起了鞋子。城镇里的状况确实如此，许多农村地区人也能穿得体面了，现在即使是农村人也开始关心穿什么衣服和鞋子去上班，生病是否能去诊所或者药店，口袋是否有钱。远非十年前的情况，当时许多孩子处于营养不良状态——现在他们大多积极活泼，比从前更有可能长大成人。

用数据来阐述这些事情是困难的，因为我们的统计是不完整的。然而人口普查数据分析表明,从 1957 年到 1967 年,人口预期寿命从 37 或 38 岁延长到了 41 岁。婴儿死亡率从 200‰—250‰ 降低到 160‰—165‰。产妇死亡率也下降了很多。1961 年,医院和妇产科诊所(因为其他数据可靠性低)平均每 10000 个婴儿出生就会有 47 个母亲死亡,而现在的数据是每出生 10000 个婴儿,母亲的死亡率是 27 个。

尽管我们仍应谨慎地对待这些数据所反映的情况,但同时它们确实体现了我们所取得的巨大进步。婴儿和产妇死亡率作为女性健康标志已被普遍认可,并可以由此推断儿童和男性健康状况。人口预期寿命数据揭示了总体生活水平的改善。当然,对我们而言,它们不只是表明了相对过去的一点点的进步;这些数据同时也让我们了解到我们还有多长的路要走——在欧洲,人们的预期寿命是 70 岁而不是 41 岁。

(四) 公共税收和支出

国民健康状况的进步,是国家财富总量增长的众多结果之一。除此之外,还要归因于财富在居民中更合理的分配,更多集中在公共开支而不是私人用度上。

我们的财富总量毋庸置疑上升了,尽管很难给出相对数字。据不确切估计,独立之初国家人均年收入(即国家财富总值除以总人口)大约是 380 先令。从那时起,我们建立了一套全新的更加准确的计算体系。在此基础上,再加上 1961 年的人口数量要超出我们预期,所以 1961 年更准确的数字大约是 460—490 先令。与那时相比,现在的国家人均年收入大约是 670 先令,增长了 40%。而且,这个增长率是在扣掉坦桑尼亚人口津贴之后得出的——坦桑尼亚的人口数量正以每年 2.8% 的速度增长。换句话说,财富总值的增长率要超过 40%;实际上,不变价格也增长了约 60%,但是现在我们的产量是要除以 1300 万人口,而不是 1020 万!

数字很漂亮,但是我们不能忘记我们的目标要比这更高。实际上,从 1967 年起,商品和服务行业的年均增长率一直保持在不变价格的 4% 到 4.5% 之间。这比第一个和第二个五年计划增长目标要低 1/3 左右。

这不仅仅意味着我们没有达到对坦桑尼亚人民生活标准的期望值;这项失败也对整个发展过程是个重要的提示。因为新建设的支出,是在国家收入更高的前提下,筹集发展所需的资金才能实现的;学校能够建成,是因为我们相信税收会增加到一定水平，满足常规费用。而我们实际的增长要低于预期值 1/3，这意味着有的项目不得不半途而废，或者为了使用建成的学校要放弃其他东西。未能实现增长目标是件非常严重的事情，因为我们的经济无法维持平衡，意味着我们无法承担起某些责任，也无法兑现对人民生活水平提高的承诺，使人民失望。

　　但是，我们应该怎样分配和使用生产的财富呢？事实上，我们努力更加公平地分配财富，甚至我们牺牲个人消费来满足公共需求，对此我们无愧于心。

　　因此，在 1961 年 7 月 1 日到 1971 年 6 月 30 日之间我们在"发展支出"这一项上投入了大约 34 亿先令，其中 23 亿先令来自国内——通过税收或者借贷。这个数字包括了从政府所有时期过渡到半国营部门时期的 5.9 亿先令，这笔钱被用于扩大我们的生产性投资。

　　在过去十年间，只有 33% 的政府建设总支出来自外部的贷款或补助。这表明了我们在更大程度上依赖于自己的资源，只有在万不得已，并且有把握能够按期偿还时才会寻求外部支援。事实上，我们在这方面的"自力更生"能力在《阿鲁沙宣言》实施以来已经提高了。在过去的四个财政年度里，大约平均 74% 的总建设支出来自国内，之前六年的平均值是 56%。

　　目前，我们政府负债总额是 24.41 亿先令，其中 42% 债务的债权人是坦桑尼亚的人民和机构。但是，将来我们有可能更多地从国外借贷用于建设的费用。这必须建立在这些贷款的条款是我们可以接受的，不带有任何政治附加条件的基础上——这些是我们牢牢坚持的原则，如同我们过去一直做的那样。如果我们贷款成功，我们的建设项目将能够进展得更快，因为目前对我们来说财政是一个限制因素。

　　但是，事实上，发展支出和经常支出不可能彻底分开。比如，管理学校属于后者，但是它的主要目的是培养我们未来的接班人，培养他们更熟练的工作技能——换句话说，教育不仅本身意义重大，它也是我们建设的一部分。这两个方面也在其他事情上紧密地联系在一起。如果每年不划拨经常收入来提供医疗护理人员和处方药品，投入建设资金来建医院也是一种浪费。因此，我们的经常支出从 1961—1962 年度的 4.94 亿先令增长到 1970—1971 年度的 16.34 亿，这就反映出了很多情况。它反映了由于过去的不断建设，现在我们的人民可以享有更好的公共服务；它反映了一种连续不断的发展支出；它也反映了政府越来越重视满足基本的公共需求,不提倡增加个人消费。环顾世界,其他国家(包括世界上最富裕的国家)的经验表明,我们走的是一条有利于未来人民和社会的健康、幸福和富足的正确发展道路。

税收还有一方面对我们要创造的社会非常重要。我们的税收政策也变得更加先进——公共税收中更大的比重来自收入更高的人,既因为直接税率不同,又因为奢侈品的间接税率要比生活必需品的高。比如,今年个人所得税为4.15亿先令,营业税是2.17亿先令,而1961年的总值才1.2亿先令,并且所有这些税收都是面向富人阶层征收的。

如果我们考虑到坦桑尼亚政府的一个部长年薪为4.8万先令,外加提供一套免费的住房,那么上述数据就不难理解了。如果他已婚,育有三个孩子,那么他要付个人所得税9304.80先令。一位首席秘书收入为4.86万先令(不提供免费住房),也是已婚有三个孩子,那么他要缴个人所得税9352先令。在达累斯萨拉姆,政府最低年薪标准是2160先令,需缴间接税每年总共30先令。但这只是开始。所有的"耐用消费品",比如说汽车、冰箱等等,是高收入者倾向于购买的商品,因此税率很高。比如,达累斯萨拉姆最便宜的汽车标价9000先令,其中包括3150先令的"注册税",而一种广受欢迎的大型轿车标价2.65万先令,其中包括1.06万先令的"注册税"。

很多服务以前是当地有关部门的责任,现在被政府接管,这减轻了贫困人民和地区的公共消费负担,转而增加了富裕人群和地区的税收比重。来自义务税的税收对关税越来越重要,这表明了另一层含义:我们的经济结构正趋向于更为独立自主的发展。

但是我们仅仅是刚刚起步,重要的是继续坚持下去。我们不仅在创造现在的幸福生活,更是在为未来的发展打下基础。

这并不是说我们的生活条件没有得到改善。事实上已经改善了,而且改善了很多。

(五) 健康

评价一个国家健康进步时存在的一个问题(除了已经给出的数字),是这些数字通常指的是疾病预防治疗措施!事实上,衡量坦桑尼亚人民在过去十年里健康状况进步与否的最佳途径,在于深入群众,实地调查!但是有一件事是毋庸置疑的,即蛋白质食品,比如牛奶、鱼、蛋甚至是肉类,消费的速度超过了人口增长的速度。这一定会逐渐对国民的健康产生有益的影响。

一些常见的传染疾病发病率也降低了。1961年通报了3027例天花病例，这一数字大体持续到1967年，随后大幅减少，到1970年，只有32例被报道，而今年1月份到8月份之间无一例出现。这一变化始得益于1968年在WHO帮助下开展的天花疫苗接种活动，60%的人口因此免得天花。小儿麻痹症的病例也大幅减少，尽管其他常见传染病没能像这两种疾病一样，但是至少我们针对它们已经守住了阵地。如果考虑到其他非洲国家在这方面经验匮乏，这种经验本身就是一种成就。而且，基本医疗服务的进步意味着疾病的发生和病情严重程度已经极大地降低了。比如，抗疟疾药品和针对疟疾简单的医疗护理现在几乎人人都会；死亡病例也少了很多，并且患者不能行动的时间总体上也缩短了。

医疗护理已经进步了很多，随着更多的护理人员接受培训，未来的情况会进一步改善。达累斯萨拉姆医疗学校于1963年创办，1968年成为大学，现在每年招生30到40人。接下来几年招生人数将增加到100人，达累斯萨拉姆医疗学校也会成为医疗学科的综合院系。培训也会在其他地方开展，1961年12月，坦噶尼喀有403位注册的医生和22位有医疗执照的医生，到了1970年12月，注册医生人数为489人，拥有医疗执照的医生人数为100人。而且，有83位来自中国的医生在农村地区工作。有趣的是，1961年注册医生里只有12位是坦噶尼喀人，而1970年这一数字达到了123位。

医疗助理和农村医疗救助培训人数的增加也非常显著。1961年，有4所学校在对上述两类医疗工作者开展培训，每年共培养医护人员74人，而1971年有了9所这样的学校，每年培养270人。1961年护理学校共14所，每年毕业235人，现在有22所，每年毕业422人——其中有些人接受了比以往更高标准的培训。

除此之外，医疗卫生服务的组织也合理化、扩大化，更多地服务于农村地区的需求。一个例子就是，政府和非政府医疗卫生服务的整合，现有的医疗设施得以发挥最大的作用。因此，政府基金赞助了11家由志愿者组成的医院，它们愿意成为地区医院——其中几家已经完全归政府管理。而且，志愿者组成的诊疗所现在也在接受政府资助，担当农村的医疗中心。政府持续不断地为当地公立医疗机构注资，这些医疗机构保障了当地人民能够得到可靠优质的服务。

到1971年底，坦桑尼亚大陆会有122家医院，10年前为98家；90所农村医疗中心，10年前为22所；1400个农村诊疗所，而独立时只有975个。而且，在乌贾马村里选择了一部分社员开展了简易急救方面的培训，这样在一些农村里进行的"医疗岗位"试验点上他们可以上岗工作。现在评价这项新的重大进展的结果为时尚早。

在妇女儿童护理方面我们也取得了显著的进步。据估算，现在超过60%的孕妇得到了产前护理，1961年这一数据为30%；目前约30%的儿童出生在医疗机构，而独立时这一数据为11%。这一变化非常重要，因为在诊疗机构出生的婴儿夭折率远远低于在其他地方出生的婴儿。

为了人民的健康，还有很多事情需要去做，但是毋庸置疑的是，我们在医疗卫生服务方面的拨款必须得到最大限度的利用。尽管医疗预算已经从每年人均5先令增加到10先令，仍然还是太少了。而投入的增加只能通过减少其他方面支出，或者通过增加税收来实现——这两种方式都不是轻易能做到的。

但是有两种方法可以有效地提高我们医疗预算的效率。第一种方法是重视预防类药物的使用。按照我们总体健康状况来看，我们通常是先治病，后预防。然而疾病的预防比治疗更省钱，效果也更好。预防可以通过加强健康教育、改善卫生条件或者让有患病风险的人群服用预防药物来实现。预防方面已经尝试性地采取了措施，重点是在培训项目中试验预防性药物。在这方面我们应当更积极、更有急迫感。

医疗行业的所有人员，都应当教给病人和当地人民如何强身健体、保持健康，把这视为他们的一项重要工作。每位坦盟领导人应当将其纳入职责范围内，对此有所作为。清理街道、打扫庭院，并不需要特殊培训；开展消灭蚊蝇的活动也不需要在坦盟会议上讨论通过。一味抱怨市政垃圾清理工作不到位也没有意义；在很大程度上每个地区都应当在清洁方面实现"自力更生"。通过这些方法，我们不需要多花钱，就可以提高健康水平。

第二种方法与第一种同样重要。在医疗方面，和其他方面一样，我们要考虑到坦桑尼亚的实际情况。如果我们以高标准来要求农村的医疗中心的建筑规格、卫生条件和诊疗设备，那么我们只能在一年之内建起一两所医疗中心，而我们需要上百所，这种高标准根本不切实际。对我们的人民来说，更重要的是他们能够得到诊治，他们需要的不是宫殿。如果能保证诊疗所清洁卫生，照明通风，有干净的水，有消过毒的体温计和其他仪器，即使是在土坯房里治疗也无妨。有一种条件好一点的当地建筑,每隔几个月就将墙壁粉刷一次,每天将里里外外彻底擦洗一遍,有简易的储水罐和过滤器、煤气炉或石蜡炉等等,这种建筑造价很低。实际上,在很多情况下,乌贾马村的社员们只要稍加引导,完全可以自行修建和维护这样一种诊疗场所。同样的原则适用于所有其他的农村医疗服务。我们必须时刻关心的是如何花最少的钱提供必需的基础设施,而不是让它们在前来视察的总统或者参观的游客眼中显得多么美观。

在城镇,我们也应当采取同样的态度。我们现有几家设备先进的好医院。但是我们意识到了医院的这些建筑和设备维护起来是多大一笔费用吗?今后我们必须在这种需要重复支出的事项上面慎重,再慎重。因为在健康和很多其他方面我们必须首先解决基本的需求。我们付出很大代价,结果只能让少数人得到特殊心脏病的先进治疗,而群众连普通的疾病都得不到诊治,深受其苦。舍少取多看似不近人情,但这是一个什么优先的问题。规划就意味着取舍!

(六) 教育

在社会主义国家,所有儿童应当免费接受初等教育,后续教育应当为那些能够在教育中直接获益的人群提供,无论他们年龄大小。在坦桑尼亚还不存在这样的条件,我们在朝着社会主义的方向努力,但是我们远远没有达到那个目标。

坦桑尼亚的贫穷落后使我们无力承担普及教育的费用,尽管我们无比希望能够做到。为此,我们不得不分出先后顺序,并严格执行。当然这种先后顺序要随着我们环境的变化,随着我们更加清楚地意识到国家的需求而变化。但是有一件事情是稳定不变的:我们手头有限的资源必须首先让我国的公民有能力完成村社需要完成的工作。继续教育尤其要与劳动力规划的需求一致;尽管我们努力实现普及初等教育,我们也无法以公众为代价,一味地"为教育而教育"。

但是对我们国家来说,教育是必不可少的。因此,几年来20%左右的政府经常开支用在了教育上面。1960—1961年我们划拨了5千万先令用于经常开支,另外8百万先令用于发展,今年相应的数字是3.1亿先令和6千万先令。

问题在于,即使如此重视教育,我们对目标还是无能为力。我们确定了早期的目标是普及教育,希望全体公民具备有效处理日常工作的基本能力,并能用以提高他们自身的教育水平。

独立之初,摆在我们面前的社会现状是人民普遍没有受到教育,中学文化程度的人数都很少。比如1961年，坦噶尼喀只有11,832名儿童接受中学教育，其中只有176名儿童在读六年级！这意味着为了尽快实现管理和经济的非洲化，新政府只能首先普及继续教育。对此我们下了很大力气，取得了良好的效果：1971年，我们有31,662名儿童接受中学教育，其中1,448名儿童在读六年级。

达累斯萨拉姆大学学院成立于独立前几个月，建校之初有14名法学院学生。学院在那一年成立，是"自治"时期做出的决定。但是1961年，总共只有194名坦噶尼喀学生在东非大学学院学习，1,312名学生在海外留学，刚刚达到大学水平，甚至低于正常水平。到了1971年，数字发生了巨大变化——有2,028名在校的东非大学生，1,347名海外留学生，其中有一些在读研究生。这些数字反映了整个时期的逐步增长趋势，值得铭记；无数受过五六年级教育甚至大学教育的青年男女，正在为我们国家的发展而服务，他们的教育都始于独立之后。达累斯萨拉姆大学的成立也意味着我们学生可以学习的科目以及他们课程的内容，正变得更加符合国家的需求。

同样，小学也是如此。数量上有极大的增长——从1961年到1971年，小学数量从3,100所增加到4,705所，小学生人数从486,000增加到848,000。而且，更多的孩子现在完成了全程的小学课程，而在1961年大部分小学生只读了四年就辍学了。因此，在1961年，11,700个孩子完成了小学学业，而今年70,000名学生有望顺利毕业。

但是我们不能被这些成就蒙蔽了双眼，无视这样一个残酷的现实：现在我们小学儿童的失学率同1961年不相上下。我们仅仅为52％的适龄儿童提供了小学教育——这与我们普及小学教育的目标相去甚远！寄望于坦盟会议上通过解决方案，或者在议会上提问就能解决这些问题，这种想法未免过于荒诞。解决这个问题实非易事。但如果我们为教育上已取得的些许成绩沾沾自喜，以此掩饰我们的失败之处，这不啻为罪恶的想法。这些失学儿童将来必定会成为我们真正的挑战。

教育上真正重要的不仅仅是数字。我们学校提供的教育类型同样重要。在1967年，当我们采取"为了自立的教育"政策时，我们就认识到了这一点。从那时起我们就在努力改变教育体系提供的教学内容。我们力图使低学段的教学目标不是让学生进入中学或者大学，而是放在满足大局需要上。我们认识到，将来可以预见到大多数小学生不会上中学，而大多数中学生也不会进入大学。在坦桑尼亚，他们会脱离全日制学习，成为农村城镇的工人（不一定是工薪阶层）。

就目前来看，我们在这方面的努力已经取得了显著的成效，但是我们的任务远远没有完成。并不是所有的课程大纲已经按照新政策做出了调整；并不是所有的教师已经接受了必要的重新培训和重新定位。我们必须对此多做努力，因为不当的教育将来会给整个国家和每个个体带来灾难。但是，急躁冒进也毫无益处；替换掉目前使用的大部分教科书是项昂贵的投入，必须首先规划、编写再印刷。而拿粗制滥造的教科书替换不合时宜的旧书，也实非明智之举。

自立教育政策有着深层次的含义，即所有的学校"在社会层面、教育层面和经济层面都要是一个村社"。政策中问道："中学至少要做到自给自足，教育和监督工作依靠外部力量，但是其他事情由村社自己完成，自己生产创造，这有什么不可能的呢？"

事实上，现在每所学校都有自己的附属农场或工场，参观者们可以看到孩子们即使没有老师在一旁，也会开展各种形式的劳动。而且，一些学校粮食产量非常喜人，这已经成为了他们的骄傲。但是很少有学校组织学生有计划地耕种，做记录，并将收成用作不同的用途——换句话说，他们没有在学校自有的农场上开展合作生产小组，更没有学校将生产小组看作学校生活的有机组成部分。

我们的教育政策要被恰当领会，正确贯彻，还有很长的路要走。学校是学习的地方——我们不想改变这一点。学校既不能变成工厂，也不能变成农场。但是在学校附属的工厂或农场劳动，应当成为日常学习和生活中的一部分。这是我们还没有抓住的一点。我们没有真正接受让学生学习的同时学会生活和劳动，学习和生活是同一过程的组成部分。我们还是在把"劳动"嫁接到"学习"上去，仿佛前者是教育的额外附加，仅仅是为了我们灵魂向善。事实上，生活、学习和劳动是密不可分的。

我们没能在孩子身上贯彻这项教育政策，这与我们对成年人教育上的失败相比，后者显得更为严重。早在1962年，我们就认识到，国家不可能等到这代孩子接受教育并且成长为社会的栋梁才进步。我们那时就说过，成年人的教育也至关重要。

但是，尽管说了这些，我们却没有采取实际行动。直到近来，政府才对成人教育给予了足够的重视。过去政要们一直在讲，而真正做的是志愿者机构，一些政府的外勤工作者作为补充。这个位置已经开始发生变化了。在过去18个月里，一场组织有序的成人教育活动正在紧锣密鼓地筹备当中，全国的教师踊跃参与，发挥着无可替代的作用。而且，教育部已经在各个区任命了成人教育领导人，为每位学生免费提供教材，教材经过精心编撰，易于激发成年人的学习热情，让他们在掌握知识这一有力的工具同时还学习国家的方针政策。

六个地区力争在1971年底摆脱文盲状态，但是断言它们能否真正地成功实现这一目标还为时过早。但是这些地区和其他地方都在不断努力，因此在1971年上半年，全国大约有56万人在上扫盲班，另外有28万人在上高级班。我们也吸取了前车之鉴：扫盲之后如果没有书可读，也会前功尽弃！教育部准备和发放了供扫盲后阅读的书本和杂志。这项工作还在进一步扩大开展当中。

除了"群众教育"，坦桑尼亚还在开展大量其他形式的教育活动。所有的公共企业参与了各种工人培训项目；面向政府工作人员、坦盟工作者、社会志愿工作者和其他不同人群的研讨会也时常举办。一些研讨会的主要目的是提高工作技能，但是多数目的旨在传播对社会主义建设目标的理解，以及特别小组该怎样做来推进目标实现。

尽管做出了各种努力，我们整个国家还没能理解这一点，正如工作是教育的一部分，学习也是工作必不可少的部分。工厂或农田是工作的地方，我们不想也不会改变这一事实。但是学习必须变成工作不可或缺的一部分，人们必须随时随地边工作边学习。目前，在工作的地方学习被视为"多余"，把它看作强加的任务或者特殊的待遇！我们仍然没有把工作和学习看成是密不可分的。

这种密不可分是自然而然的，除非一个工人仅仅是机器的附件——无休无止地拧紧螺丝或者无休无止地复印打字。如果以这种方式来看待坦桑尼亚人，这意味着仅仅把他们看作是一种"生产单位"，这与我们努力的一切宗旨相悖，变成了把人民当作发展的工具，而不是发展的主人翁。

因此，把工作地点同时变成学习地点，这很重要。组织开展人们感兴趣的课程，比如扫盲、技术培训、政治宣讲等等。当然教育不能取代工作，但是它能够也必须成为工作的补充，成为工作的一部分。

这些课程必须成为工厂生活不可缺少的一部分——当人们注意到的只是

它的缺少,而不是它的存在的时候,它就真正成为日常生活的一部分了！偶尔上课是不够的:工人理事会、工人委员会、管理部门、坦盟或全国工会支部都可以带头做这件事,然后跟管理部门和工人一起讨论课程的时间、形式和内容。无论谁带动起来都不重要;重要的是他们应该启动起来,并且持续下去。目前我们在达累斯萨拉姆多家工厂新开办了扫盲班。但是还远远不够。我们还有很多事情要去做。

如果我们要在"成人教育"上取得真正的进步,我们就要停止把生活划分成几部分的做法,一部分用作教育,更大一部分用作工作——偶尔抽时间来"上课"。在一个致力于发展变化的国家,我们必须接受这一点:教育和工作都是生活的组成部分,从出生一直持续到死亡。或许这样我们能担得起别人给我们的赞誉,说我们的政策是"通过教育进行革命"。到目前为止,尽管我们取得的成就毋庸置疑,但是这些赞誉更多针对我们所说的,而不是我们所做的。

我们所取得的成就:经济领域

(一) 农业

在社会和公共服务部门我们所取得的成就,以及经济领域的发展,都依赖农业。农业一直都是我们经济的基础。农业产量提高不上去,其他行业也不可能发展。同样,如果我们在农村地区的社会主义化方面毫无建树,那么其他的社会主义举措的效果也会大打折扣。幸运的是,农业产量增加了,我们走向了农村地区的社会主义化道路。

所有的主要作物,以及很多次要作物(除了剑麻)的产量增长迅速。我们还是拿1961年的情形和1970年的情形相比较,因为天气状况因素对作物收成有毁灭性的影响,很难做出预期。而这两个年份的天气状况迥异:1961年天气情况恶劣,而1970年并非如此。因此,比较时要注意这点的不同。

天气因素固然有影响,几种作物产量的增长还是值得一看。以公吨为测量单位(一公吨相当于2,205磅),棉花产量从接近30,000吨上升到接近79,000吨,咖啡从20,000吨上升到55,000吨,除虫菊从1,300吨上升到3,800吨。值得注意的是,除虫菊的加工现在是在坦桑尼亚完成的,而以前所有菊花要送往肯尼亚完成提取加工。蔗糖产量从29,000吨增长到90,000吨左右,腰果从28,000吨增长到118,000吨,葵花籽从6,000吨增长到13,000吨。正因为以上这些增长,我们的经济扩张才变成现实。但是如果就此认为我们已经做到足够好,在农业现代化上取得了很大进步,那么我们就是自欺欺人了。

事实是,所有这些增长是通过种植面积增加实现的,而非其他因素。1964年,种植面积为2900万亩,1970年这一数字达到3900万亩。因为还没有进行过农业普查,所以这些只是初步估算的数据。

但是如果说耕种技术没有任何进步、畜牧业没有引进现代化的牧场经营方法,就大错特错了。但不幸的是,农村地区技术上的改革还停留在口头上,尚未真正实现。棉花的种植与十年前不相上下,但是用了尤基里古鲁研究所培育出的优质的种子,这起了很大作用。只有5%的棉农施用了化肥,甚至产棉区使用耕牛犁地的都很少。一位参观者十年前造访苏库马地区或其他地方的棉田,十年后再来参观,会发现种植方法或工具上没有任何变化。广播里仍然播放着同样的内容——早播种、除掉根、烧秸秆等等——但是这些广播内容仍然不能少,否则人们就不知道怎么种地!

所有的老式作物都是如此;种植方法也是过去的老方法。实际上,粮食方面的情形比这还要严重,因为以前殖民统治者只关注经济作物,我们也仿照了他们的做法,没有下力气探索粮食生产的新方法。

只有新的经济作物我们种得比较好,因为在种植这些作物时,农民从一开始就得到了教授和指导。烟草和茶叶是最典型的例子,我们的茶叶也因此在竞争激烈的市场上以高质量著称。烟草产量从1961年的2,700吨增加到1970年的21,400吨。正是在种植这些作物——尤其是后者时——化肥被大量施用。因此,坦桑尼亚在1961年使用了7,000吨化肥,而1970年用掉了23,000吨,这种情况让我们惭愧。如果我们那个时期在坦桑尼亚一直进行农业革命,那么化肥的使用应当是增加了接近了30倍而不是3倍!

先进农业工具的使用进展非常缓慢。我们曾经进口了很多拖拉机,由合作社管理,用以帮社员耕地。但是很快这种做法证明是不经济的,因为拖拉机的使用没有得到正确的组织,更多时间浪费在路上,或者等待维修,而不是在农田里干活。现在拖拉机更多地用在国有农场,少数几台由高级乌贾马村拥有。

拖拉机使用的小幅度增加,比起畜力农具普及的漫长过程来说,显得没那么重要了。按说到了现在,农村里乌贾马社员,甚至是个体农民,用这些农具犁地耙地应当是再常见不过了。但实际上,我们所看到的是人们在烈日的炙烤下，面朝黄土背朝天，像几个世纪以来他们的祖祖辈辈那样，用沉重的锄头辛苦耕作。在这方面，我们必须加紧步伐。虽然过去几年我们建成了21所养牛中心，但是当一想到我们国家的面积和人口数量，这个数字显然就少得可怜了。甚至去年，坦桑尼亚只售出了12,000套畜力犁——其中2,300套是国产的。

我们确实培训了更多农业官员，既负责农业也负责畜牧业。1961年有三所农业培训机构，到1971年为止又增加了四所农业助理培训机构、17个农民培训中心（乌贾马村的社员参加了特殊课程）、大学农业系和几个农场管理、农业机械、土地规划等等方面的特殊培训中心。

这些课程开设固然重要，但是课程内容同样重要。最近已经做了一些调整，使这些课程更实用。现在我们更加重视农业经济，尤其是高水平层面上，希望受到培训的人们能够帮助乌贾马社员们更好地搭配作物种植，规划耕作时间。但是关于作物类型的技术知识，种植的地点、方式和内容等等，长期以来都很重要。而且我们还要做更多，因为尽管培训课程多了，我们还没有到达农民能够轻易获取新信息的阶段——或者传播他经营中获取的信息。乌贾马村的发展使我们更容易将在培训课程中学到的东西用于实践，因为农业工作者可以一次接触很多人——别人也会接触到他们。

我们还要学习另外一样事情。我们还是往往认为教授农业知识的人只能是拥有某种证书或正式学历的人。这种想法并不正确。因为只有当学习的课程是实用的，是面向我们农村的需求时，这些证书才有用。但是学习并不只是取得证书；农业方面尤其如此，我们必须迅速接受这一现实，安排时间向优秀的农民实地学习。

所有这些意味着我们国家统计的农业产量大幅增长的数字，多半出于农民们辛勤的汗水。尽管我们在帮助农民提高种植方法上做得还不够，但是不能说农业部的帮扶活动没有起到任何成效。事实上确实起作用了。服务的增加在质量和灵活性上都还不够。在这一点上值得一提的是，农业部的大部分其他活动——例如，农业官员和助理的薪水，农民培训中心的管理等等——在国民核算中作为"经常支出"而不是"发展支出"。但是这种工作是发展的基础。如果农民不知道怎么用畜力犁，国家在上面投钱也没有什么用处；如果农民没有途径学习怎样施肥，督促他们用化肥也于事无补。农业支出确实是，也应当是"发展支出"，无论它在国民核算中叫作什么。

尽管在产量数据中体现得并不明显，农村地区的生产组织也在开始变化。随着几个国有机械化大型农场的建立和乌贾马村的快速发展，我们农村地区开始走向社会主义模式。不幸的是，目前还无法得出这种新型农场产量的百分比数据——不过显然到现在为止，个体农户经营的农业生产了大部分的作物。

这一点必须要改变。如果我们要成为一个社会主义社会，农产品的大部分都必须来自合作农场或者国有农场。到目前为止，我们为国有农场和牧场装配了设备，但是我们无法承诺给予它们成功所需要的关注和支持。尽管国有农场有大量的设备，目前它的亩产量却要比附近农户的产量要低！如果资本主义的农场主能够通过大型农场盈利，显然我们的国有农场只要引导得当也会对国家产量做贡献，并为它们的邻居提供服务和建议。

目前，农业部生产司在运营几个农场，其中几个农场做得相当好，但不是所有农场都做得这么好。国家农业和粮食集团在这方面也很活跃，该集团在1969年成立时，从NDC手里接管了一些牧场和农场，在形成的过程，甚至在几个农场发展的过程中发挥了积极作用。到目前为止，大米、小麦、蔗糖、茶叶、柠檬和玉米都在这些国有牧场上种植，乳品业也在引进国内。尽管从建成新农场到实现最大产量，中间总是要经过一段时间，我们也不能满足于目前的成绩。我们必须持续关注国有农场的进展。

但是，农村地区真正社会化的实现取决于乌贾马村的扩大和成功。因为这些合作农场是由生产者直接控制的，他们自己决定种什么、种多少等等。而且，这些农场不仅仅在经济上是一个整体，乌贾马村现在是，将来也会在经济、社会和政治上是一个整体。社员们不仅会一起种植作物，一起谈论"我们的农田"和"我们的产量"，而且会管理自己村里的事务，监管他们自己的学校，努力提高生活水平，从各种意义上来讲都成为一个村社。

讨论农村社会主义政策的成败还为时过早。尽管之前确实存在几个这样的村社，但直到1967年9月，建设乌贾马村才成为坦盟和政府的官方政策，在那之后，乌贾马村才得到政府的帮助和鼓励。而且，所有这些村子必须是自愿建立的，社员们必须自己决定他们愿意在多大程度上合作，在多大程度上单独劳动。乌贾马村只有在参与进来的人们能够全心全意支持和奉献时，才能在真正意义上成为现实。因此它必然要经历几个阶段。

尽管在 1971 年 6 月时,就据称有 2700 个"乌贾马村",总人口 84 万,这与真正的乌贾马村还有很大差距。在一些村里,人们只是聚集在一起,共同生活;在这种情况下,他们往往像往常那样进行个体经营,时间一年左右。合作经营通常开始扩展得很慢。在很多其他情况下(尤其是在伊林加区),人们在搬到一个村子之前就会合作经营一个农场。

事实上,在这 2,700 个乌贾马村里,存在着发展的不同阶段。从一两个成立最早的村里,所有的农活都合作完成,到有的村里经济作物合作种植,再到有的村里只有几亩地是一起耕种的,收益用于满足村里的需要。有时候人民说自己生活在乌贾马村,事实上他们没有在一起做任何事情。这种情况往往发生在社员们共同生活在一个村社里的第一个年头,所有人关注的是下一个季节有地方住,有粮食吃。

这种建设方法没什么错误;相反,这也许是我们国家向前发展的最好的办法;我们没有规划蓝图,解答怎样管理这些村子的疑问。而且,土壤、气候、民族和作物类型的不同,意味着不可能使用单一的模式;只有在组织和实践过程中,将所有这些因素考虑在内时,乌贾马村才会获得成功。按照我们目前的情形,我们应当边建设边学习,并且互相学习。已经成立了新农村的社员参观建设更早更发达的农村,学习做什么、怎么做。

一些有趣的事情已经露出苗头。例如,曾经乌贾马村的惯常做法是开辟一块新土地,全体社员离开老地方,这样越来越多的村子是由现有的公社转变而来的——姆万扎地区就是这种趋势的一个很好的例子。很明显,乌贾马村成立的速度越来越快。在 1970 年初到 1970 年 7 月,乌贾马村的数量从 800 个增长到 1,200 个左右;接下来六个月又成立了 500 个村子,又过了六个月又增加了 700 个。当然,这些数字不包括近期多多马地区人民大规模迁移到乌贾马村里去的那一部分——这项运动代表了乌贾马村政策执行以来面临的最大挑战,也是最大的机会,因为这个地区土壤和气候等自然条件非常恶劣。

换句话说,我们有理由相信,在执行农村地区社会主义政策时我们正在不断进步。当然,政府已经并将继续采取一切可能的办法来帮助和鼓励这项建设。乌贾马村优先获得了新的校舍、诊疗所、卫生室、水供应、咨询服务等等。现在所有东西取决于人民被赋予的领导权——这种领导权不仅是说,更是做——和我们吸取自身经验教训,以及相互学习的决心。

(二)工业

国家要发展,不能只发展农业经济。因此,独立后,我们制造业和加工业取得了长足的发展,这确实是令人欢欣鼓舞的。在1961年,简单消费品的一大部分要靠进口,现在都由坦桑尼亚国内生产,每个月的数量和种类都会翻新。例如,我们现在加工了几乎所有自产的纺织品;我们自己生产火柴、毛毯、自行车和汽车、家庭用塑料产品、家具、鞋、钢缆、包和各种食品等等。我们自己生产水泥、炼油、组装卡车、生产简易的农用工具。虽然我们并不是国内市场上的这些东西唯一的供货商,但是在1961年时我们一样东西都还供不起。那时候,我们刚刚开始自己加工香烟盒、啤酒,制造塑料鞋,磨面粉——除此之外没有什么了。

这种变化的重要性无需赘言。这并不只是关系到国家荣誉,工业发展对整个经济也有重大影响。它为坦桑尼亚人民提供了就业机会,工作之余还可以开展培训。这些货币在全国范围内流通——工人用工资购买食物、衣服和其他东西,因此提供了更多就业机会,刺激更多的消费活动。同时我们也节省了外汇。

1961年我们不得不把农产品向海外出售,用挣的钱从外国买进我们自己种的棉花做成的衣服;为了买到像火柴这样简陋的产品,我们首先还得先找到一个国外的买家购买我们的经济作物。现在我们积攒了农产品赚取的外汇,用它购买发展所需的复杂商品。

我们自己生产的某些产品在质量和价格上必然会遇到一些难题。这些不是小事,生产点不着的火柴或者穿着不舒服的纺织品,对人力、财力都是一种浪费。一个贫穷的农民如果被迫多花钱去购买坦桑尼亚制造的产品,价格比进口的产品还要高,这对他也毫无益处。我们必须重视在我们的新工业领域工人们产生的问题;他们的工作是生产优质、耐用和实用的产品,尽管这些产品在现阶段都是很简易的。

如果认为这些问题能立刻解决,那是自欺欺人。我们必须接受这个现状,即坦桑尼亚国产商品初次进入市场,无论在价格上还是设计上——或者两方面——不如进口商品那么好。一家主人第一次试着用自己农场上的木材自己动手制作椅子,做出来的椅子可能会不够好。但是如果他的妻子因为椅子有瑕疵不愿意使用,她要么就没有椅子可用,要么就因为要花钱买更好的椅子,而不得不放弃买新的厨具的打算。坦桑尼亚作为一个国家,面临着同样的选择。

这一情况一定会改变。这家主人第二次做的椅子可能就更好，因为他运用工具更有信心了，从第一次尝试中他也汲取了失败的教训，同时他也留意手艺更好的人制作的椅子。同样，坦桑尼亚的工厂也会通过吸取经验教训而进步。而且，有的产品已经那么做了。我们的火柴现在很好用，纺织厂生产的布料质量也提高了，比起第一批产品来更迎合人民的品味。这些情况不一而足。

在价格上，坦桑尼亚产品有的会比那些从发达国家进口的同类商品高。有时候，某种产品的价格可能会被及时调整；但是事情并非总是如此。有时候这种差价会扩大，因为发达国家能够大批量生产，而我们要么是市场需求量不够大，要么需要更精密的设备，我们没有外汇去买。但是基本问题是相同的：如果我们坚持从国外购买这些产品，而不愿为小物品多花几美分，或为大物品多花几英镑，那么我们就无法把外汇用在购买我们制造不出来的东西上。我们都记得一些国内产品一开始价格并不高。我们已经习惯了花15美分买一盒火柴，以至于我们忘记了曾经花20或25美分买进口火柴！

但是，关于我们现在的工业产品，有另外一件更重要的事情。到目前为止，大部分工业产品是在我们国有的或者国家持有大部分股份的工厂或车间生产的。并不是所有的产品都是如此，我们没有排除所有的私人制造商。但是重要物资也是如此。我们在这种公有制性质的制造企业和采矿业里采取的管理办法就是组建国家发展公司。

（三）国家发展公司

自1965年1月成立以来，国家发展公司在1969年整个半国营经济部门合法化时进行了重组。它的几家子公司转变成为其他的半国营企业。即使如此，国家发展公司在1971年中期的总投资额价值为3.3亿先令，启动时只有2400万先令。

国家发展公司负责制造业、加工业和采矿业的公共投资、启动和管理（同时参与这些行业的采购和分配），是最大的半国营组织。下属22个子公司，总公司拥有全部或多数控制权，在其中5个公司拥有50%的股份，在另外6个公司拥有1/4或更多的股份。除此之外，国家发展公司拥有或控制很多其他公司和正在开发中的项目。因此它的利益覆盖面非常广，包括威廉姆森钻石矿业，一家轧钢厂，和多家生产纺织品、鞋、学校用品、海泡石烟斗、毛毯和书本的工厂。这些工厂的规模大到3,000多名工人的友谊纺织厂，小到仅仅直接雇用21名工人的国家小型实业公司,但是它为大量的家庭小手工业者们组织联络生产、提供设施。

这种规模上的差异反映了国家发展公司投资任务很艰巨。它的任务不仅仅是组织物美价廉商品,而且要减少进口,或者通过出口赚取外汇。它也承担着在农村地区增加劳动力就业机会,开展多种形式的经济活动的任务。因此,国家发展公司的下属企业有的是资本密集型,像轧钢厂或者化肥厂,投资1.62亿先令,但是只雇用了800名工人;有的是劳动密集型,像国家腰果公司,要靠沿海和姆特瓦拉地区的人们手工剥壳。该公司将雇用3,500名工人,但是总投资额仅350万先令。

因此,国家发展公司考虑是否要启动或者维持一个企业,不仅仅看它是否盈利,还要考虑整个坦桑尼亚的发展。

但是,国家发展公司作为一个公司,随着时间的推移,它的子公司必须要盈利,利润用作今后的投资。到目前为止,在平衡了新公司的损失,克服了那些特殊市场困难后,公司每年都会有盈余,尽管盈余总额从来不足以满足公司信贷投资项目的需求。我们必须在这个连接点上加倍努力,不能满足于现状,过去的投资必须有所回报,并且成为对新投资项目的资金支持。只有这样我们才能在自立的基础上建成我们的工业部门。

但是这些盈利不是国家发展公司对国家资金做出的唯一贡献。他们像其他公司一样缴税,总额每年1.75亿先令左右。这对我们的公共收入是个重大的贡献。

(四) 分配部门

关于经济中的分配和国际贸易部门——和很多其他部门一样——新国家接手的是大多由外国控制的支离破碎的部门。甚至到1968年仍然有400名私人进口商、400名私人批发商和大约3,600名私人二级批发商,在坦桑尼亚大陆上做生意——这时候主要的进出口公司已经实现国有化了。政府不仅打算通过进出口许可证来控制进口,以此来保护我们的外汇地位,还决定将进口和批发纳入公共体系,以确保它们在引起最低程度的变动下只为消费者谋利益。在这方面我们正不断进步。

尽管不同的半国营公司和企业已经被授予了销售分配它们自己生产的产品的责任,主要的任务还是落在了国家贸易公司的肩上——这是项艰巨的任务。成千上万种不同的商品要保障供应,尽可能从当地采购,否则便从国外进口最便宜最可靠的货源。重组了国内分配机构,避免浪费和剥削现象,同时保证对消费者提供足够的服务。而且,国家贸易公司是政府机构,其最重要的责任是品牌购买的合法化,以及最大限度地利用这些与我们关系和睦的海外信贷。

在这种情况下,成立了不到五年的时间,国家贸易公司就经历了比其他任何公共企业都要多的问题就不足为奇了。因为它一直在拓展它的业务范围,我们从来没有给它时间让它先巩固它已有的经营活动,相反,而是不断要求它接受新的任务。轻松通往社会主义是不可能的,要缩短商业波动的时期,需要快速的反应。在其他经济发展中充分发挥优势之前,必须对外贸和批发分配进行积极的管制。

尽管面临这些难题,国家贸易公司并不是在亏损经营;相反,十年间它上缴了2000万左右的收入所得税,除此之外净利润2700万先令左右——这些利润又被投资在培训和其他改进的设备上。

社会主义化一直在继续。就在今年,即1971年我们已经达到了绝大部分批发由国家控制,半国营组织在所有重要商品中实现了垄断。因此,国家贸易公司独立经销了40,000多大类产品,年产值从第一年(1967—1968年)正式运行的3.53亿先令到1970—1971年的6.3亿多先令——四年内增长了接近80%。

请不要盲目为此感到骄傲。我们必须记住这种增长是我们制定政策的结果,不是因为国家贸易公司的任何功绩!我们尤其要认识到公司还没有在简化消费者或零售商办事程序上做好服务。我们听到了很多抱怨,说尽管消费者班车只来晚了一会,贸易公司依然准点下班,镇上和国家的商品都"卖完了",实际上还有很多;到处缺乏积极热情的服务态度。比如,某种常用的商品也许不再生产了,但是它们只偶尔提供给消费者当地生产的替换产品进行试用,人们得知他们要的东西没有了,通常就心怀不满地离开了,却不知道其实他们的需求是可以被满足的。然而我们的工作人员还抱怨人们观念太守旧!

还有其他问题,比如保障定期送货到商店,协调进口商品和当地产品,这些是贸易公司还没有解决的问题。但是在督促公司员工加倍努力时,我们必须记住它是一个年轻的组织。在认识到它工作中的不足的同时,我们必须提出建设性的批评意见帮助它进步,而不是推它跌入毁灭性攻击的陷阱,帮助我们敌人做他们想做又做不成的事。

现在看看对外贸易,我们可以看到在走向社会主义组织的方向上,我们取得了相似的进步。1961年,几乎所有的进口商品都是私人公司经营的。1970年国际贸易公司经营的业务占到进口总额的42%左右(尽管其中有1/5的份额仍然是由取得许可证的私人公司完成的);政府、小半国营公司和东非共同体一起进口了总额的50%多,国家发展公司占了5%;只有3%—4%由私人公司占有。

公有制也主导了我们现在的出口体系。大部分农业产品的收集、定级、包装和储存是通过合作活动完成的,国外买家通过拍卖行或其他的中间销售点参与进来。即使在这个领域,国家贸易公司代表整个国家,变得非常积极,像剑麻营销董事会,和多家国家发展公司的子公司,很多时候直接对外销售。我们出口的60%左右的产品现在完全是由公有企业完成的,其余40%大部分是由国外代理通过营销董事会或者其他公共机构购买。

因此,我们完全可以说,根据《阿鲁沙宣言》,国家已经基本上成功取得了对批发和进出口贸易的控制权和所有权。剩下的就是增加经营的效率,增强寻找好的出口市场的动机和主动性。

(五) 对外贸易

综上所述,我们的经济正在转型。它并不是全部面向出口市场,而是逐渐地生产坦桑尼亚人民需要的商品。

不仅制造业是如此,农产品也是如此。国内生产的蔗糖消费量增加了;越来越多的人吃上我们生产的小麦等等。不同地区开始集中生产长势最好的作物,国内市场也得到发展。例如,玉米从伊林加地区运输到阿鲁沙或者苏库马地区,而伊林加地区从姆贝亚和阿鲁沙地区得到了小麦等等。

当然,发展只有在改进通讯和交通系统时才有可能。当我们国家的一个地区发生了干旱,我们通常可以从其他富庶地区或库存里调取资源。灾难发生不再意味着我们一定要向其他国家求助或者用交通系统从我们港口运到灾区。这意味着随着国内市场的强大,我们国家的独立才变成了真正意义上的独立。面对困难我们基本上可以自救自助,而且当条件改善时,我们可以用自己的资源来提高我们的幸福指数。

但是这些都无法削弱出口对我们国家发展的重要性。很多产品我们生产不是为了自己消费的，有些可能我们很长时期内都不会再生产。只有通过出口我们才能得到购买进口商品所需的外汇。我们出口得越多，我们越能够投资在发展产品和其他必需品上。

实际上，出口已经大量增加了——在1961年到1970年间，货币方面增长了73%，从1961年的9.73亿先令增加到1970年的16.89亿先令。还要注意这种价值上的增长隐藏在一些我们最重要的出口作物（比如剑麻）的世界价格大幅度下跌的背后，而我们其他产品的价格并没有像我们进口产品的价格那样上涨。独立后的"贸易条件"已经转向了不利于我们的一面。

这些数字隐藏在贸易的大幅度变化之后。例如，1970年，我们出售商品到中国和东欧国家的总价值为1.15亿先令，而1961年我们出口到这些地区的总价值为9,000先令！

这些总值隐藏了我们出口类型变化的最早迹象。1970年，除了我们东非共同体成员国家外，我们还向其他国家出售了价值约1.81亿先令的加工产品和制造产品，此外还有先进口到国内，经提炼后又售往赞比亚、布隆迪和刚果（金）的石油，出口总值约1.11亿先令。1961年价值6800万先令的商品被出售。出口到东非共同体成员国的情形也发生了类似的变化。不仅总量增加了，价值也翻了几番。1970年我们卖给他们制造产品和加工产品的价值为6400万，而1961年这个数字大约是1500万。

尽管有这些变化，我们大部分重要出口商品仍然是初级产品，1970年最重要的出口产品是咖啡、棉花和剑麻——就是这个顺序。但是即使是初级产品也发生了变化。腰果在这段时期的后期，重要性得到提升——出口价值从1961年的3600万先令到1970年的1.15亿先令（数量上从接近40,000吨增加到77,000吨）。茶叶的重要性也提高了，烟草也是如此。尽管油料籽和肉类的出口下降了——后者至少是部分下降，因为国内消费量增加了，国际市场销量却没有相应增加。

出口商品的多样性和种类的变化，与进口商品的变化相似。例如，1961年消费品占到了进口产品的45%左右，而在1970年只占到9%。这是一个非常重要的变化，反映了我们正在建设的新型经济。尽管进口消费品的价值从大约4.45亿先令下降到了1.6亿先令，这并不意味着我们进口总量下降了。相反，其从 1961 年的总值 7.94 亿先令上升到 1970 年的 19.39 亿先令。这个变化意味着我们生产资料的进口——用于发展的商品——从 3.08 亿先令上升到 9.96 亿先令——也就是说，从我们进口总额的 31% 增加到总价值的 53%。中间商品的进口增长了大约 300%；这些产品是今后国家建设要用到的——比如原油、化工用品和车辆零件，它们由达累斯萨拉姆的姆塔瓦公司组装起来。

我们进口的产品来自许多国家，在 1961 年时，我们跟其中一些国家的贸易量很少，甚至没有贸易往来。比如，1970 年我们从中国进口商品总值为 2.65 亿先令，而 1961 年还是一片空白；当然，这些增长大部分是由于坦赞铁路的开通或跟它有关的消费信用的建立。但是，我们从美国和欧洲经济共同体等国家进口的商品，同样大幅度增长。甚至从我们传统的供应商——英国和其他联邦国家——那里进口的商品也增加了，尽管不如从世界其他地区那里增加得快。

总体来说，坦桑尼亚参与国际贸易的活动完全对坦桑尼亚有利。这并不意味着我们对出口产品的价格感到满意了，或者要为进口商品付钱！但是我们可以寻找贸易的最佳市场，代表我们自己进行艰难的谈判。

（六）银行业

然而，不管是国内市场还是国外市场都需要通货和信贷。独立时，坦噶尼喀自己没有发行货币。国内流通的是由东非货币发行委员会发行的东非先令。国内也没有央行甚或是由政府控制的银行，中央与地方政府都是通过一家私有银行进行转账交易。

这种情况显然远远不能满足一个独立国家的需求。但是由于寄希望于东非联邦的成立，建立政府银行的行动迟迟没有开始。但是当东非联邦不可能在短时间成立时，坦桑尼亚政府银行诞生了。同时，该银行也成为了货币发行银行，坦桑尼亚的货币于 1966 年开始流通。这意味着，坦桑尼亚第一次有能力积累和管理自己国家的外汇储备。商业银行在 1967 年实行了国有化，此后，坦桑尼亚完全控制了国家的通货和信贷，并能合理安排本国的金融资源以利于社会发展。

当然，私有银行的国有化并不是毫无困难。七家银行在坦桑尼亚正常运营，它们所使用的管理系统和会计系统都各不相同。（在最后的阶段，才有了合作银行）国有商业银行的第一个任务就是设立一个总行，以确保所有的分行以及支行都能通用一个系统从而使工作效率更高。第二步就是银行服务的合理化，通过将银行服务合理化来减少私有银行的竞争，以使得该支行在某个地区高效运营（一些地区的私有银行通过照搬国有银行的服务模式来与国有银行竞争）。这之后，新的分行或者支行又能在从前被抵制的地方重新营业。这两个步骤不仅很快实行，且取得了巨大成就。

自第一个任务完成后，银行开始将注意力转移到农村地区，包括一些城市化程度不高的城镇，如马苏瓦、盖塔、姆托—瓦—姆布、马萨西、马菲亚、松巴万加、马坎巴库。新的分行和支行在某些地方开业；另一地方已经提供了流动业务，且它们将成为未来分支系统扩展的依据。

国家商业银行初期的一个很大问题就是缺乏接受过培训、具有丰富经验的管理人员，甚至严格的银行从业人员的训练计划都没有——确实，那些经验丰富的银行从业人员都在私有银行工作。当然，这个问题由于国有商业银行的发展变得更加严重。到 1967 年 12 月底为止，银行从业人员由 1211 个中高级工作人员和一些初级服务人员组成——其中 344 个都是非本国国籍，这对经济发展的核心部门银行来说意味着什么，不言自明。截止到 1971 年，从业人员总数为 2151 人——其中非本国国籍的有 247 人。因此，高级从业人员增加了百分之八十，而非本国国籍的银行从业人员由 28.6％降低到了 11％。

所有这些，包括服务水平的持续进步，都是通过全面的训练来实现的。事实如此，1971 年 6 月 30 日，银行服务人员进行了 117 种不同服务的培训，共有 1600 个参与者。除此之外，60 个员工被送往国外接受专业训练，时间从 3 个月到 2 年不等。坦桑尼亚的银行和保险体系于 1972 年初成立。

值得一提的是，自银行的国有化起，银行的盈利达 1390 万先令——超过了支付给国有化之前银行所有者的全部费用，并将盈余部分投资于坦桑尼亚，而国有化之前，银行的盈余都会被汇到国外。

（七）保险业

保险业是继银行业之后首先被国有化的行业，它对坦桑尼亚经济的发展做出了重大贡献，同时也使广大坦桑尼亚人受益。

设立国有保险公司的目的就是与私人保险公司竞争（所有的私人保险公司都是外国人创办的），1967 年 2 月，国有保险公司垄断了人寿保险，到 1968 年 1 月，垄断了所有保险。从那时起，国家努力完善保险设施，说服那些曾经抵制保险的人。

在这一点上，人寿保险已得到很大的推广，国有保险公司也开创了群体保险计划，许多工人的个人资金安全都在一定程度上得到了保证。国有保险公司正在考虑将集体保险推广到乌贾马村、合作社和商品管理所，让生活在农村地区的人们也能享受到保险带来的好处。同时，国有保险公司也跟随经济发展的脚步，推广商业保险、工业保险。

提供这些服务所收取的费用相比以前的私人保险公司要便宜。国有保险公司在运营的前三年实现了820万先令的盈利。这还没包括储备基金！值得一提的是，如果保险业没有国有化，那么所有这些资金将归外国保险公司所有，并最终会投资到外国。正是由于保险业的国有化，这些资金都用于投资政府股票、不动产以及其他半国营组织。

保险业国有化初期面临的一个很大问题就是缺乏经验老到、有能力的员工。保险公司国有化后，国有保险公司仅仅拥有60个员工；他们组成了保险公司的核心团队，完成了保险公司的国有化以及扩张。现在保险公司一共有580个员工，其中有8个是外派人员。因此，员工的培训工作仍然是保险公司的首要任务。不断给员工培训，保险公司的服务将会变得越来越有效率，业务范围将会越来越广。因为基础已经奠定好了。

（八）水

在坦桑尼亚的国情报告里，有另外三种基础的经济和公共服务是必须要提到的——水、电和马路、铁路及港口建设。首先是水，因为坦桑尼亚大部分农村地区发展的主要问题之一就是供水不足。尽管一滴水看起来并不起眼，它对农村地区人民生活的重要性，要比在其他地方一栋宏伟的建筑，或一家工厂对人民的意义要重要得多。供水问题因此也是衡量坦桑尼亚发展努力的严肃指标。

坦桑尼亚对此不必感到羞耻——当然也不值得自满。1961年，中央政府投资240万先令用于改善农村的供水体系，当地政府又贡献了大约60万先令。1971年，政府已经承担了建设和维护的全部财政责任，大约要投入2200万先令。在实际情况中，这意味着1971年有大约100个新的政府主导的农村地区供水项目，1961年只有20个，根据已制定的20年农村水供应计划，目前的增长率提高很快。

实际上，据估算，1961年农村地区有30万人口能享受到供水服务；1971年这一数字是140万。尽管仍然有大部分农村地区的人们享受不到这一服务，这也是我们进步的一个标志,同时也是我们必须弥补的差距。必须认识到这些数字不包括自掘井,而这一做法面积很广,很多志愿者机构在帮助做这件事。因此,仅公社发展信托基金就提供了1050口井的材料,村里受益的人民义务出力(自助是大部分小型农村供水项目的重要部分)。独立之前,用水者要花5分钱①买一罐水,这笔费用现在也提高了。但是,城镇和农村的水都是免费的,除非它被引到某一户人家里。

在城市地区,供水也大幅提升,尤其是在达累斯萨拉姆地区。首都的供水量在1961年是每天3百万加仑,现在达9百万加仑,到1971年底或1972年初有望达到1100万加仑。高达三倍的增幅,因为城市人口的增长和工业的发展,出于同样的原因,正在做准备以适应来年进一步增长。

(九) 电

1961年,坦桑尼亚电力公司对14个城镇供电,到1971年底将变成22个,十年间增加8个供电的城镇并不是很明显的进步。但是,这些数字并没有显示出电力供应的真正增长幅度。更直观的方式是考虑一下,1961年售电量是1.44亿千瓦时,到了1971年售电量达到3.8亿千瓦时,增长显著。这主要反映了国家工业的发展,尽管公共和私人消费需求也在不断增长。

当然,这其中大量的需求来自达累斯萨拉姆的发展,但这并不是唯一的因素。在中部和北部沿海地区,包括莫罗戈罗和坦噶,现在已经架起了输电线。这个体系是由黑尔的水力发电站和乌邦戈的柴油发电站支撑起来的。乌邦戈已经开始了进一步网络覆盖的工作。阿鲁沙和莫希也会并入到这个体系中来,目前它们的电力供应来自尼翁巴亚门古大坝,该大坝也是独立后建成的,将来有望合并到扩大的电力系统中去。但是其他地区,像姆万扎,电力消耗也大幅增加了——过去十年间,售电量已经从400万千瓦时增加到2500万千瓦时。

(十) 公路和铁路

在所有数据中,只有不同时期的公路情况对比取决于路况分类!当然,有时候很难明确在坦桑尼亚应该称什么为"公路"——确切的回答要考虑到乘坐什么交通工具,在哪一个年份!这个问题的难度可以通过一个例子来说明:独立时期,一家英国官方出版物上报道的坦噶尼喀的公路里程是"不包括农村公

---

① 1先令等于100分。——译校注

路在内 20,464 英里"。但是，这显然不是所谓"分类公路"——即合理标准的全天候道路——的统计数据。按照这种定义，1961 年 12 月有 660 英里的"沥青干道"、310 英里的"工程碎石干道"和 8,026 英里的"其他土质干道"——总计 8,996 英里！1971 年中期对应的数字分别是 1,550 英里、595 英里和 8,405 英里——总计 10,550 英里，除此之外，还应加上 5,880 英里的"地区公路"，这部分公路是从地区委员会接管过来的，目的是在建设标准和公路养护上有所提高。

事实上，任何人在 1961 年和 1971 年在我们国家公路上行驶过之后，不需要数据说明，就发现进步就不言自明了。十年前几乎所有的行程都称得上是"探险"，如果能按时到达目的地，都算是幸运的了。现在发生了翻天覆地的变化。我们所有的主要城镇已经用公路连接起来了——东非萨法里增添了许多新路径，它的蛛网般密布的公路已经声名在外！

从达累斯萨拉姆到肯尼亚边境有一等沥青公路；从达累斯萨拉姆到赞比亚这条路再也不会被戏称为"地狱通道"，尽管 1965 年以来交通量巨大，不久的将来它将全部用沥青铺就。通往卢旺达的公路也是高标准建成的——不完美之处是喀格拉河上卢旺达在建的桥梁还没有竣工。我们投入了大量精力，与邻国实现道路连通，以发展非洲贸易，更重要的是，在公路系统建设的过程中，现在坦桑尼亚全国上下已经贯通了公路。

铁路发展无需赘言。鲁伏—姆尤西铁路在独立后建成，但它的建设却是在独立前就决定的。它的重要性在于将坦桑尼亚境内所有铁路和东非体系中肯尼亚和乌干达的其他铁路都连接了起来。姆特瓦拉修出的一段短途铁路要被拆除，其实它的一些设备用在了姆尤西铁路的修建上。多年来，这条铁路一直在亏损运营，因为它是英国人建成的，目的是支持南方的"花生计划"。后来这个计划流产了，车流量锐减，这条铁路也就没有什么价值了。

真正的飞跃是在建的连接坦桑尼亚和东非到赞比亚的铁路系统。这项大工程正在紧锣密鼓地进行当中。如果一切顺利，到 1971 年底，首段 502 公里（总共 1,900 公里）将会建成投入使用——解决了下一路段路况差、运输难的问题，可以更便捷地运输下一路段建设所需要的设备。

这些还不是目前所做的全部工作。坦桑尼亚境内的铁路交通系统有望在 9 月末完工，同时第一阶段的四五个火车站能投入使用。下一段铁路建设所需的桥梁和隧道也已经开工。在建设坦赞铁路上，我们要感谢中国的朋友们艰苦卓绝的工作，感谢坦桑尼亚和赞比亚工人的辛勤劳动，我们和我们赞比亚的兄弟们完全有理由为我们取得的进步而高兴。

这个巨大的项目也给达累斯萨拉姆的港口施加了压力。它现在就承担了赞比亚交通和日益发展的坦桑尼亚对外贸易的重任。事实上，多年来，该港口一直超负荷运转，虽然深水锚位已经从3个增加到6个，还是无济于事。未来6个月将建成另外2个深水锚位，帮助解决轮船港内周转延迟问题。目前正计划在坦赞铁路建成之前进一步增加锚位数量。

姆特瓦拉港承担了赞比亚的部分交通流量，坦噶港——目前低负荷运转——有望在北方的化肥厂、轧钢厂和其他工厂达到最高产量后繁忙起来。

外交事务和国防

当然，我们很难以"进步"这个词来形容对外交关系的处理。现在我国除了在美国有常驻代表团外，还有17个驻外代表团——其中有些驻外代表团负责处理好几个国家与我国的外交事务。但是建立外交关系的目的并不只是简单地往外派遣驻外大使或专员！所有这些驻外代表团的任务就是充分展示出我们国家在世界舞台上的影响力，坦桑尼亚在一定程度上已经能够对外国政府产生直接影响。

毫无疑问，独立以来，在这一点上我们已经做出了很大改变。独立以前，我们与其他国家相互交流时，我们的文化知识总是被英国、美国或者西方其他大国限制。现在我们的外交已完全越过了冷战障碍，并与其他不结盟国家建立了深厚的外交关系。

事实是，坦桑尼亚已经在传播"不结盟"概念的过程中充分发挥了作用，促进了国际间"不结盟"的发展。我们也积极参加国际会议，保护一些正当的联合反抗行动，这是一些贫困国家为维护自己的正当利益而采取的措施。在这类联合国国际会议上，我们总是树立好榜样，在关乎人人平等、殖民主义和第三世界的进步事宜面前阐明立场。在此过程中，我们树立了不少敌人。但最重要的是，我们赢得了全世界的尊重。没有哪个国家认为坦桑尼亚是它的傀儡，那些指控我们是别国傀儡的，是因为我们拒绝成为它们的傀儡而恼羞成怒，反咬我们一口。

事实上，现在可以把我国看成一个同盟国，我们渴望与任何一个尊重我们并认可"人人平等"原则的国家友好相处。因此，在过去的十年里，我们由"西方殖民主义集团被殖民的一员"变成了一个在国际事务上真正独立的国家。我们目前的任务就是继续保持独立，不畏惧任何来自不同国家的持续不断的压力。

然而，还有一件事，我们从未假装不结盟。它涉及解放非洲。就解放非洲这件事，我们一直很积极主动，以后还是会持续不断地坚持下去。过去十年里我们为不结盟所做出的努力远远大于所参与的战争。

在葡萄牙所占领的非洲殖民地范围内，人们纷纷拿起武器，为自由而战。坦桑尼亚为能给予这些为自由而战的战士们帮助而感到荣幸——有必要时，不管是从外交上还是道义上，我们都允许他们通过我们的领地接受外来供给。我期望有一天我们能共同庆祝他们的独立。那可能需要很长一段时间，我们共同对抗的力量十分强大。但是我们知道，他们绝不会放弃这场战役，他们确信这个国家绝不会退却。

罗得西亚目前的状况，在很多方面都比十年前更糟糕。少数人政权自行宣布独立，并发起了十分残忍的民族主义运动，也取得了一定成功。尽管赞比亚人民不管是个人还是集体都具有可歌可泣的英雄气概，但很不幸的是，赞比亚革命力量把很多时间和精力用于内讧最终导致分裂。很明显，反抗罗得西亚的斗争使当局感到不安。这就是他们十分依赖南非种族隔离政府的原因。也正因为这种不安，他们才向英国寻求所谓的"解决办法"。有一件事是很肯定的：不管是坦桑尼亚、非洲统一组织，还是赞比亚，都不会认可所谓的"解决办法"，除非我们大多数人能掌握自己的命运。

尽管存在许多残酷镇压力量（这是可以想象得到的），但南非仍然存在民族主义力量。我们常常看到人们不得不对消除种族主义丧失希望。但有时候也会看到另一番景象：有人仍然相信总有一天种族主义会被粉碎；依然有些怀抱英雄主义的人期待当"人人平等"的原则变成南非民主政府的一项政策时，他们仍然在这个国家生活工作。我们向这些英雄以及所有在南非监狱受苦受难的英雄们致敬。

独立时，我们宣称的另一个主要任务就是促进非洲统一。我们已经取得了一些进步——虽然远不及我们的期望。也许在当时的情况下，我们设定的目标不太现实，期望的进步速度太快。非洲就如一团散沙；即使是反抗殖民主义和种族主义，不同国家采取的措施也不同。

最后，坦桑尼亚在被称为"非洲中东部国家邻里友好和睦相处"的会议上表现得很积极。事实上，我们与邻国的关系并不总是很好；因为马拉维政府与南非、罗得西亚、葡萄牙之间的关系，我们国家与马拉维的关系依然存在问题；今年1月，乌干达政变停止了我们之间的双边关系。但这只是暂时的。总体来看，坦桑尼亚积极参与并促进非洲大陆的合作与统一。我们会继续坚持下去。

这并不意味着我们会中断或想要中断昔日的旧交情。确实，我们与英国的关系经历过许多困难，由于在处理涉及非洲事宜时，英国可能认为我们的行为不友好，或者英国对我们反抗殖民主义有所行动。坦桑尼亚为获得经济援助，在关于这些事的立场方面做出了很大让步；但不管是英国还是任何其他国家，我们都不能因为想要以最快的速度发展而对自己的信仰不忠实、不坚定。这一点正被世人所理解——世界对我们国家的尊重也在不断提高。

尽管，与英国的关系仍然存在障碍，我们会尽力维护联邦成员身份，通过这个组织来赢得对我们的支持，并建立新的联系、结交新的朋友。尤其重要的一点是，我们与加拿大建立的友谊——我们与加拿大的友谊建立在相互尊重和相互理解的基础上，我们都深刻了解到种族平等在世界上的重要性。

我们与印度的关系因为共同的联邦成员身份而更加密切。共同的联邦成员身份促进了我们与圭亚那、西印度及群岛诸国的联系，以及对某些事情采取联合行动，这也促使我们与太平洋小国的联系，如斐济、萨摩亚。我们希望未来的环境依然允许我们保持会员身份。

除此之外，坦桑尼亚与世界其他小国也建立了友谊。尤其重要的是，我们与斯堪的纳维亚建立起相互信任、相互理解的关系。近年来，我们也与东欧一些小国建立了联系。确实，我们的朋友已经多得需要用很长的纸才能把名单记下来。它们大小不等，从拥有将近32万人口的马耳他到拥有7亿人口的中华人民共和国。我们与中国的关系非常重要，因为中国是一个大国，一方面它愿意帮助我们进行和平革命，另一方面，我们有意愿、有能力帮助中国从其他国家的孤立中挣脱出来。

独立时，坦噶尼喀获得了一支拥有2000人并配有1914年战争所使用的来福枪的小型军队。然而坦桑尼亚并不想——也不是她的能力——把它变成一支强大的军事力量,南部殖民主义和种族主义国家对坦桑尼亚的威胁正不断扩张升级。独立以来,军队数量不断增加,武器越来越现代化,空军部队和海军部队也正在建立。

更重要的是,坦桑尼亚的军队是整个社会的一部分,自1964年重组后,军队变得越来越忠诚。

即便如此,对于坦桑尼亚而言,不可能在没有与人民充分合作的情况下,保持一支得以保卫国家广阔边界的常规武装力量。建立由工农组成的自卫队的工作刚刚启动。在情况需要时,我们将训练他们使用来福枪。在党和坦桑尼亚人民国防军的领导下,军队与人民充分合作,我们希望民兵自卫队能保卫我们的领土安全,让那些觊觎我们领土的人付出惨痛代价,从此再也不敢有非分之想。

许多曾经服过兵役的自卫队成员实际上受过军事训练。1963年,军事训练基地首次成立,目前已遍布全国,所有的青年男女都接受了训练,学习来福枪以及其他枪械的使用方法。

实际上,国民服兵役算不上军事力量;它的任务就是为国家经济发展做贡献,同时,由于服兵役期间,人们会接受一些相关的政治技巧教育,军队也会培养他们的纪律观念以用于以后生活。因此,军队里经营农场,修建道路,也从事一些其他国家需要的生产性活动。尤其是,服兵役证明了他在紧急情况时的价值。安置鲁菲吉河泛滥而产生的难民,帮助国家不同地区收割庄稼以及近期参与多多马地区建设乌贾马村的准备工作,这些例子足以说明这个道理。

起初,国民自愿服兵役,但是自1966年起,所有接受过高中教育和中专教育的青年男女都必须服两年兵役。然而,大部分服过兵役的人都从事与曾经接受过的训练相关的工作。

独立以后,警务工作越来越完善,也越来越现代化,尽管相对于坦桑尼亚人口来说,警务服务范围仍然很小。然而,比警务人员数量扩张更重要的一点是警察的态度发生了改变,警察已经成为人民自己的服务人员,而不是殖民政府的狗腿子。

最后,与此相关的是必须提及监狱服务。坦桑尼亚监狱仍然还有囚犯,不幸的是,仍然有人犯罪。尽管压力是有的,但是监狱服务已因其开明的管理方法和给予犯人的训练而赢得一致好评。监狱服务以"让罪犯在接受惩罚和教育之后，能成为一个有责任心的市民而诚实生活"为宗旨。

结束语

毫无疑问，我们的人民已经证明了我在1961年巴加莫约所说的话是合理的。我们在过去十年里取得的国家建设成就，超过了之前四十年所有的成就。

我们在物质层面取得了更多成就。与1961年相比，我们国家的面貌已经焕然一新。这一点首都表现得最为集中。那时从新飞机场一路行驶过来，你看到的是原本就有的工厂；现在机场公路两旁有了更多的工厂，工业区已经遍布在这些建筑身后和莫罗戈罗公路一带。当我们生产的东西每年在塞巴展会上展出时，我们自己都大吃一惊。发展不仅仅局限于达累斯萨拉姆，阿鲁沙、莫希、姆万扎和莫罗戈罗都取得了仅次于首都的发展，其他城镇比起十年前也发生了翻天覆地的变化。

不仅商业建筑改观了，达累斯萨拉姆有了大型现代廉价房和经济房；其他城镇上有了小型的房产，还有了更多的学校、医院，更宽阔的公路，更好的照明设施，更便利的供水系统。

在广大的农村地区这些变化相对较小、更分散，因此也没那么明显。但是变化是切实存在的。有新的商店、新的供水系统、新的诊所、新的公路——还有全新的农场和村庄。

比这些更重要的是，我们在国家建设上取得的进步——即全国人民的发展。成千上万名在1961年还没有受过教育的成年人参加了扫盲教育。数以万计的人民积极参与他们所在农村政府、地区政府的建设，甚至间接参与了国家政府的建设。人民变得更加自信；他们不仅决定着自己的未来，他们也知道要决定自己的未来。

十年来我们取得了非凡的成就。

（一）变化带来的问题

我们处理了很多问题，也解决了一些问题。但是我们不能满足。尤其是近年来，尽管我们一直在努力，我们实际上还没有摸清事情的轻重缓急。我们谈农村地区的发展，谈集中解决生活的基本需求，但是我们没有真正成功地以此为目标指导我们的行动。我们应当将目光再投向这个目标，牢记我们的目标是确保每一个坦桑尼亚人首先有水喝，然后每个孩子有学上，再次生了病有地方看。只有完成了这些目标,我们才能把钱花在其他地方。防务和安全是例外,这是无论什么情况下都要维持的。每花一分钱,我们都要问一问:这对实现这些目标有帮助吗?

但是在处理和解决过去的问题过程中,我们又面临了很多新的问题,这些也是亟待解决的。变化总是会带来问题,无论对个人,还是对社会。国家面临的问题往往反映了它所达到的发展水平。

有一些变化带来的问题可以通过谨慎的规划来避免,只要有这种可能,我们就已经下了功夫——虽然并不都能成功。但是有些问题反映了发展中不可避免的平衡的缺失。

比如,在1961年的时候,一个受过小学全程教育的年轻男子或女子,会被人看作受过教育。他会对就业有所期待——也许是在办公室里。但是现在,有7万名学生今年从七年级毕业,未来这一数字每年还要增加,上述情形就不可能实现了。不仅没有足够的工作岗位来吸收这些毕业生,而且需要他们的地方更集中于我们国家的乌贾马村和农场。比起每年从中学毕业的数千名中学生来说,他们的教育程度并不算高。但是这些年轻人和他们父母的期望值,并没有随着这种变化而改变。很多学生仍然因没能找到一份正式工作而失望,他们的心态还没有跟上变化的脚步。

还可以举出很多其他例子。比如,尽管1966年国家发行自己的货币以来,我们在小心监管外汇,但是随着发展还是遇到了外汇问题。这只是说我们发展的能力赶上了我们的资源,很多年以来我们发展的瓶颈是人,而不是钱。由于我们在外汇方面的用心经营,我们已经能够将外债控制到不影响我们国家独立的范围内。我们有能力实施和推行我们民主决定的优先发展政策。

由于我国的特殊国情,我们还面临了一些不同于经济发展的、不带有社会目的的社会主义发展的特殊问题。其中一个问题就是社会主义化的过程既要花费财力,又要花费时间——这两项都来自物质建设活动。因为你要给予纳入到公有体制的企业补偿,组织和培训人们培养新态度、新技能,这些都离不开时间和金钱。而社会主义的机构跟以往不同,它通常比它所取代的私人机构规模更大,这也意味着代表国家被赋予管理职权的人们必须获得经验——在此过程中他们难免会犯错误。

对于这些付出,我们必须要认识到,它们不可避免,但是也物有所值。没有付出，我们永远不可能取得成功，我们永远无法建成我们想要的国家。我们可以打个比方：一个人继承了一间岌岌可危的茅舍，在他翻新重建，把它变成更舒适的住房之前，他可能不得不住在更差的环境里。同样，坦桑尼亚必须接受现存的问题，这些问题是我们努力把遗留给我们的殖民主义和半资本主义的经济体制转变成国家主义和社会主义经济体制的过程中必然产生的。

我们鼓励商业、贸易和农业的带头发展，却没有顾及相关个人或集体的巨大私人财富。这个问题我们还没有解决。

而且，在保证经济的宏观调控和发展的公有制方向的同时，我们还要杜绝官僚主义的倾向。换句话说，我们现有的如何解放人民的问题，不仅是从私人剥削底下解放出来，更是从积习的官僚作风和效率低下带给人们的灰心失望中解放出来。在我们不遗余力地重新构建坦桑尼亚的社会模式时，在当今世界至少半数国家对我们的进步虎视眈眈时，所有这些问题的解决办法都必须要找到。

我们现在的问题是如何将共同利益的组织同各阶层的民主发展的自由结合在一起。没有简单的办法，没有一劳永逸的方法，也没有捷径可循。在我们处理这些问题时，必须找到解决办法。

在某种意义上，我们的情形和战争中的国家非常相像——我们也在战斗，只是我们的敌人是贫穷。面临有限资源和发展的矛盾需求，总司令必须掌控战争全局。但是如果前线人员事无巨细，事事询问，如果他拒绝采纳他们所有的建议，或者通过"适当的渠道"使他们的想法石沉大海，他就永远无法带领他们取得成功。

军事谋划要比国家规划简单，因为军队的所有成员要遵守严格的规章制度；在他们职权范围内最重要的就是明白做什么，为什么这么做，这样他们就会士气高涨。但是一个国家对抗贫穷的战争就不是这样了。因为战争中的参与者——即国家的所有公民——必须拥有自由和不断改善的生活条件，即使他们正投身于这场斗争之中。事实上，就我们而言，人民决定他们自己的优先发展权，将他们自己组织起来，提高福利待遇，这些自由是我们奋斗目标的重要组成部分，不容延宕。人民积极不断地自愿参与到斗争中来，是我们目标的重要组成部分，因为只有通过这种参与，人民才能真正发展。对我们来说，国家的发展意味着人民的发展。

（二）让我们庆祝吧

正如我在今年 7 月 7 日讲话中所说的，我们的党已经经历了两个阶段。第一个阶段是，在认识到我们正过着被人奴役的屈辱生活后，我们开始要求民族独立。这个阶段持续了 7 年时间。

第二个阶段是我们刚刚完成的阶段。这是一个我们反思疑问、制定纲领，并就我们想要建设哪种国家达成一致意见的阶段。现在我们一致同意要建设一个真正独立的国家，而不是一个仅仅表面上独立的国家。我们一致赞同要根据我们自己的意愿，为了我们国家的利益，决定我们自己的事务。我们永远不同意成为其他人或其他国家的木偶、工具、傀儡。这是我们已经一致决定、充分理解的事情，世界也明白我们所说的话。

但是我们也认同，这种免于外部干涉的自由是不够的。我们应当拒绝成为任何国家的工具或傀儡；但是我们也决定，没有坦桑尼亚人应当服务于另一个坦桑尼亚人的利益。我们一致认同我们要建立一个平等基础上的国家，绝不允许出现一个国家之内有主人有奴隶。而且，我们都知道，我们所反对的主人不仅是殖民者，我们反对的奴隶制不仅是被其他国家的人所奴役。我们反对的更是主人和奴隶的概念，即使想要当主人使唤别人的人是我们坦桑尼亚人中的一员。当我们说我们已经被压迫、被剥削、被践踏了这么久的时候，我们不只是说其他国家，还包括有的已经习惯于或者希望压迫、剥削、侮辱他的同胞的坦桑尼亚人。换句话说，我们决定要建立一个平等友爱基础上的国家——一个社会主义国家。

因此，在第二个阶段，我们决定要建立一个真正独立、真正社会主义的国家。现在我们党正进入第三阶段，这是真正建设和保卫这种国家的阶段。这是一个下定决心来建设和保卫一个自由的社会主义国家的阶段。

我们应当在 1971 年 12 月 9 日庆祝。我们国家已经有值得庆祝之处，将来还会有。1961 年 12 月 9 日的庆祝只是个开始，今年的庆祝也是。这是我们第三阶段的开端。我们实现了民族独立；我们规划和接受了我们想要建设、想要生活在怎样的国家里。现在我们必须认真建设和保卫这样一个坦桑尼亚。没有自由和劳动，就没有真正的自由和社会主义。独立万岁！

37 欢迎奥洛夫·帕尔梅

1971年9月25日,尼雷尔总统在瑞典首相奥洛夫·帕尔梅先生到访期间,举行了国宴。在对瑞典为坦桑尼亚提供的大量友好援助表示感激之后,总统先生接着开始了他的演讲。

……首相先生:非常感谢你们的援助。但是这并不是我们对瑞典感到亲切或对你们的出席感到荣幸的真正原因。我认为,真正原因在于瑞典并没有在当今人类大是大非的道德问题上保持中立。瑞典帮助第三世界国家受压迫的人民进行斗争而声名卓著。我们留意到了瑞典给予其他国家的帮助,如北越、几内亚比绍、莫桑比克、安哥拉、纳米比亚、罗得西亚以及南非。我们知道,由于瑞典基本国策是不参与世界上任何国家的军事行动,你们所给予这些国家的援助都不会是军事援助。瑞典人民选择了其他的方式表达了对其他民族的友爱。因此,瑞典给各国解放运动提供医疗设备、教育资源、食物援助以及其他任何解放运动的必需品,这些都是人们在斗争中实现自我发展不可或缺的。

瑞典所做的还不止这些。不管是在联合国会议上还是其他的国际会议上,我们总能听到瑞典——以及其他斯堪的纳维亚国家——关于人道主义和正义的呼声。首相先生,贵国人民对非洲的帮助向世界证明——并使我们记住——我们是为人道主义而战,而不是为同一肤色的人们而战。这一点的重要性是毋庸置疑的;如果世界想要实现真正的和平与公正,我们必须缩小不同国家之间经济的巨大差距,它成了把世界划分为发达国家和不发达国家的标准。瑞典大多数人民的国际主义精神,尤其是瑞典政府的国际主义精神,是人类实现真正和平与公正的希望之光。

我们必须谨记,今晚我们的客人是一个先进政党的领导人,治理着一个发达的国家。因此,当瑞典人民支持人人平等、反对帝国主义时,这意味着他们的目的不是个人或者自己国家的利益,他们所做的决定是经过深思熟虑的。当一个年轻的瑞典政治家和部长,如帕尔梅首相在1968年抨击美国发动的越南战争时,他之所以愿意拿自己的政治生涯做赌注,承受由此带来的政治厄运,是因为他坚持一定的原则。帕尔梅先生,我们知道,有时候你可能会因为对越南战争的立场和坚信人人平等的原则而遇到一些棘手的问题,我姑且称之为"小麻烦";我希望,在不被指责干涉瑞典内政的前提下,我想说我们衷心希望你能克服那些"麻烦",永远远离这些困扰……

38 一个长期乐观主义者

尼雷尔总统在他的家乡布蒂亚马考察了一个月,回来之后,于 1972 年 1 月 13 日,开始他一年一度接见外交官们工作。一如既往,他简要地谈了谈过去一年的情况,并表达了他对 1972 年的美好期许。

在总结时,他表达了长期的乐观主义的立场。

……对于外部世界,我们希望世界能向着"人人平等与公正"的方向发展。由于世界仍然由强权政治主宰,我认为当今大多数的动乱都是孕育的新世界分娩前的阵痛——一个让每个人都能活得更有尊严、更自由的世界。我期望它能在接下来的十二个月里诞生——甚至在接下来的十二年里诞生!我是一个长期乐观主义者,我坚信它会到来。尽管步履维艰,尽管我们遭遇了很多波折,我们仍然在不断进步……

39 东非工业合作

东非立法议会轮流在肯尼亚、乌干达和坦桑尼亚举行。1972年2月8日,尼雷尔总统在达累斯萨拉姆召开的立法议会上致开幕辞。

1971年乌干达政变后,东非共同体度过了一段艰难时期,坦桑尼亚拒绝承认阿明的独裁统治,此次演讲就是在这个背景下发表的。1971年到1972年之间,两国之间的双边矛盾仍未得到解决,东非的高层领导在此期间也没有举行过会面;然而,各部长级理事会仍在定期举行会议,东非共同体的日常工作也照常开展。此时,尼雷尔总统重申了区域合作的重要性,号召扩大合作范围。

……此次会议,以及在其他任何场合,所有成员都应该站在整个东非的角度考虑。所有成员都必须努力去理解其他成员的动机和难处,就如同认识到自己国家的利益并代表自己国家争取利益一样。尽管各国之间的摩擦是难以避免的。我们三国之间的合作对所有成员国的经济发展具有决定性作用;通过进一步在工业领域开展合作,我们要让所有成员国都能因此获利。

实际上,尽管我们在东非拥有一个共同市场,我们却忽略了它的巨大潜力——这是我们的巨大损失。我们总是说要在东非建立一个工业基地,生产钢铁、轮胎、化肥等。然而,无论什么时候由国家提出这个计划,我们总会以"国内市场太小,近期内无法达到生产规模"为由来否决。要以像进口价一样的低价来生产这些东西,我们需要现代大规模生产技术——这涉及巨额投资,而且如果我们的市场仅仅是肯尼亚、乌干达或者坦桑尼亚,那么我们将损失惨重。然而,在许多情况下,如果我们的目标市场是整个东非,那么这些投资就是合理明智的;从理论上来看,我们共同的市场也将此变成可能。

然而,现实生活中,这个工业基地却没能建立起来。每个成员国只顾自己发展,并尝试吸引外国公司或政府来完成这个项目。有时候,外国公司确实愿意投资这个项目。毕竟，它们的主要目的只是向我们兜售机器设备，或者仅仅是利用这个机会来为它们自己谋取直接利益。不管是什么原因，最终我们国家都要承担一部分对外国公司的补贴费用。因此，出现了这样一种滑稽的局面：肯尼亚和坦桑尼亚两国都同有利益冲突的外国公司开展合作，建立了轮胎厂——每个轮胎厂都需要整个东非市场的经济支持。

如果我们让类似的事件继续发生，我们东非国家将失去国际合作中最大的优势。但是现在我们正是这样做的；我们忽略了一个事实，即如果将东非市场结成一个整体，那么投资就会来找我们，而不是我们去求别人，正是由于各国的独自行动才导致我们的贫穷落后。想要改变现状，答案很简单，至少理论上很简单，那就是各国的工业布局的问题，我们应该将整个东非市场看作一个整体来规划。

我们曾经尝试过制作出一套合理配置的方案。尽管1965年的《坎帕拉协议》通过了工业配置办法，但是它依然有很大的缺陷。我们三个国家都曾经努力利用工业配置来纠正经济发展过程中的失衡。但这种做法不合理；这意味着如果肯尼亚同意进行工业配置，就是在遏制本国的发展。

幸运的是，经济失衡的问题已经通过转移税和东非发展银行规定的制度得到了解决。因此，我们再次考虑工业布局问题时，就不会出现仅仅利用它来满足各国自己目的而不是将东非视为我们共同的市场的现象。

各有关部门需要做的是，坐在一起，好好考虑哪些行业需要东非这个大市场，讨论方案是否可行。讨论总结后，我们才能找出同等价值的行业并将它分配到每一个成员国——当成员国具备生产能力时就这样做。每一个行业都属于相应的国家，由国家掌控，并与该国经济哲学思想相一致；但是该国生产的产品在三国境内可自由销售。因此，尽管可能有不同的工业分属肯尼亚、乌干达、坦桑尼亚，但是这三国的工业构成了整个东非的工业。这将使整个地区受益，同时各国的经济也会随之进步。

在现有的东非共同体之内，我们完全可以发挥领头羊的作用，引导成员国进行协商，为了共同利益达成一致。我们应该利用东非共同体这个机构，现在就应该充分利用它……

……主席先生：1971年乌干达政变以来，东非区域合作机构承受了很大压力。但最终还是挺了过来，这实属不易。如果东非共同体破裂了，将不仅仅意味着各国的经济损失;也会意味着共同体的基本长期目标将遭受巨大挫折。这将远远超过我们现有的区域合作带来的经济效益,或将来会产生的经济效益。我们的经济合作仅仅是非洲走向统一的一个阶段,只有这样才有意义。实现了统一,我们可以赢得和捍卫非洲的自由——摆脱殖民主义、种族歧视和剥削。

但是这些长期目标意味着仅仅在目前阶段坚持下来是不够的。我们必须为了最终的目的,不断进步,巩固我们的团结,否则我们就会倒退到仅仅以金钱为目的的狭隘国家利益。这也会在共同体内部造成另一种压力——与去年东非共同体生死存亡的关键时刻相比,这种压力显然不值得我们像去年一样去为之奋斗。这也是我们必须避免出现的。因此,尽管政治方面暂时出现了倒退,我们仍然要为了眼下的可能而努力——即扩大功能合作。

对此,我并不是说经济合作优先于政治合作。相反,我相信仅仅靠经济合作将意味着后退到唯利是图的境地,这将摧毁人民为了捍卫人类的尊严所做的全部努力。我们真正的目标是政治目标——为了我们所有人获得更大的政治自由。但是在我们现有的共同体管理制度下,东非合作是由政府组织,由政府首脑领导。结果,由于暴力推翻东非政府的事件时常发生,致使东非合作的开展得不到保障。为了消除这种不稳定,保卫东非共同体,我们有必要发动更多人参与到区域合作中来,从而减少共同体因为某些肆无忌惮的行为而遭受危害的可能性。但是,目前我们还只能在这方面取得进步,我们必须认识到,如果每个合作国都怀着实现非洲政治彻底独立的清晰目标,我们的合作就会更容易协商。

最后一点与东非各国目前的政治问题有关。

作为共同体成员国的责任,和作为伙伴的政治关系,对每个成员国来说是不同的。如果我们牢记这些区别,搁置我们双边的争议,尽最大可能巩固东非共同体,那么东非就能在处理人民发展的真正问题时,更有力、更妥善地度过危机。

40 罗马尼亚独立

1972年3月27日，尼雷尔总统在达累斯萨拉姆总统府宴请了正在对坦桑尼亚进行国事访问的罗马尼亚总统齐奥塞斯库及其夫人。

……总统先生：罗马尼亚人民为争取民族独立，真正掌握自己的命运进行了长期不懈的斗争。距离你们赢得合法的独立地位已经有一个多世纪了，但是罗马尼亚人民很早就意识到，即使赢得了合法的独立地位，也并不意味着实现了真正的独立。事实如此，尽管新殖民主义是一个全新的概念，但在我的印象中，这个词还是罗马尼亚人民在1859年之后的某个时间发明的，它的确充分概括了罗马尼亚独立之后第一个世纪的真实情况！罗马尼亚人民也已表明，我们没有必要默认外国对我们国家的经济统治，新殖民主义并不是经济发展的必然代价。相反，罗马尼亚人民已经通过你们的政府，通过总统先生您的前辈们，表达了他们建立社会主义经济体制、自由发展社会主义经济的决心。坦桑尼亚联合共和国人民也下了同样的决心。我们想要成为真正的坦桑尼亚人，我们要建立社会主义制度。

但是不管是罗马尼亚还是坦桑尼亚，这样做都不代表我们要实行孤立主义。罗马尼亚人民清楚地知道，他们既是罗马尼亚人也是欧洲人。坦桑尼亚人民也知道，他们不仅是坦桑尼亚人也是非洲人。当然，罗马尼亚还属于东欧，坦桑尼亚人也还属于东非。两国人民都很清楚，他们是人类的一分子，是世界居民中的一部分——整个世界必然将由现代技术联系在一起。因此，两国人民和政府都非常乐意能有机会在平等基础上参与国际合作……

41 权力分化

1971年到1972年上半年期间，政府制定了新的分权计划和行政管理制度。1972年2月，政府换届的目的就是通过将高级政府要员任命为区域专员，同时任命一位总理，来促进新制度的有效推行。1972年1月，尼雷尔总统就此做了电台广播讲话，5月，官方出台了关于这项提案的文件，对这项提案做了解释，并阐述了它的目的。以下文件选段解释了这种变化的宗旨和目的。

《阿鲁沙宣言》和《姆翁戈祖》的目的是帮助人们掌控自己的生活、实现自我发展。我们从资本主义者和保守主义者手中夺回了权力，取得了很大进步，但是我们必须直面事实：对大多数人民群众来说，决策权依然掌握在别人手里——尽管这些人代表了人民。

因此，为了实现真正的社会主义和自力更生，国家发展计划必须更大程度地在基层水平上付诸实施，国家发展的决策权也必须大幅度下放到基层，这一点已经逐渐显而易见了。坦桑尼亚是一个大国，即便是在国家的中枢达累斯萨拉姆工作的人员也很难获悉每个地方的困难或者意识到问题的紧迫性。因此，当权利太过于集中时，地方问题不能得到有效解决，很容易恶化升级；然而意识到问题存在的当地人民却不能积极主动地找出解决办法。同样，有时候由于制定政策的当局远在千里之外，当地人民很难积极响应发展计划，尽管这些计划对他们是有利的。

这些问题的存在不仅仅使普通百姓感到灰心丧气，同时也困扰了中央政府派驻地方的官员和当地政府官员们，他们迫切地希望能为地区发展出一份力，然而，他们的想法和热情都葬身于达累斯萨拉姆的文件洪流中。事实上，这些官员们目前掌控的实际权力很少。他们想要做的每一件事，想要花的每一分钱，几乎都要报请达累斯萨拉姆行政部门的批准。

更糟糕的是，由于每一个专职人员都只对他所属的达累斯萨拉姆行政部门负责，那么想要制定出地区或行政区域的发展计划或问题解决方案，就尤其需要协调一致的行动。这是异常困难的。举个例子，如果某一地区的不同专职人员聚在一起，就某个村子的问题展开讨论，制定出解决方案，然而每个专职人员都必须向其所属部门申请所需费用甚至是执行方案的许可权。如果任何一个部门拒绝批准，就意味着整个计划的失败。

上述例子中，我只假设达累斯萨拉姆的任何一个部门因为某些看似很合理的原因拒绝批准计划的实施，但是其他行政区和地区就会因为得不到回复而不断抱怨。他们反复申请，有时候申请四五次，却得不到任何回复，然而未得到允许，他们是不可能任意从松巴万加或者莫罗戈罗这类地区到达累斯萨拉姆上访的！

这种抱怨并不只来自申请人一方。达累斯萨拉姆的各行政部门也因为对申请人问题批复的曲折而苦恼。此外，它们还抱怨，因为达累斯萨拉姆行政部门部长、秘书对国家财务承担着法律责任，必须对所有国会委员会的公共支出去向做出说明，行政部门总部必须监督和批示政府资金每一分一毫的去向——它们的抱怨是完全可以理解的。然而，事实上，国家对费用的严格监督造成了机器和技术人员的闲置从而导致了巨大的浪费。工作人员花了大量的时间和邮资，仅仅为了弄清价值几先令的小事，例如将玉米移植到紧缺的地方，可能这种琐事的价值还不抵投票所需的邮票费。

除了以上所提到的问题外，还有一个问题，即中央派驻地方的政府官员的职责与地区议会职责界线模糊。当地人民时常由于他们的事情得不到处理而奔波于各个部门，但是事情总是不了了之。

鉴于所有这些以及其他的原因，明确各政府行政部门的职责以更好地适应社会主义发展势在必行。我们必须制定出一个制度，给予地方更多的处理本地事务的权力，附带一些框架制度以确保其不偏离国家的社会主义和自力更生政策。这项制度必须确保中央政府能给予地方一些建议和帮助，监督它们的工作，同时减少繁文缛节和官僚主义，因为这些可能会不断消耗人民的热情。同时，该制度还必须确保国家能给予某些具有特殊困难或特殊需求的地区必要的帮助，并能最大限度利用稀缺资源。最后，国家级重要项目必须由国家控制，即使这个项目的执行地可能是在某个特定地区——这一决定并不会妨碍当地负责人所代表的权威。

制定政府提案时,一定要考虑以上所有问题……

另外,如果这些提案都通过了,人民群众会发现他们更容易实现自力更生和自我发展,并能参与到直接影响他们生活的决策制定过程中去。此外,追究地方政府工作人员的责任会变得相对容易。当前情况下,如果某个村民有困难需要申请帮助,他很可能要被迫辗转于地区议会、委员会办公室、区域委员会与达累斯萨拉姆之间。但是,如果新制度能得到有效实行,该村民就能直接找地区办公室相关负责人解决问题。

然而,我们必须防范另一个潜在的危险。必须防止由于达累斯萨拉姆国会大厦权力下放导致各地区和行政区出现僵化和官僚主义的现象。这次提案的目的并不是从各地区和行政区的发展主管们中间任命当地新的"暴君"。

这些官员会对职责范围内的相关事务全权负责,但是分权运动必须建立在一项原则上,即必须要相信群众,将权力下放到更多人手中——这才是开展运动的最终目的。我们要做的是根除错综复杂的繁文缛节以及所谓"正常渠道"的独断专行的现象,而不是在全国范围内推广传播它们。每个人都必须了解这一点。因为任何使得新制度重新染上官僚主义恶习的人,一旦被发现,将会被视为破坏分子。

这就意味着姆翁戈祖精神必须渗透到分权运动的实行和运作的整个过程。当然,岗位明确后,每个人都负有责任,担任着领导、引导或帮助的职责;国家公务员是由全国人民委任、为人民服务的,他们不是上帝,我们不用因为害怕下地狱而绝对服从他们的命令。至于那些法定程序,它们都是提高为人民服务效率的手段,因此必须简单明了、通俗易懂,操作起来,相关负责人要通人情味,有同理心。

当然,新制度的全面实施还需要一定时间。倘若国会顺利通过这项法案,理论上,在1972—1973财政年度之初或者确认它切实可行后,新制度将正式实行。但是,无论新制度什么时候开始执行,1972年到1973年的发展预算是在现行制度下制定的;因此,要再过十二个月,全国人民才会感受到新计划和财政管理的全面效果。但是,在那以后,人们应该开始形成自我决策的意识——整个国家将看到新制度带给农村的效果……

坦盟

所有的提案都与政府改组有关,但是能否取得成功还取决于坦盟是否接受创建乌贾马村以及其他合作运动的扩大责任。此外,由于地区发展委员会要将相关发展草案提交给坦盟地区执行委员会审批,处于这一级的党组织将会有新的职责。在处理这些问题时,它们与国家执行委员会对待政府改组提案的方式相同。也就是说,坦盟地区执行委员会只需要考虑是否按照提案来执行新政策,不用考虑具体政策的细节。例如,党可以向地区发展委员会指出,它们的提案太过于强调学校的修建而忽略了水的供应,但是它们不必考虑哪个地区更需要修建水利工程。或者,它们可以指出提案过于注重高楼大厦或者其他工程浩大的项目,忽略了许多回报高的小项目。换句话说,坦盟地区执行委员会的任务就是为政策提供指导。

由此可知,分权提案明显提供给地方坦盟和地方政府一个锻炼和展示领导能力的新机会。它们不仅拥有了新的职责,而且由于坦盟支部遍布全国农村地区,它们可以而且应该成为人们的"左右手",从而使人们能充分利用新制度提供给它们的权利。国家执行委员会在必要时也会考虑加强坦盟相关部门。

还有一点是有关我国社会民主本质的。到目前为止,议会有权要求各部长解释他们部门的所有活动——或者是为什么该部门活动甚少。当新制度开始实行之后,有些部长难以对本部门所管辖地区的发展问题做出详尽解释。比如,卫生部长应当对新医疗中心或诊所的技术或医疗援助问题和农村地区医疗人员的培训情况了如指掌,但是当被问及新医疗中心的规模、建筑、地点等时,他可能一无所知。这些问题或者问总理,因为议会为他对地区财政投票,或者问相关地区委员会委员——通常这样做更合适。但实际上,议员们在议会上追问某个地区发展的具体情况是没有必要的,因为他们本身就是地方发展委员会或地区发展委员会委员,他们完全可以在那些场合提出诸如此类的问题。

但是这并不妨碍议员在议会上的提问权。这仅仅意味着,由于权力的下放,解决某些具体问题的部门也分散到地方了,一个聪明的议员也会适当做出调整。

但是议员们在议会上仍然需要对其他类型的问题提出疑问——有关总体政策以及对地区的技术援助问题,当然,还包括所有对国家产生重大影响的问题。举个例子——卫生部长仍然对整个国家的医疗卫生全权负责。但是,将来他将通过三项措施来行使职责,包括(a)经营姆汗比利医院的这样的国营机构,(b)为地区和地方医院提供政策指导并在必要时提供帮助,(c)提供医疗技术人员的培训等。

事实上,新分权制度将提高社会的民主参与度,因为它带给人们更多的自主决策权——人们会与负责地区发展的坦盟和政府人员面对面直接交流。确实如此。坦盟和发展委员会成员的职责之一,就是要经常召开会议了解人民的看法,为人们答疑解难,耐心解释。为此,他们会邀请发展委员会主任和地方政府负责人去解释出现的问题,指出潜在的机遇。(事实上,他们应该自己组织类似的会议。)这样,地方民主才能真正得到实现,各个负责发展的组织机构也会变得更加高效。

结论

孕育中的新组织对未来的新发展将会非常重要,但更重要的是坦盟领导人和党员的态度。分权最实质性的东西就是中央政府必须抑制住想要掌控一切的控制欲望。中央政府可以督促和帮助人们,但不能企图控制他们。只有这样人们才能自食其力,实现自我提升。

即使在新制度下,我们依然会犯错。但是在此过程中,我们会吸取经验教训,并积极改正错误。小心谨慎是必要的,但是我们不能因为怕犯错误而裹足不前。

事实上,提案完全遵守了《阿鲁沙宣言》和《姆翁戈祖》精神,以及建设乌贾马村的基本原则,强调对人民要有信心。如果我们做不到,我们就不能称自己是社会主义者。

42 皮尔斯委员会抵达罗得西亚之后

1972年,非洲统一组织在摩洛哥首都拉巴特召开会议。尼雷尔总统在会议召开之前,即1972年6月3日,发表了这篇文章。尽管尼雷尔总统未出席这次会议,但在会议一开始坦桑尼亚代表团就把这篇文章分发给出席会议的各国代表。

《皮尔斯委员会报告》发表后,在思考应对南罗得西亚独立问题应采取的措施时,我们应该将各项政策的最终目的铭记于心,即在多数决定原则的基础上,争取民族尊严,实现人人平等,并帮助津巴布韦获取独立。这是坦桑尼亚的目标,也是罗得西亚人民自己的目标。更进一步说,我们更愿意通过和平方式实现这个目标——证据表明罗得西亚人自己也更希望如此。

津巴布韦能否实现独立自主,主要取决于该国人民的努力程度。与其他非洲独立国家一样,坦桑尼亚的任务就是尽心竭力帮助津巴布韦人民。但是不管在什么情况下,坦桑尼亚都不能企图控制他们或者干涉他们所做的决定。我们讨论的是津巴布韦人民的自由问题。他们的自由权只能由他们自己去争取。至于采取什么方式去赢得这场斗争,这也只能由他们自己决定。

世界上所有独立国家,尤其是非洲国家,都在津巴布韦争取独立的过程中扮演着重要角色。它们都或多或少受到津巴布韦独立运动的影响。在法律上,罗得西亚依然属于英国的殖民地。但是罗得西亚的未来已经成为国际问题,对于非洲尤其如此。那些声称无论肤色、人种坚信人人生而平等、主张独立自由的国家都不可避免要参与其中。每个人都有权享有人身自由,这种自由权是不可分割的。非洲各国都必须承认,一国公民是否享有人身自由与该国经济实力或军事力量无关。如果我们主张人身自由——并且确实享有人身自由权,如果我们拒绝接受只代表少数人利益政府的统治——而且我们国家也确实没有实行少数决定原则,那么我们就必须与津巴布韦人民统一战线站在一起,帮助他们实现独立自主。我们应该本着人人平等的原则，支持罗得西亚人民为实现独立自主而不断奋斗。罗得西亚人民斗争的胜利以及争取胜利所采取的方式，特别是由此带来的国际效应，都与我们密切相关。

正是由于这些原因，坦桑尼亚一直要求，南罗得西亚的独立应该建立在多数人统治原则的基础上。罗得西亚在国内人民真正当家作主之前宣布独立，不但不能称得上是反殖民主义活动取得的胜利，还将导致永久性的最为黑暗的暴政——种族主义。

先成立由非洲人占大多数的政府，然后再准许独立——这个要求表明，人们不再以沉默应对殖民主义——人们已经认识到只有这种形式的独立才是最有意义的。只有这样，人们才能获取真正的决策权。如果罗得西亚的独立以新一届英国政府宣布的《五项原则》为前提，罗得西亚人民就不能享有真正的独立自主权；这种形式的独立只会将国内绝大多数人民置于少数人的统治之下。即使是英国政府的《五项原则》——即英国国会要求"任何关于罗得西亚独立的建议必须经过罗得西亚全体人民同意"——也无法满足这个基本要求。询问某个人是否愿意被代表少数人利益的政权统治，就如同当奴隶要求结束奴隶制，却被询问愿意跟随哪个奴隶主一样荒唐。

因此，坦桑尼亚对尹恩·史密斯与亚力克·道格拉斯休姆伯爵之间的协议非常感兴趣。这是因为，从中可以看出史密斯单方面宣布独立的六年后，其政权的强大之处和弱点所在，以及英国政府当局对它所谓坚持人类平等和国家独立信念的强烈程度。他们所提出的解决方案非常鲜明地表明了各方立场。史密斯的目的只是保全面子，因此希望西方大国承认并支持罗得西亚的独立。另一方面，英国政府也愿意成全史密斯，条件是非洲人民对损害罗得西亚人民利益的事情持默许态度。

英国政府委派皮尔斯委员会签署这份协议。在该委员会到达罗得西亚之前，英国政府、商界与史密斯政权达成一致"协议"，他们所说的每一句话、所做的每一件事似乎都预见了罗得西亚人民对签署协议的肯定回答，甚至连坦桑尼亚都低估了津巴布韦人民的政治意识和勇气，担心最终皮尔斯委员会调查报告的结果是津巴布韦人民答应签署协议。

事实上，非洲人民抓住这次所谓协商的机会，明白无误地表明了自己的立场。在他们的共同努力下，这场名义上的协商变成了真正的协商。他们一致反对将史密斯与英国政府达成的协议作为津巴布韦独立的条件。他们拒绝承认还在监禁或关押中的上一届政府的领导人,自发组织起来宣传英国政府与史密斯政权协议的真正用意,以及协议给罗得西亚人民的未来带来的后果。从而,皮尔斯委员会得到绝大多数人非洲人民的否定回答——他们拒绝接受该协议作为独立的条件。

面对这个结果,皮尔斯委员会如实地宣布了非洲人民的答案。皮尔斯委员会本以为协议的签订一定会十分顺利,但它也没打算隐瞒或掩饰这个令它不快的事实——非洲人民拒绝签署协议。

皮尔斯委员会报告的有效性

在思考事态发展的意义时,我们应该承认,在某种意义上,皮尔斯委员会被委派的任务本身就很荒唐。委员会需要弄清两个问题:(a)罗得西亚人民是否已经充分了解了这些提案的内容?(b)罗得西亚全体人民是否已经接受该提案作为罗得西亚独立的前提?

《皮尔斯委员会报告》已经解决了第一个问题,即向罗得西亚人民解释提案公布之前所做的工作,召开会议讨论人们对提案所提的意见,及时为人民答疑解惑。因此,委员会得出结论,"全体罗得西亚人民"已经充分了解提案的内容,于是,他们关于第二个问题的回答是有效的。

然而,回答第二个问题的最大困难来自问题本身。委员会的第二个问题就如同这类问题:"你什么时候才能不再殴打你妻子?"它没有一个简洁明确的答案。据报道,尹恩·史密斯很好地解释了这个问题,他说如果非洲人民给了委员会一个否定的答案,这意味着他们对过去的状态很满意。事实上,非洲人民在说他们拒绝接受将提案作为津巴布韦独立的条件时,只看到了这个问题的表面。由于《皮尔斯委员会报告》在内容上还算客观完整,所以里面也说明了罗得西亚人民对史密斯政权的不满与质疑。因此尹恩·史密斯不可能得到他预期的结果。

尽管如此,皮尔斯委员会的到来仍然对罗得西亚的现状产生了重大影响。他们的调查报告促使世人重新审视罗得西亚问题。因此,英国政府必须谨慎对待《皮尔斯委员会报告》。

就《皮尔斯委员会报告》而言,我们应该承认一点,任何一个委员会对任意地点的调查或咨询都会受委员会本身固有的偏见的影响,这种偏见来源于委员会成员教育背景、生活经验以及所推崇的价值体系。皮尔斯委员会也不例外。事实上,皮尔斯委员会也认识到了这一点。因此,它公开了委员会成员们的个人经历概况。委员会成员一律都是白人,尽管他们也曾参与某地的种族主义抗争;他们都接受过良好的教育,通常就读过英国的公立(私立)学校。由于家境殷实、才能出众,他们从未有过长期失业的经历;在参与殖民主义服务工作期间,他们通常所扮演的角色不是"服务者"而是"统治者"。

在思考《皮尔斯委员会报告》得出的结论时,我们必须意识到委员会固有的认知偏差的存在。这意味着,委员会成员们通常更倾向于支持现任政权,而不是那些从根本上批判现任政权或与现任政权对立的政治组织。有关这一点,已经在《皮尔斯委员会报告》反映出来了。例如,委员会成员们无法理解人们对失业的恐惧,即使一个潜在的失业威胁,对于没有其他谋生手段的人来说都是非常可怕的。委员会成员们的出身背景以及目前的工作环境非常充分地解释了他们对罗得西亚当前治安高度敏感的原因。该报告非常清楚地指出,委员会成员们常常因为罗得西亚治安问题而临时改变原定计划。例如,他们取消了在索尔兹伯里召开会议的计划;延期其他城市的公共集会,直到最后在政府的要求下才召开(有时候是因为某种灾难,例如乌玛塔利事件);由于所谓的暴乱危险的存在,会议的时间和地点都不能提前公开;委员会从不访问一些部落托管地;因此也无法就某项建议进行公开的社会调查。

还有一点,委员会成员们的个人经历背景造就了他们对待工作认真负责、竭尽所能的性格。他们否决了罗得西亚当局原定议程,因为由罗得西亚当局原定议程最终不会得出要求得到"英国和其他地方尊重"的结论。尽管困难重重,委员会成员们仍然全力以赴,尽量从更大的范围进行调查,聆听更广泛的群众的声音。为了让总结的提案摘要广泛流传于普通民众之间,他们付出了非常大的努力。他们拒绝官方接待,更不会用罗得西亚白人的观点代替全体非洲人民的观点。委员会成员们亲力亲为,调查所有相关事情。

然而,委员会对提案内容的理解持保留意见,他们仅仅就非洲人口的两个部分发表了意见。首先,他们没能像在索尔兹伯里(索尔兹伯里的家政工人占该城市成年人的百分之四十)那样,从家政工人口中了解到许多不同观点。挨家挨户地拜访是不可能的,并且他们也没有举行公众集会。委员会成员似乎无法解开现存的疑惑,可能他们也没有机会去解开疑惑。毫无疑问,当国内服务人员表达有违他们雇主意愿的观点时,如果雇主获悉他们这种行为,这会对服务人员们不利,从而减退他们发表意见的热情。

其次,涉及欧洲农场或煤矿雇佣非洲员工事项时,《报告》如是说:

> 我们委员会成员报告说,通常情况下越是偏远的地方,人们越是不问时事,工人们相对缺乏对与他们相关的提案内容的深层次理解,所以他们的观点也就更容易受雇主的影响。相反,生活在大城市或更靠近大城市的非洲人民更倾向于支持民族主义观点,反对提案……因此,我们对罗得西亚当局给出的工人们的意见的可靠性甚至对针对这些人群的提案内容本身深表怀疑。(第248段)

皮尔斯委员会报告的结论

然而,皮尔斯委员会掌握的所有证据都是无可争议的。他们在农村地区召开了许多次会议,面见了许多想要见他们的人,参观那些人所在的农场、工厂和办公室。委员会成员们偶尔也会临时停下脚步,与旁观者进行交谈,还会对人们工作的地方进行明察暗访。

委员会得出的结论如下:

> 考虑到罗得西亚政府当局给予我们的解释,考虑到提案的反对者们或者支持者们采取的行动,考虑到我们已分发过简化版的提案以及委员会通过会议和广播给予的解释,我们相信那些给我们反馈意见的绝大多数人都能充分理解提案的内容以及潜在的含义,他们完全有能力做出判断。我们非常满意罗得西亚人民能充分理解提案的内容。(第419段)
>
> 证据表明绝大多数欧洲人都对提案内容持赞成态度,对此我们非常满意。我们所持有的证据,包括收到的恐吓,表明绝大多数非洲人民对提案持否定态度。在我们看来,罗得西亚全体人民都拒绝以提案作为该国独立的前提。(第420段)

什么问题都没有解决

英国政府已经将结果告知英联邦政府,他们接受了皮尔斯委员会的调查结果,即全体罗得西亚人民拒绝签署作为罗得西亚独立前提的协议;英国政府还指出他们将以此确定未来政策方向。但是,显然,罗得西亚问题依然没有得到有效解决。这意味着史密斯政权将继续统治罗得西亚;在没有获得国际认可之前,史密斯政权依然被看作是非法政权,并且依然会受到国际制裁。

但是,认为罗得西亚国内形势又回到了原状的说法是有失偏颇的。统治罗得西亚的依然是原来的政府;但是皮尔斯委员会的到访对罗得西亚产生的影响,非洲人民对皮尔斯委员会委员到访的反响,以及《报告》本身都已经是客观存在的事实,永远不会消失。在回答"接下来怎么办?"这个问题时,我们应该考虑所有这些事情的相关意义。

如果国外再也没有后续行动,那么导致的最直接的后果就是非洲人民对提案的否定可能加剧罗得西亚国内的压迫行为,促进罗得西亚和南非关系的进一步发展,加速了罗得西亚国内的种族隔离。在史密斯与亚力克·道格拉斯休姆伯爵达成这种所谓的一致协定之前,罗得西亚国内就已经是这种形势。即使非洲人民接受他们之间的协议,这种局面依然会产生;区别在于目前的国际形势更加严峻。但最重要的一点是,《皮尔斯委员会报告》让全世界人民看清了史密斯政权的真面目,从而给了我们一个新的契机对抗史密斯政权。因此,这在一定程度上降低了罗得西亚实施大范围暴力行为的可能性。

例如,当尹恩·史密斯宣布南罗得西亚独立时,南非政府在给予史密斯政权支持的过程中,态度非常谨慎。在明确表态之前,它首先了解英国政府对罗得西亚的政策。它急于撇清与史密斯政权的关系,从而避免与全世界人民为敌——这与南非主权的合法性紧密相关。这正是许多国家都不愿开创先例去"干涉别国内政"的原因。目前,我们面临同样的问题。南非不可能收回已经给予史密斯政权的援助(南非的援助对史密斯政权来说至关重要);但是,在明确世界各国对非洲人民不承认现有政权这件事的态度之前,南非不会轻举妄动。

同样,罗得西亚某些白人可能会因为非洲人民对提案的态度而感到震惊。他们可能一直生活在某种幻觉中,想当然地认为"非洲人民是幸福快乐的",或者至少他们对政治不感兴趣。他们再也不能像以前一样,继续无视国内的政治状况。但这是否会导致白人态度的改变,仍需拭目以待。目前依然没有确凿的证据支持这个美好愿望。

然而,我们可以推测,亚力克·道格拉斯休姆伯爵提及"罗得西亚人民尤其需要一段时间进行反思"时,所指的就是罗得西亚少数白人。非洲人民不可能改变态度;《皮尔斯委员会报告》也很清楚地指出,没有任何迹象表明,非洲人民会改变他们对提案的态度。而且,非洲人民反对提案的原因来自他们对代表少数白人利益政府的失望,以及白人政府加诸他们身上的羞辱。

史密斯政权更不可能突然改变信念,转而秉持"众生平等,不分贵贱"的信念。他对《报告》的反应完全说明了这一点。即使在去大马士革的路上能出现第二个奇迹,对此也无济于事——很明显,这样一来史密斯很快就会下台。

事实上,只有从根本上改变政权结构,罗得西亚目前的状况才有可能得到改善。正因为如此,亚力克·道格拉斯休姆伯爵仅仅称赞那些意图促进种族合作的人,或者表达对这种"妥协方式"的期许是远远不够的。非洲人民妥协的可能性微乎其微。通过《皮尔斯委员会报告》,我们清楚地知道,绝大多数非洲人民并不要求立即拥有选举权,或者是国内立即实行多数人统治原则。他们只要求非洲人民自己掌握一定的权利,有效阻止国家倒退,在这之后国家才能独立——实际上这就意味着罗得西亚独立的前提是国内实行多数人统治原则。就史密斯政权与亚力克·道格拉斯休姆伯爵之间所达成的协议本身的目的来说,罗得西亚人民乃至整个非洲人民是完全不能接受这种妥协的。

这意味着,如果英国政府要维护自己的威严,寻求罗得西亚人民的妥协,就必须改变罗得西亚国内的权力分配结构。确实,现在只有通过英国以及世界其他国家的力量,罗得西亚才能避免由于放弃外部援助而带来的国内暴力升级。罗得西亚人民仍然怀抱希望。十年之后,如果罗得西亚非洲人在处于困境时,他们依然要求助于英国,这看起来似乎有点奇怪。对许多民族主义者来说,缺乏民族独立是非常可怕的,但是罗得西亚人民非常清楚,缺乏英国政府援助的罗得西亚将会怎样。游击战非常残暴恐怖,同时还会伤及无辜,不管是被压迫者还是压迫者都会因此而遭受痛苦。如果可能,人们应该尽可能避免游击战争。

然而,如果史密斯政权与英国政府中的任意一方不守承诺,想要暗度陈仓,那么双方之间必有一战。史密斯政权与英国政府之间依然没有达成新的协议,因此，双方之间不存在阴谋诡计。现在，非洲人民的政治意识非常强，如果掌握不了自己未来的命运，他们绝不会同意罗得西亚独立。更别说通过新的方式来执行《五项原则》，以此来改变他们悲惨的厄运。非洲人民的所有斗争都不是为了保存颜面，而是想要实现真正的独立。只有通过其他的方式实现独立，罗得西亚人民才能免遭战争折磨。

制裁

可能发生什么，现在断言还为时过早。亚力克·道格拉斯休姆伯爵将《皮尔斯委员会报告》提交给国会时，曾经说过仍然会继续制裁史密斯政权，直到"能够判定满意解决的可能性再次出现"。十分明显，上次的解决方案不令人满意，所以解决问题的机会才再可能出现。他的声明对当前形势来说毫无意义。罗得西亚当局的自信心遭到了沉重的打击，他们将加倍巩固政权；从而，这也加大了瓦解少数人统治的难度。

尽管如此，史密斯政权被瓦解的可行性还是存在的。确实，英国对史密斯政权的制裁持续了六年，而六年之后史密斯政权依然独立存在。由于英国没有采取措施，积极联合其他国家，一致制裁史密斯政权，再加上南非和葡萄牙对史密斯政权的支持，这使得英国政府对史密斯政权制裁的效果大打折扣。然而，长期以来英国对史密斯政权的制裁，迫使欧洲各国积极寻求各国之间适当的解决方案。《皮尔斯委员会报告》非常明确地指出："留下的总体印象是，提案内容本身已不再重要，找到一个合适的解决方案成了当务之急。"（第288段）

虽然英国政府对史密斯政权的制裁并未导致，也不可能导致史密斯政权的瓦解，但它破坏了被称之为"罗得西亚生活方式"的少数人的生活，终结了罗得西亚白人舒适、悠闲、安全的生活以及对未来的憧憬，并让他们明白国内的某些改变是不可避免的。

然而，在少数白人政权完结之前，罗得西亚人民的选择是极其有限的。史密斯政权一定会费尽心思，在国内实行开放的种族主义。然而，事实表明，他们的阴谋诡计将不能得逞；南非为维持其国内目前的这种"和平"付出了相当大的代价。其国内白人占总人口的20%，而罗得西亚白人占总人口的不到5%。因此，罗得西亚几乎不可能实行类似于南非的种族主义，其与南非合并或者结成联邦政府都是没有意义的；况且，南非不可能会同意接纳500万罗得西亚人和另外23万白人。罗得西亚白人也不会同意寄居于邻国莫桑比克,接受其他白人的统治;葡萄牙已经陷入了莫桑比克解放战争中,自身难保,更无法给予罗得西亚少数人政权以军事上和经济上的支持。

因此,罗得西亚少数人政权迟早要被迫面对现实。毫无疑问,它仍然会垂死挣扎;但是事实证明,它最终只有两个选择:一个是继续挣扎,最终导致国内暴乱,武力升级,非洲人民发动自由解放战争;一个是在独立之前,逐渐实行多数人统治原则。多年来,英国政府对史密斯政权持续制裁给予希望避免暴力的人最大收益,就是更加公开希望通过和平手段实现多数人统治。

对除罗得西亚以外的国家来说,持续制裁还有一个好处。即使它们最终不能阻止由于南部非洲问题而导致的世界范围内两极分化,但它们至少推迟了这种局面的产生。因为东西方各大国集团都保持一致意见,支持英国对史密斯政权的制裁,这就避免了世界范围内的对峙。不管是对世界和平或是非洲实现自由来说,它的意义都是不容小觑的。目前,尽管英国以及其他西方国家一直都声称反对种族主义和种族隔离,但它们甚至非常不情愿支持对南非的谴责;那些实行种族隔离制度的国家仍然对某些西方国家的贸易影响重大,这些西方国家仍不想采取任何行动以免破坏这种贸易关系。尽管西方各个大国都声称反对殖民主义,它们却拒绝向实行殖民主义的葡萄牙施压。共产主义国家——出于意识形态、历史、经济等原因——却倾向于支持非洲人民。这就可能成为国际冲突的导火索,所有国家都必须明白这一点。

另一方面,西方国家为非洲人民提供低利息的贷款——至少暂时是低利息的——以此制裁罗得西亚,支持非洲人民反对种族主义以及国内的少数人统治。目前罗得西亚并未获得合法独立,它的出口对任何国家来说都不重要,也很容易被其他国家取代(除了赞比亚)。确实存在某些国家因对外制裁导致出口增加的现象,例如,为了让国内经济不再依赖与罗得西亚之间的传统贸易关系,赞比亚转而求助于其他国家。例如,英国对赞比亚的出口,从1964年的2.68亿克瓦查上升到了1970年的8.2亿克瓦查。这在很大程度上得益于赞比亚减少了从罗得西亚的进口——从1964年的6.17亿克瓦查(此时罗得西亚是赞比亚的最大进口国)减少到1970年的2.32亿克瓦查。

事实上,世界各国联合制裁罗得西亚是对抗罗得西亚的有力武器。因此,制裁措施仍然需要继续,直到罗得西亚少数人统治接受现代生活的两项基本原则——任何国家的政权都不能只代表仅占全国总人口5％的人的利益,全世界都反对通过种族主义制度来解决社会问题。更进一步说,英国对罗得西亚的制裁将一如既往。如果在"先组成由非洲人代表占大多数的政府,然后实现国家独立"的原则实行之前,英国就停止对罗得西亚的制裁,这将导致非洲人民依靠外援来实现和平变革的希望破灭,同时也削减了正在执行的制裁措施的效果。史密斯政权与亚力克·道格拉斯休姆伯爵之间的"协议"宣布之后,许多外国公司之间签订了不少贸易"捆绑"协议与合同,这些做法颇为耐人寻味。

仅仅这样做仍然是不够的。世界各国必须加强制裁的力度,扩大制裁的范围。制裁措施应尽可能覆盖到各个领域。

世界各国若要加强对罗得西亚的制裁力度,只需通过三种简单的途径。第一,立即公布那些主张破坏制裁的言论(如亚力克·道格拉斯休姆伯爵指出,他所提到的提交给联合国制裁委员会),让所有国家政府和所有在搬运罗得西亚货物的工人们知道,这些货物运往何处和干什么用。第二,联合国必须批准,所有罗得西亚被禁止出口的货物,一旦被目的国或者转运国拦截,这些国家应该将所截住的货物的一部分收益上交联合国,联合国再将这些收益用于南部非洲难民们或者南部非洲解放战争的人道主义援助。第三,非洲各国应当采取适当措施,来"嘉奖它们的朋友,攻击它们的敌人"。

前两个制裁措施非常清楚,无需加以说明。各国要执行这两个措施,需要一定的政治意愿;只要有足够的政治意愿,任何复杂细节(尤其是第二个措施)都能制定出来。第三个措施尤其需要非洲各国的支持,各国必须齐心协力,解放非洲,消除非洲大陆上的种族主义。

通常因为非洲各国都曾经是某些大国的殖民地或其他原因,每一个非洲国家都与某个大国有着特殊的紧密联系。但它们之间仅仅保持这种单方面的友好关系是不正确的。首先,大部分欧洲强国都是出于利己的原因才给予非洲国家帮助;其次,只有当两国之间的贸易对欧洲强国是有利的时候,它们之间才可能进行贸易往来——甚至有时候非洲弱势方别无选择。因此,每一个非洲国家都手握一张底牌,这张底牌至少能引起某些大国的注意,从而考虑支持它们的意见。大英联邦成员的非洲国家能向联邦政府表达意见的渠道都非常简单;法郎区国家与法国政府都有着相似的关联;日本贸易的很大一部分利益来自非洲某些地区;利比里亚与美国关系非同一般;与许多东方大国一样,西德也正与某些非洲国家建立友好关系;等等。

这些特殊关系的存在,并不意味着非洲国家能让那些与他们有着外交关系的外国政府相信他们对这件事没有兴趣。确实,大国的支持很重要。但是一个国家的历史和经济都遵循该国的发展规律;坦桑尼亚对法国的反对能产生的影响,必定不如与象牙海岸联手共同反法的影响大;同样,相比于卢旺达这样的国家,英国更有可能听取尼日利亚的意见。但是,在以上两个例子中,非洲所有国家一致认可的意见才最具力量,也最具有效果。

政府之间相互施加的压力更有利于所有联合国成员国一致参与执行联合国规定的强制性制裁。非洲各国也可以直接采取措施,联合对抗某些企业,他们不顾联合国的规定,与受到制裁的国家或行业开展贸易活动。如果允许各企业自由选择与罗得西亚还是与非洲的自由国家进行贸易往来,那么可能很少会有企业做出对非洲不利的选择。即使是非洲实力最弱的国家也有能力执行联合国对罗得西亚的制裁。如果某些国家,如博茨瓦纳、赞比亚、马拉维,按照联合国要求,严格执行联合国对罗得西亚的制裁,它们很有可能无法生存下去——其中的两个国家为此付出了很大的代价,尽管如此,它们也正在往这个方向努力。但是每个国家都有足够的能力承担它们执行制裁措施的后果;寻找有意愿作为供应方的企业代替那些违反制裁规定的企业,继续为公司提供货源并不是件困难的事!非洲国家很有必要选择某种方式,既不至于让国家付出沉重的政治代价,又能对各企业施加压力。如果某些政府违背了联合国的制裁规定,即使它们抗议针对它们国家和人民的歧视政策,也很难得到回应!

联合国对罗得西亚实行制裁的目的是什么?

联合国制裁罗得西亚,拒绝承认史密斯政权的合法性,以及给罗得西亚施加压力,目的都是为了有效解决罗得西亚问题——也就是,想要通过和平方式或者最小范围的武力,实现以多数人统治原则为基础的独立。因此,我们最直接的目标就是要促成罗得西亚多数的非洲人代表与当前执政的少数白人,以及英国政府的谈判协商——英国政府以及类似于联合国的国际组织与罗得西亚独立的合法性息息相关。它们三者之间的协商必须以实现罗得西亚国内多数人统治原则为目标,这一点也应该为他们所熟知。只有实行多数人统治原则,罗得西亚独立问题才能得到有效解决。

如果他们明天开始进行协商谈判,白人的代表必然为尹恩·史密斯以及他的同僚们,非洲人民的代表为穆左雷瓦主教、恩莫科、雷夫以及西索尔,英国政府的代表为亚力克·道格拉斯休姆伯爵。他们叫什么名字并不重要;但作为谈判代表,他们的性格会对谈判产生重大影响。非洲人民抗争目的并不是为罗得西亚某个个人,而是为了争取罗得西亚人民的选举权,让他们自己能决定自己的领导,掌握自己未来的命运。

非洲人国民大会曾提议罗得西亚不同利益代表团召开一次会议。英国外交部长指出,任何新的决断都应该来自罗得西亚不同种族之间的商议。史密斯以及他领导的阵线党对非洲人国民大会的提议嗤之以鼻,并且不允许召开任何他们缺席的会议。但是英国对罗得西亚的制裁力度越强,非洲南部战士们反对罗得西亚少数人统治的要求越强烈,罗得西亚的经济也就会越困难。这最终会促使罗得西亚当局与非洲人民进行协商谈判——尽管它并不情愿这样做,但是加诸它身上的压力不断增大,迫使他们别无选择。

当前非洲人国民大会面临有可能失去主动权的局面,因此,采取进一步制裁措施是非常有必要的,国际声援更不能在此时撤退。没人能预料史密斯政权将在何时以什么方式结束。也许国际经济制裁或莫桑比克太特省的自由斗争运动给史密斯政权带来的压力,鼓舞了非洲人民,罗得西亚独立运动才得以取得了巨大突破。无论如何,这必然与罗得西亚国内民族战士的努力息息相关。但是不管斗争的时间长短,所有努力都是以结束罗得西亚国内殖民主义为目标。罗得西亚受到国际制裁,生活在经济社会最底层的非洲人民永远都是最大的受害者。但是他们已经准备好为争取人格尊严和公平做出相应的牺牲。

从过去十年里罗得西亚以及非洲其他国家人民的行为表现可以看出,非洲大陆的绝大多数人民,包括罗得西亚非洲人,都希望通过和平方式争取国内实行多数人统治,即使这种方式会放慢实现目标的速度。但不幸的是,多数人统治原则仍然没有被罗得西亚和莫桑比克、安哥拉、几内亚比绍和南非所接受。非洲人民的耐心已经达到了极限。

因此,非洲统一组织的成员国必须继续支持罗得西亚国内解放运动。除了国外给予的任何援助,罗得西亚国内解放运动的存在对以史密斯为代表的少数人统治来说本身就是一种压力。它的存在有利于国内促进不同利益集团之间的协商谈判,从而促使国内实行多数人统治原则。同时,它也可能证明,武力才是促使罗得西亚获得真正独立的唯一途径。非洲各国必须不断努力。

结论

罗得西亚人民是争取罗得西亚独立自主的核心力量。但是对于援助罗得西亚人民而言,非洲各国以及各民族都有不可推卸的责任。非洲各国至少应该做到以下六点:

(1) 积极响应联合国对罗得西亚的制裁,尽最大努力去帮助那些因执行联合国制裁措施而蒙受损失的国家。

(2) 给予外国政府最大的压力,确保各国政府积极执行各项制裁措施;密切关注那些与非洲国家有着紧密关联的西方大国。

(3) 对于那些违反制裁规定甚至给予罗得西亚经济援助的企业,采取相应的制裁措施,迫使这些组织在贸易以及其他方面做出抉择。

(4) 采取适当措施,提高联合国政策的执行效率,尤其是在宣告某些国家或企业的反制裁行为时,各国还应该不求报酬地积极排查罗得西亚出口的货物,即使哪些货物是通过虚假文件出口的。

(5) 积极排查某些被遗漏的领域,尽量让制裁措施覆盖到每个领域。

(6) 积极支持南部非洲解放运动,包括罗得西亚解放运动。

罗得西亚的近况可能不会发生大的改变;但是长期来看,我们有理由保持乐观心态。罗得西亚非洲人民相比从前更具有政治意识,并且也有能力有意愿去承受目前的困境。他们不放过任何让世人听到他们呼声的机会。在非洲人国民大会或任何其他相应组织的带领下,罗得西亚人民值得全世界人民支持。胜利属于罗得西亚人民。

43 国际团结

1972年6月3日,在欢迎尼迈里总统的晚宴上,尼雷尔总统向他的客人表达了敬意,特别是有关他和平统一苏丹方面的成就。随后,他再次强调了非洲团结的重要性。

……非洲统一的实现困难重重,对此我们并不感到惊讶。撇开许多非洲国家的国内问题不说,我们每一个独立的国家都要应对不同的经济和社会环境,没有哪个国家敢于忽视人民对发展的迫切需求,而把精力集中在解决统一的基本长期需求上。此外,不同的非洲国家在解决贫困落后这一共同问题上采取了不同的意识形态的做法。我们中有些是不结盟国家——对于"不结盟",不同国家有着不同的解释!——少数国家跟大国签订了防御协议;我们中有些国家有丰富的资源能够实现富裕,而其他国家则没有。的确,当考虑到这样那样的差异时,我们不得不为非洲已经实现的合作统一的程度而感叹。我们遭受到挫折,是因为我们的期望值过高。但是我们需要记住一些历史事实——欧洲现有的统一进程是经历了长达几个世纪的毁灭性战争后才得来的;拉丁美洲的国家在150年前就独立了,但其团结程度还不如非洲;即使是美国,在实现统一的道路上也不是一帆风顺的,而且是生活在13块殖民地上同一血统、同样历史背景的民族共同发起独立战争并取得了胜利的情形下。总统先生,鉴于此,我认为非洲没有理由失望,而是更应该有理由充满希望。

请别误解我的意思。我们还没有取得足够的成就。现代社会的工业技术使得团结比过去显得更为紧迫也更为重要。如果非洲人民不能加快统一的进程,那么等待我们的将是继续被忽视被剥削的命运。但是我相信很多人已经开始认识到了这一点,至少在某些问题上是这样的。摩洛哥首都拉巴特举行的非洲统一组织会议在有关我们大陆的许多问题上,显示出了之前从未有过的严肃和一致。对于需要采取行动将南非人民从殖民主义和种族主义中解放出来这一议题上,尤其如此……

44 人人生而平等

1972年8月，乌干达的阿明将军继颁布驱逐境内的亚裔英国人的命令后，又颁布了一条驱逐亚裔乌干达公民的命令。8月21日，尼雷尔总统出席了原定于达累斯萨拉姆尚翁见教师学院的会议。此次会议上，尼雷尔总统集中探讨了人的国籍与人性共同点的问题。（随后，阿明将军对亚裔乌干达人进行了调查，批准了数百名亚裔继续留在乌干达，但是规定他们要受到带有歧视性居住权的限制。）总统以一口流利的斯瓦希里语做了即兴演讲，随后演讲被翻译和记录了下来。

……我们必须以史为鉴，弄清楚两件事情。第一件事就是要拒绝他国的压迫，不再受他国的任意摆布。我们一定要有这种强烈的意愿——而不是纸上谈兵，并且必须用实际行动来证明这一点。如果我们了解非洲历史，那么要下决心拒绝压迫就不成问题了。但是我们的行为表现是否像是已经理解了它的真正含义呢？如果一个局外人说——非洲已经认识到它屈辱和落后的历史，那让我看看非洲人在做什么呢——在外来人看来，我们是否能做到言行一致呢？

第二件我们必须要知道的事情就是，当今世界正掀起了一股被压迫和反压迫的运动浪潮。有些国家不甘于被压迫，于是就开始压迫别的国家。几天前不结盟会议在圭亚那召开，来自世界各地的人民相聚一堂，纷纷表示要与非洲团结一致，共同对抗南非殖民主义和种族主义。印度、韩国、巴基斯坦、加勒比和拉丁美洲国家就反殖民主义和种族主义以及越南战争等问题达成高度统一。

我们非常有必要偶尔用这些事情来提醒自己。世界范围的反殖民主义运动正蓬勃开展，甚至蔓延到帝国主义国家，致力于消除人与人之间的剥削现象。这场反压迫、反剥削的斗争必将取得成功。帝国主义和种族主义最终会变成人类历史的片段——将来我们只能在博物馆听到它们的名字。

人类社会自从开始了进化进程以来已经历经了许多阶段。自然界告诉我们，并非所有的生命都会以同样的方式进化。黑猩猩——我们曾经与它们非常相似——由于进化道路出现了偏差而停滞不前。还有另外一些已经灭绝的物种；它们的牙齿太大或身体太笨重，不能适应不断变化的环境，最终导致整个物种灭绝。

我坚信，帝国主义者和种族主义者最终也会在人类史上消亡。虽然现在十分强大，但他们终归是一种"原始动物"。他们的爪牙更加尖锐，杀伤性更强，这是他们与那些已经灭绝的动物的唯一区别——我们从越南战争所使用的武器凝固汽油弹就可以了解到这一点。不懂得开展合作实现共赢，完全是动物的行为，不是人类具有的特质。

帝国主义者、种族主义者最终都会灭亡。沃斯特以及所有像沃斯特一样支持种族主义的人最终都会走向灭亡。世界上所有种族主义者都只是某种动物，所有这些动物都不会有未来。最终，他们都会趋于灭亡。

整个非洲必须拒绝凌辱、剥削、压迫。同样，我们也不能侮辱、剥削和压迫别的国家。我们绝不能纸上谈兵，必须真正行动起来。

现在正在参加慕尼黑奥林匹克运动会的运动员们，强烈抵制罗得西亚运动员参赛。如果罗得西亚人参与比赛，他们就拒绝参赛。有人提议如果罗得西亚人拿到了英国护照，我们就应该同意他们参赛。这太荒唐了。我们争论的焦点不是护照，而是罗得西亚国内的局势。由于欧洲人占领了罗得西亚人的领地，罗得西亚人被迫移居唐韦纳部落——在那里罗得西亚人劫持唐韦纳的孩子作为人质。这才是我们争论的焦点，而不是护照。

我说的这些都是经过深思熟虑的。我有些英国朋友，他们有东非的国籍——即他们是拥有英国护照的东非公民。无论那些护照持有者何时申请入境，英国政府总会拒绝。英国政府这种行为是一种歧视性行为。我们已经向英国指出了这个问题。肯尼亚独立时，英国政府精心策划，费尽周折，安排那些想要入境的白人进入英国。但对待有色人种时却歧视他们，不准他们入境。

如果一个国家要想其他国家公民尊重它，那么该国必须首先尊重他国公民，不能区别对待。否则，该国也会遭到其他国家的一致歧视。

近段时间，阿明将军要求英国政府，"带走你的公民"。但许多人很可能会为两国之间的争论付出沉重的代价——他们都是活生生的人，不是动物。但是阿明说，"他们是你们国家的公民"。现在他要求"所有的亚裔都必须离开乌干达"——甚至包括亚裔乌干达人。像这种情况,你又作何解释?如果你认为——尽管逻辑上你能提出正当理由——阿明将军有权要求英国护照持有者离开乌干达,因为他们持有英国护照,这你又该作何解释?

"从今天起——或者明天,或者下周——你不再是任何国家的公民",这对一大群人来说意味着什么?这意味着他们不再属于任何州或国家;世界上任何一块土地,他们都没有居住权。

你会怎样来对待这些人?如果限期三十天让他们离开——或者其他期限——那么到期时你会怎么做?他们应该去哪——月球?设想一下,如果我们坦桑尼亚决定驱逐一些公民出境,我们会怎么做?如果把他们集中到肯尼亚边界,肯尼亚会说:"不行,他们不是我们国家的公民。"乌干达、马拉维、赞比亚、扎伊尔和布隆迪都会这么说。我们应该怎么做?难道杀了他们?这正是二十世纪三四十年代希特勒的行为。他说,德国所有问题的产生都是因为犹太人,于是他杀害了所有没能逃离德国的犹太人。死亡总人数达600万——他们将那些犹太人置于毒气室,并把尸体当成肥料,头发用作填充物。他们都是人,不是黑猩猩。换作是你,你会这样做吗?

有时候我们非洲人也会采取这种态度:很长一段时间里,非洲都遭受了歧视和不平等待遇,我们也要让别人尝尝这种滋味。但是必须要记住,我们现在所讨论的是活生生的人。

坦盟宣言第一条:"人人生而平等,非洲是我们的大家庭。"宣言第一部分讲述的就是"人人生而平等"。我们每个人都不得不承认,任何人遭受的剥削、凌辱和痛苦——无论发生在哪——都是整个人类的灾难。全人类都因此而受到影响。

我们还必须认识到另一件更重要的事情。欧洲、亚洲或拉丁美洲国家遇到困难、暴政或歧视时都只是它们本国的问题,出现问题的国家必须自己承担全部责任。非洲却不同!所有非洲国家都有义务接受监督,其他非洲独立国家的政权都有义务让人民了解它们的日常工作。

但是这种体制也有它的好处。就如坦盟宣言第一句所说,非洲是一个大家庭。我们从整个非洲的角度去看待非洲问题是有好处的。非洲人民遭受压迫,这是整个非洲的历史。我们团结一致,结束这种受压迫的状态,这是整个非洲共同的使命。身处慕尼黑的所有非洲同胞们正团结一致——但是我们也在伤害自己。

充分了解历史才能战胜所有帝国主义和种族主义的原始邪恶。

45 对欧洲社会主义者们的呼吁

在英国费边社国际委员会出版的《第三世界》1972年11月这一期上，尼雷尔总统公开发表了一篇文章，鞭策欧洲社会主义者把社会主义理论运用于解决国际经济问题中。这篇文章被译成英文并发表于《社会党报》、《斯堪的纳维亚国家日报》以及《西德日报》上。

"越是富有的人，上天会越眷顾他，给予他更多的财富"，这是资本家和国际经济学的一条法则。富人会更富，穷人会更穷。更进一步说，富人们正是以穷人们的贫穷为代价来获取财富的。饥肠辘辘的穷人每购买一块面包，都在增加本就生活奢华的面包店主的财富。

社会主义者们已在各自国内明确表达了他们的哲学思想和政策主张以解答资本主义现实问题。然而，在国际上，那些发达国家的社会主义者似乎很难意识到资本主义影响。在一个国家的经济范围内，邪恶是相同的，贫困的结果也是一样的。

坦桑尼亚以及所有第三世界国家生产的都是初级产品，各国都属于完完全全的农业大国，工业化程度非常低。即使是现在，坦桑尼亚的工业产值占国民收入的比例也不到10%。我们生产的都是简易产品。所有像拖拉机、机器甚至是大卡车这样的产品，我们都只能依赖进口；并且为了进口，还必须出口类似于棉花、剑麻、咖啡、除虫菊等初级产品来获取外币。

就目前的世界经济格局来看，我们只能在国际市场上高买低卖。机器、高新技术等的价格以及运输费用都由原产国决定，然而这些原产国又都是发达国家，以他们的标准制定的价格也就相对较高了。而我们的剑麻、棉花、咖啡、可可等产品的价格都是由发达国家的需求来决定。最终的结果就是进口产品价格持续上涨，而我们出口的产品价格几乎保持不变甚至是处于下降趋势。

贫穷国家目前的情况就如同19世纪欧洲国家工人们当时的情况。工人们为了生存,为得到那份工作,不惜以非常低廉的价格出卖自己的劳动力。他们依靠微薄的工资收入购买日常用品,所购买的物品却是由雇主们出于利己目的制定的价格。两种情况的唯一区别就是目前国际经济格局有利于那些发达国家经济——包括这些国家的工人阶层。关于利润的争夺,19世纪时在资产阶级之间展开,而现在则在发达国家的资本家与工人之间展开。只要通过一组简明的统计数据,我们就可以了解这种冲突对于贫穷国家的意义:1965年时(剑麻的价格急剧下降之后)坦桑尼亚可以用出口5.3吨棉花或17.3吨剑麻获得的外币进口一辆拖拉机;到了1972年,一辆拖拉机等价于8吨棉花或42吨剑麻!

在这种情况下,发展中国家却遭到指责,因为他们没能取得突破性进展,跳出贫困陷阱。也是在这种情况下,发达国家希望能给予发展中国家所谓的"援助",以此获得发展中国家的"感激"!这种情况下,至少坦桑尼亚不会对他们的"援助"感恩戴德——尤其是当那些所谓的援助包括了私人投资和商业信贷,而发达国家之间的援助是不包括这些的。

慈善——不管它有多么伟大——对当前世界极度贫穷的国家来说是毫无意义的。不发达世界的贫穷正是世界经济分工的必然结果。发展中国家选择社会主义道路也不能改变这个结果。在国际资本主义经济格局中,这一类的贫穷国家通常扮演的都是牺牲品的角色,就如同它们国内的国民默认了所遭受的不平等待遇一样。这种社会是有可能会变得平等的,但是不管是相对于世界其他国家还是就本国来说,它们之间的平等只可能是建立在物资匮乏的基础上。欧洲各国的社会主义者一定注意到了,在这种情况下,社会主义国家的贫困将会成为资本主义攻击社会主义的理由!

发达国家的社会主义者必须勇于面对国际经济体制中潜在的剥削行为。目前,发达国家的社会主义者也正是这种剥削行为的受益人——他们的国家也是受益方,因此而获得的大量财富的分配成为这些社会主义者与资本家争论的焦点。发达国家的社会主义者有两条路可选。一种选择是继续支持他们国家对贫穷国家的剥削。还有一种选择就是发挥社会主义者的作用,致力于世界贸易格局的重组,同时在国家相互平等的基础上为贫穷国家提供真正的帮助。

但是这种选择权只是暂时选择,各个贫穷国家很快就会了解到它们国家的贫困状况以及贫困的原因。一旦它们明白了真相，这必定会激怒它们，它们从而会决定改变这种状况。因此，长期来看，发达国家的社会主义者所面临的真正选择是逐步组织国际范围内所有涉及国家的国际阶级斗争；或者为了共同利益，发达国家与贫穷国家建立起真正平等互利的合作关系。事实上，这也是每一个国家的社会主义者所面临的选择——要么开展组织有序、计划周密的经济改革，要么掀起一场社会成员间恶性竞争的毁灭性战争。

社会主义者们还有时间做出选择，但是时间已经越来越紧迫。第三世界国家已经开始商议联手建立贫穷国家之间的"贸易联盟"。他们正逐渐联手对抗强权大国，虽然过程断断续续，痛苦不堪。联合国贸易暨发展会议的77国集团还只是一个开始；接下来还会出现更多这样的组织，一起与发达国家抗争。

难以想象，这种"贫穷国家的贸易联盟"发展如此迅速。要想建立联合组织，各个贫穷国家必须紧紧团结在一起，且各国还要做出相应的暂时性的牺牲。贸易联盟组织建立后，维持该组织正常运转更是一项具有挑战性的工作——就如同欧洲成立贸易联盟组织时，很难让一个饥寒交迫的工人与同伴们紧紧团结在一起。到目前为止，只有石油原产国之间才能做到紧密团结，一致对抗石油消费国。但这只是初步让那些发达国家尝尝苦果，苦果尝得越多，味道越是难以忍受。

贫穷国家十分渴望公平正义，欧洲各国的社会主义者们必须采取适当的措施，积极支持第三世界国家为争取公平正义所做出的努力。发展中国家将矿物资源收归国有，以此来赋予矿物资源公平的价格。这种做法是否会激起发达国家的反击，由此而遭到发达国家的制裁？如果一个发展中国家接管了自己国家的金融机构体系，或者拒绝签署不利于自己国家的国际协议，发达国家是否会停止对他们的"援助"，或者停止资本供给？又或者发达国家会通过给予发展中的社会主义国家更丰厚的物质援助、无条件长期低息贷款、急需的技术援助，同时与发展中国家协商，制定长期的贸易协议和货币协议？更重要的是，他们是否致力于建立一个全新的世界经济格局，从而贫穷国家不至于为了生存而负债累累？

目前，不管是发达地区还是不发达地区，任何国家间的联系和交换都没有受到相关公正协议的制约。但这并不是社会主义者不作为的借口；每一个社会主义政党、社会主义国家政府都能为这场运动奉献绵薄之力。

在国际组织中,社会主义国家政府要支持那些有助于增强贫穷国家综合国力的政策,以及那些促进贫穷国家脱贫的优惠政策。在国内,欧洲社会主义国家政府应该取缔那些带有歧视性的关税和严格的配额制度,这些制度都阻碍了贫穷国家初级产品的出口,还应该给予发展中国家更多真正的援助——如无条件的补助和长期低息贷款。通过各种办法,使贫穷国家免遭发达国家的压榨,逼迫它们接受发达国家之间因为利益的再分配矛盾产生的义务和负担——例如,发达国家的码头工人或水手要求加薪,社会主义政府不能通过增加贫穷国家的运费来满足他们的要求。

换句话说,欧洲社会主义国家政府以及社会主义政党,应该把为争取国内平等所做出的努力积极推广到世界范围内。它们必须首先承认他们自己的祖国正是那些剥削他国的国家——然后再采取相应的措施。只有这样,社会主义者才能区别于那些资本主义政党和政府,后者从不声称人人生而平等。

我认为欧洲社会主义者应该保持这种态度,坚持这种作风。确实,大选时民主国家的社会主义政党不仅要战胜非社会主义政党,还得打败其他社会主义者。但是他们本身就是他们要致力于改变的社会环境中的一分子。他们不断大力开展社会主义教育活动,一旦赢得大选,这就会成为他们获取自由的重要因素,甚至会有助于赢得大选!

对于贫穷国家的群众而言,资本主义是一个魔鬼。他们不会一直容忍资本主义的不平等。是否通过武力实现变革,这在很大程度上取决于发达国家的社会主义者。

46 理智的选择

1972年12月底,这一年的最后一刻,尼雷尔总统无法分身参加原定对苏丹进行的国事访问,但事先他已准备好演讲稿拟对苏丹社会主义联盟的官员们及知识分子们进行演讲。因此,1973年1月2日,代他前往苏丹的副总统琼布在集会上宣读了他的演讲稿。

今天我的任务是抛砖引玉,希望能激发大家的讨论和思考。我演讲的主题是审视第三世界的国家面临着不同的经济和社会制度。

为了保证讨论控制在合理的范围内,我必须做出几种假设。在我开始演讲之前,首先务必要明确这些假设。如若不然,今天我所讲的大部分内容都会显得毫无根据。

幸运的是,我的假设并不存在很大的争议性——至少在非洲如此。

假设

我的第一种假设是,就目前来说,关于经济社会组织的任何适当的讨论,都必须在每个国家开展起来,而且必须只能由那个国家的人民做决定。因此,坦桑尼亚的全体人民,或者苏丹的全体人民决定他们国家走什么样的道路。坦桑尼亚无法替苏丹做决定,反过来苏丹也不能替坦桑尼亚做决定——并且,我希望今天我所说的话不会被曲解成反面的意思!比如,坦桑尼亚联合共和国的桑给巴尔和苏丹的南部各省在某些方面享有自治权,意味着在这些方面,它们拥有基本的决策权,而不是整个国家。

第二,我认为对于第三世界的人们来说,实现自我管理,摆脱外部势力对国家的控制,实现独立的愿望是不言自明的。这并非指两个或多个国家之间不能有政治或经济联系;也没有排除几个主权国家的自愿合并的情况,前提是,这些是建立在平等协商、愿望一致的基础之上的。

第三,我认为对于第三世界的每个人来说,目前的贫穷落后、经济欠发展的情况是绝对无法接受的。我们必须增加财富产值,这样才能提高全体人民和每个公民的消费水平。

第四点,也是最后一点,就是我们争取独立的斗争是全民斗争,是所有公民的权利。我们的目的不是推翻国外统治势力后再建立起国内的特权阶层,而是建设一个保障所有公民人格和尊严的社会。与此相适应的是,每个公民都有权利实现最大的经济和政治自由,这与其他公民的平等自由是并行不悖的。无论是依赖主人施舍的奴隶制度,还是靠乞讨维持生计的生活状况,都绝不能为我们所容忍和接受。

我说过这些假设对非洲来说并没有很大争议。这些假设代表不了现状,换句话说,它们代表的是人民的愿望。纵观国际事务,或者考察农村地区——甚至到那些身无一技之长的劳动者们生活的城市去看一看,你都会发现这些是显而易见的。

但是,因为这些假设是我们一系列基本的愿望,它们必须同时是我们政策选择的基础。如果一项政策对这些条件的实现产生不利影响,那么它的可行性一定要受到质疑。更重要的是,如果一项社会和经济制度与这些目标不相适应,那么这一制度必须被否决。

选择

现代社会有两大基本的经济和社会制度——资本主义制度和社会主义制度。这两种广义的制度下面还有很多变体,像福利资本主义和人本社会主义;但是两大基本制度之间存在着巨大的差异,因此我们首先要在它们中间做出选择。

当今世界确实还存在着封建主义和原始公社生活的残余;但是在20世纪先进技术的挑战下,它们终将被淘汰。在日本,这些古老的制度有时候会暂时影响到资本主义的组织形式,但是这种影响还是在后者的控制范围之内,并终将被彻底消除。如果别无选择,那么任何有碍个人资本主义企业利益的事物都将被这个企业废弃;任何不利于资本主义制度效益的事物都将被彻底根除。

原始公社生活的下场同样如此。从第一把搪瓷壶、第一匹工厂生产的布料进入到一个自给自足的原始公社社会时,这个社会的经济和社会机构就受到了致命打击。剩下的只是时间问题,或者社区的成员究竟会成为新经济秩序的参与者还是受害者的问题。

因此,摆在新独立国家面前的选择就是走资本主义道路还是走社会主义道路的问题。这并不是一个完全自由的选择,因为我们都从殖民者那里继承了某种贸易方式,或多或少被灌输了它们的价值体系。而且,这些大国仍然认为我们是它们其中某个国家势力范围的一部分——一旦我们拒绝遵守它们期望中的行为模式,它们就大为不悦。但是如果我们坚定立场,准备克服近年来其他国家施加给我们的困难,我们将最终发展起来资本主义或社会主义制度。

鉴于以上这些,我认为我们面前根本没有真正的选择。事实上,第三世界国家如果不牺牲它们的自由,接受公民之间存在不平等的话,就无法成为发达的资本主义国家;而这些做法等于否认了我们独立斗争的道德合法性。我认为,目前的贫穷和落后使得社会主义成为我们唯一理智的选择。

资本主义和独立

在资本主义制度下,生产和分配的目的是为那些拥有生产和交换方式的人谋取利益。对商品的需求要服从于对利润的追求。因此,生产中的机器和设备的所有者——也就是那些花钱购买了这些设备的人——决定是否应当生产、生产多少什么样的产品。无论是为生产提供了劳动力的人,还是那些需要这些产品的人,都没有决定权可言。在资本主义制度下,金钱才是上帝。谁拥有了财富,谁也就拥有了权力。他有权决定工人的去留;如果他中断了某种关键商品的生产,政府就会垮台;他可以通过控制工人操纵设备对社会进行破坏;这样一来,政府只能在他的掌控之下。

这永远是资本主义的本质。20 世纪近几十年来出现了新的情况,即这种权力现在只集中在少数几个人手里。一个世纪之前,一小笔钱就足以创办一家工商企业。到了现代,随着现代技术在各个重要生产领域的发展,这一情况早已不复存在。比如,亨利·福特是从自行车修理铺开始汽车生产制造的,然后规模逐渐扩大,逐步提高了企业的生产能力。但是到了 20 世纪 70 年代的今天,任何人想要从事汽车生产的行业,在流水线开动之前,就必须要事先准备好数百万美元的投资。批量生产技术使得小规模生产成本过高——在与这些巨头的较量中，小企业主要么破产，要么将工厂出售给了另一家更大规模的公司。因此，现在市场上没有大批小资本家，而只有少数大资本家。"小人物"也可以看到，但是他们在社会财富总产值中只占了微不足道的一小部分，而且经营范围也局限于奢侈品交易。

这类发展只是资本主义社会动态的一部分——资本主义是一个动态系统，内部时刻进行激烈的斗争。打败了其他企业，你的企业才能在残酷的竞争中存活下来。整个资本主义制度是通过扩张延续下来的，也就是说，通过不断扩展它的业务范围，同时摆脱掉所有束缚和薄弱的社会制度来实现的。

想想吧，这对第三世界新国家来说，意味着什么。

根据资本主义的理论，如果我们选择了资本主义制度，我们的公民就能随心所欲地创办企业，坦桑尼亚或苏丹的资本家们就会与其他企业，包括外资企业进行竞争——你死我活的斗争。现实中会出现两大问题。首先，我们国内没有人有足够的资本建立现代企业；其次，我们新生的企业怎么会有实力跟其他资本雄厚的资本主义企业竞争呢？

我相信，这些问题的答案在所有第三世界的国家看来已经一目了然了。坦桑尼亚也不例外，我们国内没有这种雄厚的资本可以创办现代工业。正常说来，我们没有哪个国家有哪个人或者哪些人有能力创建一家现代纺织厂，更不用说开采钻石矿，建炼钢厂，或者经营一家大规模的商业公司了。我们没有这么大一笔资金，也没有这种专门的技术。当然，坦桑尼亚能做的，最多就是建立小作坊，组装进口的零件，或者对当地的作物进行粗加工。我们的人民能够开小型的零售商店，但是搞批发他们就无能为力了。

英国在18世纪末进行了工业革命，成就了一代世界霸主地位。如今这种做法已经行不通了。坦桑尼亚的小资本家们能够跟英国帝国化学工业公司、美国福特公司以及日本的企业，乃至其他大型跨国公司——甚至跟和路雪食品公司一较高下吗？答案很简单：不可能！最佳途径就是成为这些国际品牌的代理商。这样不会对我们本来就落后的经济产生进一步冲击，因为不是现代企业在我们这里生产生活必需品，而是我们本地的代理商进口加工这些东西——也只能是这些必需品——这对代理商和海外企业都是有利可图的。

事实上，第三世界资本主义企业除了以初级合作伙伴的身份与国外资本主义企业合作之外别无选择，否则它将在襁褓中夭折。没有外国资本家的财力援助和管理方面的知识传授,我们国家的资本主义是不可能发展起来的。这些外国资本家只有在一种情况下才会在第三世界国家投资,就是当他们认为这样做会比在其他地方投资更加有利可图时。资本主义的发展意味着我们这些第三世界的国家必须要满足别人——也就是其他国家的资本家——规定的条件。一旦我们同意接受他们的条件,我们就要继续被他们牵制,否则就要面临新企业倒闭、资金和技术撤回以及对我们进行的其他经济制裁的威胁。

事实上,依赖资本主义发展意味着我们将权力拱手让给别人,由他们制定对我们经济至关重要的决策——产品的种类;工厂、办公室和商店地址的选择;就业机会;甚至采取哪种税收制度——所有这些都要由外人决定。

有人说这些都是暂时的,而且外国资本在第三世界国家进行投资将推动当地企业的发展。在某种程度上来说确实如此;一些小型的当地企业会在大型外资工厂的保护下发展起来。但是这些企业的目的是为大型工厂提供服务,或者为它生产零部件,从而要完全依赖它,依附它。当地企业成了它的附庸,而不是劲敌——是下属企业,而不是竞争对手。它们不得不与外国资本家的要求保持一致。自主决策权被削弱了——而不是增强了;因为这些外资会在当地扶持政治势力来保护它们的经济获利。

这很容易理解。比如政府打算设置新的最低工资水平线,或者通过征收与这家工厂相关产品的关税来增加税收,大老板就会说——也许很礼貌地说,也许就不一定了——这样的话,他们会关闭这家工厂。他们会向政府指出,这不仅会导致大量工人失业,而且会使一大批附属企业破产。当然,政府可以坚定不移地执行自己的决定,但是接下来它就要面对这样做的后果——这些后果无论对政府来说还是对民众来说,都是不愿意看到的。

这还不算完。对外政策问题也会因为经济发展要依赖外国资本家而受到影响。美国、英国和日本资本家固然不会对他们的国家有强烈的爱国情操,但是他们绝对忠诚于最大的投资——这些投资是不可能进入不发达国家的!因此,如果一个不发达国家批评某个帝国主义国家支持犹太复国主义扩张行为,或者支持南非、罗得西亚或葡萄牙殖民主义,很有可能会导致对方撤销投资计划,甚至缩减规模乃至最终关闭已经建成的企业。

我想说的是,鉴于国与国之间的不平等地位,第三世界国家的资本主义发展与国家真正独立是不可能共存的。因为经济的发展要受到外资控制;当地资本家只能处于从属地位,并将一直处于从属地位。

这一点已经毋庸置疑了——外国势力的控制是永久的,不是暂时的。赚得盆满钵满的大型企业有了大笔资金用于下一次投资。小型企业仍然是保持着小规模经营——要么就会被收购！如果你想确认这一点的真实性,弄清楚它意味着什么,只需要看看发达资本主义国家的国内情形即可。有人描述成中鱼吃小鱼,大鱼吃中鱼。最后,几个巨头为了实现垄断地位争得你死我活,就连政府的行动自由也受到这些寡头的制约。即使政府领导人当选的初衷是打击资本主义制度,他们最终还是不得不保障这些大型企业的原材料供应和盈利能力,否则等待他们的将是大面积失业和严重的经济危机。

有些相互竞争的资本主义机构会在某个发展中国家投资——也许它们并不是来自同一个国家——但这并不能说明以上的分析无效。通常说来,这意味着这个发展中国家交出了不止一种抵押品来换取资金,而是好几种。理论上来说,该国家可以谋划使两家外企你争我斗,但实际上它们的经济命运更有可能由本土以外的企业矛盾所决定,而对于它们矛盾的始末它们却一无所知！一次"收购",或者合理化项目,或者一项新的垄断计划,就会使长达几年的协商前功尽弃！只有当这些巨头想要利用这些行动作为筹码,为它的股东争取更有利的条件时,当地政府才有可能获悉前因后果。

资本主义和社会的本质

国家独立所遭受的不可避免的损失,只是资本主义产生的后果之一。在我看来,资本主义制度与第三世界政府的国家目的是不可能共存的。资本主义制度不仅仅意味着发达国家资本家之间的斗争,发展中国家的资本家们也会深受其害。同时,这还涉及劳资双方无休无止的敌对斗争。

这对我们来说是一个非常重要的话题,也是大部分非洲第三世界国家从原始的公社进入现代社会必然要面临的问题。这意味着当我们仍然为部落主义、宗教和种族问题而忙得不可开交时,导致国家分裂的新因素又出现了。这也意味着人民享受不到以他们的名义而获得的独立斗争的胜利果实。

资本主义的影响不可避免。资本家的目的就是盈利,为此,他必须将生产成本保持在最低水平,并在产品销售中获取最大的收益。换句话说,他付给工人最低的工资,在保证产品销售的情况下给产品定最高的价格。这就产生了工人和资本家之间永远不可调和的利益冲突。工人希望领到更高的工资来提高生活水平——或者购买一些他们生产的产品。而资本家想要支付最少的工资来使利益最大化,即为他的投资取得最高的回报。

因此,资本主义自然而然带动了两个阶级的发展壮大:少数人掌控着生产资料,这些为他们带来了财富、权力和特权;大部分人辛苦劳动,为这少数人创造了财富和特权。一方通过剥削另一方来受益,一旦剥削进行不下去,整个制度就会崩溃,所有的生产活动也随之停止!事实上,资本主义制度赢得的解决生产问题的赞誉,是建立在无情剥削劳苦大众基础上的。除此以外,别无他法。一旦工人从工业生产中获得最大的收益,资本家将无利可图,结果就是企业被关停!

这对第三世界的普通群众意味着什么,就再明显不过了。他们的工作条件和报酬,仅够维持提供劳动的基本需求。而且,如果国家要依赖资本家的投资才能实现迫切渴望的经济发展时,资本家就会阻止工人开展有组织的争取权益的活动。因为一旦工会成功组织起罢工,雇主又会声称他的工厂无法盈利,进而威胁要关停工厂。这将迫使政府站在雇主那边干预罢工,以保持经济增长率和它那微乎其微却又无比重要的税收。

通过资本主义实现的发展,从根本上与我列举的第四个愿望相冲突——即全体人民的人格尊严,所有社会成员的平等自由。资本主义意味着多数人劳动,少数人不劳而获。资本家们享用的是饕餮盛宴,而人民吃的是残羹冷炙。

这一点还有更深一层的含义。在资本主义制度下,统计数据显示商品的产量会大幅度增长;如果某个第三世界国家恰好拥有某种矿产资源,也许它的国民生产总值的增长率会跻身"成功国家"之列。但是从事生产劳动的人民却没有足够的钱去提高生活水平,购买生活所需的物品。他们的需求一直存在,但是不受重视。结果,生活必需品,包括体面的住房、可口的食物和精美的服饰的产量会受到限制;这些产品远远不如"奢侈品"给资本家投资者带来的好处。举个例子,坦桑尼亚独立后得到的一笔早期投资就是用来建设露天电影院的,这并非偶然。水泥用作这种用途要比用来建造工人的住房回报更高!

最为重要的是,选择资本主义制度作为发展的道路意味着一种特别的生产和社会组织形式。农村地区的供水问题不会受到关注,尽管人民的健康离不开水。而空调、私家车和其他"耐用消费品"的进口甚至生产将被高度重视。因为前者无利可图,后者获利丰厚。

如果要弄清这一点的真正含义,我们可以再将目光投向发达的资本主义社会。我们将看到,阿巴拉契亚山区和哈雷姆地区的人们被营养不良折磨得面黄肌瘦,而美国郊区的工厂在源源不断地生产电子装备;在英国,很多人无家可归流浪街头,而同时彩色电视机的生产线昼夜不停;我们还可以看到在英美这样的国家,只有少部分资源用于教育和人民健康水平的改善,而数不尽的资源被用来满足少数人的欲望。

社会主义的选择

虽然我一再强调,资本主义制度与第三世界的愿望存在矛盾冲突,但这并不意味着走社会主义道路是康庄大道。社会主义并不意味着一定成功。但是社会主义与我们的愿望相吻合,如果采取社会主义政策,我们就有可能维持民族独立,维护全体人民的人格尊严。

最关键的一点是,社会主义组织结构的基础是满足人民的需求,而不是谋取利益。国家将资源投入到一种产品的生产而不是另一种,取决于人民需要什么,而不是什么能够获利。而且,生产决策是通过人民管理的机构——人民自己的政府、人民自己的工业企业,和人民自己的商业机构来制定的,不是通过少数国内或国外的资本家,从而避免了外国势力通过经济所有权对我们的国家进行控制。工人也能够直接或间接享受劳动的丰硕成果。再也不会有私人企业主盘剥他们创造的大部分财富了。

但是,这并不意味着一旦选择社会主义制度,社会上的极大不公平、某些企业的剥削行为,甚至少数人对权力和特权的把持就会自动消失,荡然无存。环顾世界,我们可以看到那些所谓的社会主义国家里,这些事情也在不断上演。但是我认为这是实行社会主义制度过程中失败的表现。与资本主义的内在本质不同,它们并不是社会主义的固有特征。

发展中世界反对社会主义的主要理由是,社会主义在实际上无法实行,因为目前世界上所有社会主义国家都很落后,原因就是它们实行社会主义制度。我曾经说过,我支持这种说法,这里我不想重复,确实很难用事实来反驳。但是,对此有三个非常根本的问题,我想请大家予以考虑。

第一是通过衡量一个国家的国民生产总值来衡量它的财富,衡量的是消费品,而不是满意度。如果在一个国家出售海洛因是合法的,那么海洛因销量增加也会被看作是国家财富的增长。如果将人民生活幸福作为衡量单位,那么这种销量增加就是消极因素。同样,如果根除了传染病,提高全民身体素质,或许会被算作国家财富的增长,或许不会。如果这一切能够成真,对人民来说当然是件好事!

第二,从物质方面来看,一个很会赚钱的妓女或者一个讨主人欢心的奴隶,会比洁身自好的女人或者坚守自由的男人要生活富裕得多。我们不会因此羡慕这个妓女或者奴隶——除非我们饥饿难忍,但是即使改善了生活,我们也会很快发现这种处境并不安定。

第三,我并不认同社会主义行不通的说法得到了证实。资本主义已经有两个世纪的发展史了。而社会主义制度是在1917年由第一个国家苏联开始实行的。在此之前,它是个贫穷落后的封建社会,被战争破坏得千疮百孔,接下来又不断遭受国内矛盾和国际冲突的挫折。即便如此,也没有人能够否认苏联在过去五十五年间取得的改观。尽管对社会主义国家批评质疑的声音不断,却很难说它们的人民比后来成立的资本主义国家的人民生活落后——像希腊、西班牙、土耳其等等。相反,在健康、教育和食品住房保障等重要方面,很明显它们做得很好。在我看来,它们是否拥有和资本主义国家一样多的电视机并不重要!

结论

无可否认,选择社会主义道路的第三世界国家面临着许多困难。无论是它们自己国家的历史,还是资本家蛊惑人心的技俩,抑或是人性里投机的本能,这些问题都客观存在。我们都希望能跻身特权阶层,不去受人剥削!但是我相信我们可以选择社会主义道路,这样我们就可以实现自由发展,向着维护每个公民人格尊严的方向努力前进。

我相信我们一定会斗志昂扬坚定不移地追求这一目标。社会主义社会不是一夜建成的,因为我们的起点很低,有时不得不对资本家的金钱和技术做出妥协让步,在发展过程中也面临着诸多风险。但是,我坚信第三世界的国家有能力逐渐建成社会主义社会。在社会主义社会里,人民和睦相处,团结合作,为了共同的利益而并肩奋斗。

图书在版编目(CIP)数据

尼雷尔文选. 第3卷,自由与发展:1968～1973/(坦桑)尼雷尔著;王丽娟,聂莹,王磊译. —上海:华东师范大学出版社,2014.9
 ISBN 978-7-5675-2571-9

Ⅰ.①尼… Ⅱ.①尼…②王…③聂…④王… Ⅲ.①尼雷尔(1922～1999)-文集②政治学-文集 Ⅳ.①D0-53

中国版本图书馆CIP数据核字(2014)第219810号

尼雷尔文选 第三卷(1968～1973)
自由与发展

著　　者	[坦桑]朱利叶斯·尼雷尔
译　　者	王丽娟　聂莹　王磊
译　　校	舒运国
策划组稿	王焰
项目编辑	王国红
审读编辑	汪建华
责任校对	时东明
装帧设计	高山

出版发行	华东师范大学出版社
社　　址	上海市中山北路3663号　邮编 200062
网　　址	www.ecnupress.com.cn
电　　话	021-60821666　行政传真 021-62572105
客服电话	021-62865537　门市(邮购)电话 021-62869887
地　　址	上海市中山北路3663号华东师范大学校内先锋路口
网　　店	http://hdsdcbs.tmall.com

印　刷　者	上海雅昌艺术印刷有限公司
开　　本	787×1092　16开
印　　张	18.5
插　　页	4
字　　数	289千字
版　　次	2014年10月第一版
印　　次	2014年10月第一次
书　　号	ISBN 978-7-5675-2571-9/K·414
定　　价	78.00元

出 版 人　王焰

(如发现本版图书有印订质量问题,请寄回本社客服中心调换或电话021-62865537联系)